DEIN ERSTES MAL FINANZEN

CAMILLA SOHN

Dein erstes Mal FINANZEN

GELDWISSEN FÜR ANFÄNGER

Campus Verlag
Frankfurt/New York

Haftungsausschluss: Investitionen in Fondsanteile, Wertpapiere, Immobilien oder andere Vermögenswerte bergen Risiken. Vermögensanlagen in Aktien, Anleihen, Bankguthaben, Edelmetalle, Rohstoffe und Immobilien sind mit Verlustgefahren verbunden. Die in diesem Buch enthaltenen historischen Daten bieten keine Gewähr für zukünftige Renditen oder Erträge. Autorin und Verlag geben keine Garantie für die Richtigkeit der Daten und Berechnungen. Eine Haftung für Schäden, die aus der Befolgung der in diesem Buch gegebenen Hinweise resultieren, wird nicht übernommen. Die Aussagen in diesem Buch spiegeln die persönlichen Ansichten der Autorin wider, sind rein didaktischer Natur und sind nicht als Finanzberatung oder Anlageempfehlungen im Sinne des Wertpapierhandelsgesetzes zu verstehen.

MIX
Papier | Fördert gute Waldnutzung
FSC www.fsc.org FSC® C089473

Impressum

ISBN 978-3-593-52036-0 Print
ISBN 978-3-593-46098-7 E-Book (PDF)
ISBN 978-3-593-46097-0 E-Book (EPUB)

Umschlaggestaltung: zeichenpool, Milena Djuranovic
Umschlagmotiv: © anjajahn.com
Satz: DeinSatz Marburg UG | tn
Gesetzt aus der Minion Pro, Brother 1816 und Futura PT
Druck und Bindung: Beltz Grafische Betriebe GmbH, Bad Langensalza
Beltz Grafische Betriebe ist ein Unternehmen mit finanziellem Klimabeitrag (ID 15985-2104-1001).
Printed in Germany

www.campus.de

Inhalt

Vorwort

Zu meinem 18. Geburtstag vor über zehn Jahren bekam ich von meinen Eltern ein ungewöhnliches Geschenk: ein Depot bestehend aus aktiven Fonds. Es war ein dicker Ordner voller Depotauszüge und Dokumente, die für mich genauso gut in einer fremden Sprache hätten verfasst sein können. Ich erinnere mich noch daran, wie ich in dem Ordner ein paar Seiten überflog und ihn schnell wieder zuklappte. Was sollte ich damit anfangen? Ich hatte keine Ahnung, was ein Fonds war, geschweige denn, was ein Depot bedeutete. Das Thema Finanzen war mir fremd, und alles wirkte unglaublich kompliziert. Ich hatte nicht die geringste Vorstellung davon, dass diese Sammlung verwirrender Dokumente zum Startschuss für eine lebensverändernde Reise werden würde. Einige Zeit verging, ohne dass ich dem Depot weitere Beachtung schenkte. Ich war beschäftigt mit Studium, Freunden und all den anderen Dingen, die man in dem Alter eben tut. Doch irgendwann packte mich die Neugier: Was steckte hinter diesen Fonds? Und – war das überhaupt eine gute Investition für mich?

Um diese Entscheidung meiner Eltern wirklich zu verstehen, muss ich ein wenig ausholen. Meine Eltern waren schon immer sehr sicherheitsbewusste Menschen, besonders bei Finanzen und Versicherungen. Diese Vorsicht ist kein Zufall, sondern resultiert aus schwierigen Erfahrungen, die sie hatten machen müssen: So wurde mein Vater früh erwerbsunfähig, was unsere finanzielle Situation grundlegend veränderte. Plötzlich fehlte das Haupteinkommen, und meine Mutter, die sich viele Jahre lang um mich und den Haushalt gekümmert hatte, musste nun wieder in den Beruf einsteigen. Das war keine einfache

Zeit für uns als Familie. Meine Mutter musste nicht nur einen Wiedereinstieg ins Berufsleben schaffen, sondern auch die Verantwortung für unsere finanzielle Zukunft übernehmen. Wir mussten lernen, mit weniger auszukommen, die richtigen Prioritäten zu setzen, ohne das langfristige Ziel aus den Augen zu verlieren. Meine Eltern wussten also aus erster Hand, wie schnell das finanzielle Fundament einer Familie bei Unvorhergesehenem ins Wanken geraten konnte, etwa durch Krankheit, Arbeitsplatzverlust oder andere unkontrollierbare Ereignisse. Daher war ihnen meine frühzeitige Vorsorge besonders wichtig. Dafür bin ich ihnen heute unendlich dankbar.

Meine Eltern gingen also damals zum Bankberater und verließen sich voll und ganz auf seine Empfehlungen und Expertise – weshalb sie auch nicht wussten und mir nicht erklären konnten, was für Positionen ich im Depot hatte. Doch ich wollte wissen, was sich dahinter verbarg: meine Reise in die Welt der Finanzen. Ich bestellte mir mein erstes Finanzbuch – und damit war es um mich geschehen. Je mehr ich las, YouTube-Videos schaute oder Onlinekurse besuchte, desto faszinierter war ich. Wie konnte es sein, dass einem so viele Möglichkeiten offenstanden, sein Geld zu vermehren und langfristig Vermögen aufzubauen, aber so wenige Menschen dieses Wissen tatsächlich nutzten? Es dauerte nicht lange, bis ich meine ersten eigenen Entscheidungen traf: Ich verkaufte nach und nach alle aktiven Fonds aus dem Depot und baute mir ein eigenes auf.

Vielleicht denkst du dir jetzt: »Okay, sie hatte ein Depot, das ist ja voll das Privileg.« Und ja, ich gebe zu, dass ich einen besonderen Start hatte. Meine Eltern hatten, innerhalb ihrer Möglichkeiten, einen kleinen Betrag für mich angespart und investiert. Das Depot war nicht besonders groß, aber es war genau das, was ich zum Loslegen gebraucht hatte. Und ich möchte, dass dieses Buch genau das für dich ist: *dein Startpunkt für dein erstes Mal mit dem Thema Finanzen.*

Vielleicht fühlst du dich dabei ein wenig überfordert oder weißt einfach nicht, wo du anfangen solltest. Vielleicht lässt du bisher andere für dich entscheiden – sei es ein Berater oder ein Familienmitglied. Es mag bequem erscheinen, diese Verantwortung abzugeben und sich auf die Expertise anderer zu verlassen, doch lass mich dir sagen: Niemand kennt deine Ziele, Träume und Bedürfnisse so gut wie du selbst. Warum solltest du dann deine eigene Zukunft in die Hände von jemand anderem legen? Warum solltest du darauf vertrauen, dass diese Person genauso handelt, wie du es dir vorstellst? Kennst du diese Person wirklich so gut, dass du ihr deine finanzielle Zukunft anvertrauen möchtest, ohne selbst einschätzen zu können, ob sie in deinem Sinne handelt? Kann diese Person wirklich verstehen, was für dich am besten ist? Du bist die Person, die ihre Träume, Ziele und Bedürfnisse am besten kennt. Warum also solltest du wichtige Entscheidungen nicht lieber selbst treffen? Du kannst am besten über dein Leben entscheiden und nur du weißt, was du willst. Sicherlich werden jetzt einige sagen: »Das ist doch viel zu kompliziert. Ich lasse das lieber einen Experten machen.« Lass mich dir sagen: Das ist es nicht! Es ist nicht so kompliziert, wie es auf den ersten Blick erscheinen mag. Und eins ist sicher: Du wirst die Kontrolle über deine Finanzen mit großer Wahrscheinlichkeit nicht mehr aus der Hand geben wollen, wenn du erst einmal den ersten Schritt getan hast.

Du musst für kluge Entscheidungen kein Finanzexperte sein. Du musst für den Vermögensaufbau auch nicht reich sein. Du brauchst nur das Wissen, dass deine heutigen Investitionsentscheidungen deine zukünftige Lebensqualität bestimmen. Mit der richtigen Einstellung, Motivation und dem Mut, die Dinge selbst in die Hand zu nehmen, kannst auch du diesen Weg gehen. In diesem Buch werde ich dir zeigen, dass sich wirklich jeder und jede eigenständig um die eigenen Finanzen kümmern und zum Experten des eigenen Geldes werden kann. Ich möchte dir in diesem Buch all das Wissen mitgeben, das ich mir zum 18. Geburtstag gewünscht hätte. All das Wissen, das ich über die vergangenen Jahre aufgebaut habe, und natürlich auch den ein oder anderen Fehler, den ich in dieser Zeit gemacht habe. Die wichtigsten Erkenntnisse habe ich für dich zusammengefasst, damit die Hürden für dich nicht so hoch sind. Ich sage dir ehrlich: Mit diesem Buch wäre mir mit 18 Jahren so einiges leichter gefallen. Deswegen nutze das Wissen und setze es um. Es ist einfach ein tolles Gefühl, selbst die Verantwortung für sich selbst und die eigene finanzielle Zukunft zu übernehmen – und das kannst du auch!

Viel Spaß dabei wünscht

Deine Camilla

1

Auch du kannst Geld lernen

Auf den nächsten Seiten wirst du keine komplizierten Finanzbegriffe finden, sondern einfache Erklärungen, praktische Tipps und motivierende Beispiele von meinen eigenen Erfahrungen an der Börse und dem Weg dahin. In diesem Buch findest du alles, was du für dein erstes Mal Finanzen brauchst – von der Budgetplanung über das Sparen im Alltag bis hin zum Aufbau eines eigenen Investmentportfolios. Auf den folgenden Seiten werde ich dich durch die Grundlagen des nachhaltigen Umgangs mit Geld führen und dir helfen, deine finanziellen Ängste und negativen Überzeugungen in Bezug auf Geld zu überwinden. Gemeinsam werden wir anhand von Praxisbeispielen konkrete Schritte erarbeiten, die du sofort umsetzen kannst. Doch sei vorgewarnt: Dieses Buch ist keine bloße Lektüre zum Vergessen. Es ist ein Arbeitsbuch, das dich aktiv fordert und einbezieht. Mit interaktiven Übungen, Checklisten und Selbsttests wirst du deine finanzielle Situation analysieren und konkrete Verbesserungen vornehmen können. Du wirst aufgefordert, deine eigenen Ziele aufzuschreiben, deine Ausgaben zu überprüfen und deine Anlagestrategie zu finden. Jede Seite ist darauf ausgelegt, dir praktisches Wissen zu vermitteln und dir Werkzeuge an die Hand zu geben, die du direkt in deinem Alltag anwenden kannst. Alle Checklisten und Tabellen findest du unter campus.de/deinerstesmalfinanzen als ausfüllbare Datei zum Download. Klicke dort auf »Zusatzmaterial« und gib das Passwort aus dem Schlusswort dieses Buchs ein.

Hast du dich mal gefragt, warum sich so viele von dem Gedanken an die eigenen Finanzen so überfordert fühlen? Es scheint, als wüsste niemand so richtig, wie es geht. Manche betrachten es als eine Welt für Experten, während andere sich von der scheinbaren Komplexität abschrecken lassen. Doch wieso ist das so? Warum fühlen sich viele von uns unsicher, wenn es um finanzielle Entscheidungen geht, und warum ist das Thema Finanzen oft von Verwirrung und Unsicherheit geprägt? In diesem Kapitel werden wir diese Fragen angehen und hinter die Kulissen schauen, um zu verstehen, was sich dahinter verbirgt und wo diese Denkweise ihren Ursprung hat.

Über Geld spricht man nicht – oder doch?

Lass uns zunächst einen Blick darauf werfen, warum es sein könnte, dass du dich noch nicht um deine Finanzen kümmerst und dir das vielleicht gar nicht zutraust. Um das besser zu verstehen, müssen wir in die Vergangenheit reisen: Wie wurde in deiner Kindheit mit Geld und Finanzen umgegangen? Hast du mit deinen Eltern offen über Geldthemen gesprochen? Oder war Geld ein Tabuthema? Sprichst du heute mit anderen offen über Geld und finanzielle Entscheidungen?

In meiner Kindheit war Geld ein absolutes Tabuthema. Ich erinnere mich noch genau daran, wie ich meine Eltern das erste Mal auf das Thema Geld ansprach, ausgelöst durch meinen ersten Job als Zeitungsausträgerin. Mit 11 Jahren war ich stolz auf mein erstes selbst verdientes Geld, auch wenn es nicht viel war. Ich fragte mich, *wie* meine Eltern ihr Geld verdienten und *wie viel* sie verdienten. »Könnt ihr mir vielleicht sagen, wie viel ihr verdient? Ich frage, weil ich jetzt auch Geld verdiene.« Meine Eltern reagierten überrascht und mein Vater schüttelte den Kopf: »Das ist nicht wichtig, Liebling«, antwortete er schnell. »Über Geld spricht man nicht. Hauptsache, wir haben genug, um über die Runden zu kommen.« Das Thema wurde nicht weiter vertieft, also ließ ich es für den Moment ruhen. Die Frage nach unserer finanziellen Situation blieb jedoch in meinem Kopf präsent. Warum war es so schwer, über Geld zu sprechen? Warum wurde es als Tabuthema behandelt, selbst innerhalb der eigenen Familie? Vielleicht wollten meine Eltern mich vor finanziellen Sorgen schützen oder mich nicht belasten. Hatten wir möglicherweise Schulden oder andere finanzielle Probleme? Schließlich sprach ich das Thema erneut an und erklärte, dass mir das Sprechen darüber wichtig sei. Ich wollte verstehen, wie es um unsere Finanzen stand und wie ich lernen konnte, mit meinem eigenen Geld richtig umzugehen. Doch auch diesmal reagierte mein Vater abweisend. Er seufzte und schüttelte wieder den Kopf: »Wir haben dir doch schon gesagt, dass man nicht über Geld spricht. Das sind private Angelegenheiten, über die wir nicht reden. Erst recht nicht mit dir!«

Wieso denn »erst recht nicht« mit mir? War ich kein Teil der Familie? Gerade innerhalb der Familie sollten wir doch offen über solche Themen sprechen können. Mit wem sollte ich denn sonst darüber reden? Warum fällt es vielen Menschen so schwer, über Geld zu sprechen? Und wie können wir dieses Tabu brechen, um ein besseres Verständnis für unsere finanzielle Situation zu erlangen?

Über Geld spricht man nicht?

Doch! Es ist wichtig, über Geld zu sprechen. Jedoch ist diese Zurückhaltung in vielen Familien weit verbreitet. Studien[1] zeigen, dass in etwa einem Drittel der deutschen Familien kaum bis nie über finanzielle Angelegenheiten wie Gehälter gesprochen wird. Besonders Eltern teilen oft nur zurückhaltend finanzielle Informationen mit ihren Kindern, aus Angst, sie zu überfordern oder überlasten.

Die Einstellung »Über Geld spricht man nicht« wird häufig von Generation zu Generation weitergegeben, sodass oftmals wichtige finanzielle Entscheidungen nicht offen diskutiert werden. Diese Tabuisierung kann eine negative Einstellung zu Geld erzeugen, die sich schon in jungen Jahren verfestigt. Kinder, die keine positiven Beispiele für den Umgang mit Geld haben, entwickeln Glaubenssätze, die ihnen später im Leben im Weg stehen – etwa, dass Geld etwas Negatives sei oder dass man darüber nicht sprechen dürfe. Diese Überzeugungen können das Sparverhalten und die finanzielle Planung beeinflussen und das Erreichen langfristiger finanzieller Ziele erschweren.

Stell dir ein Kind vor, das in einem Haushalt aufwächst, in dem Geld ein Tabuthema ist. Geld ist für das Kind ein mysteriöses, vielleicht sogar beängstigendes Thema. Es gibt keine Gespräche darüber, wie beispielsweise das Taschengeld gespart oder für persönliche Ziele verwendet werden sollte. Ohne klare Richtlinien lernt das Kind nicht, das eigene Geld verantwortungsbewusst zu verwalten und zu sparen. Stattdessen kann es sein Taschengeld impulsiv ausgeben, ohne über die langfristigen Konsequenzen nachzudenken. Dieses Verhalten kann sich später im Leben manifestieren, wenn das Kind erwachsen ist und ein eigenes Einkommen hat. Das Ergebnis: Das Kind wächst womöglich zu einem Erwachsenen heran, der weiterhin impulsiv konsumiert, über seinen Verhältnisse lebt oder Schwierigkeiten hat, über Gehälter und finanzielle Ziele zu sprechen. Aus Angst, als unhöflich wahrgenommen zu werden, vermeidet es Gehaltsverhandlungen und verpasst so möglicherweise Chancen auf ein höheres Einkommen.

Wie Eltern ihren Kindern den Umgang mit Geld beibringen – oder eben nicht beibringen –, hat einen direkten Einfluss darauf, wie gut sie später im Leben mit Finanzen umgehen können. All das bedeutet jedoch nicht, dass man diese Muster nicht durchbrechen könne. Es ist durchaus möglich, sich selbst den bewussten Umgang mit Geld beizubringen, unabhängig von der eigenen Prägung aus der Kindheit. Es ist daher von entscheidender Bedeutung, sich frühzeitig mit den eigenen Finanzen auseinanderzusetzen, negative Glaubenssätze in Bezug auf Geld zu erkennen und ein grundlegendes Verständnis dafür zu entwickeln. Dies beinhaltet auch, offen über Geld zu sprechen. Indem du dich aktiv mit deinen Finanzen auseinandersetzt und darüber sprichst, schaffst du nicht nur Klarheit und Verständnis, sondern legst auch den Grundstein für eine erfolgreiche finanzielle Zukunft.

Da in meiner Familie nicht offen über Geld gesprochen wurde und ich mich wenig mit Freunden und Bekannten darüber austauschen konnte, suchte ich mir irgendwann Gleichgesinnte, also Menschen, die sich für Finanzthemen, Vermögensaufbau und Persönlichkeitsentwicklung interessierten und sich offen darüber austauschen wollten. Aus dieser Idee heraus gründete ich *caminvesta* und erschuf eine Plattform, auf der genau diese offene Diskussion über Finanzen möglich ist. Vielleicht kennst du mich auch von dort. Auf Social Media teile ich regelmäßig Wissen und Tipps rund um das Thema Finanzen. Mittlerweile erreiche ich mit *caminvesta* über 200 000 Menschen. Ob auf Social Media, in meinen Kursen, in meinem monatlichen Newsletter oder bei Vorträgen – meine Mission ist es, andere zu inspirieren, Verantwortung für ihre eigenen Finanzen zu übernehmen und die Kontrolle über ihre finanzielle Zukunft selbst in die Hand zu nehmen. Ich bin keine Finanzberaterin und möchte dir nichts verkaufen. Das bedeutet, ich verdiene kein Geld mit der Vermittlung von Finanzprodukten. Im Gegenteil: Ich möchte dich dazu befähigen, deine Finanzen eigenständig zu managen, weil ich fest davon überzeugt bin, dass du selbst der beste Manager deines Geldes bist. Warum aber mache ich das Ganze? Weil ich für das Thema Finanzen brenne. Es ist für mich nicht nur ein Job oder eine einfache Wissensvermittlung, sondern meine Leidenschaft und Herzensangelegenheit.

Dein Money-Mindset – positive und negative Glaubenssätze über Geld

Ich kann mich noch genau an den Moment erinnern, als ich mich das erste Mal mit meinen Finanzen beschäftigte: Ich suchte alle Dokumente und Ordner zusammen, war stolz auf mich, dass ich das Thema endlich anging. Die Ernüchterung kam jedoch schnell, denn ich war komplett überfordert von Fachbegriffen wie Diversifikation, Notgroschen, Teilfreistellung oder Assetklasse. Ich wusste nicht, wo ich anfangen sollte. Gedanken wie: »Bin ich überhaupt in der Lage, meine Finanzen zu managen?« oder »Was passiert, wenn ich einen Fehler mache und alles schiefgeht?« schossen mir durch den Kopf. Meine Unsicherheit war spürbar, und die Angst vor Fehlern lähmte mich regelrecht. Da in meiner Kindheit wenig über Geld gesprochen wurde, sondern eher der Mangel an finanziellen Mitteln vorherrschte, haben sich bestimmte Überzeugungen in meinen Denk- und Verhaltensmustern manifestiert. Wie sieht das bei dir aus? Woran denkst du, wenn du an Geld denkst? Welche Sätze kommen dir aus deiner Kindheit direkt in den Sinn? Dass du nicht gut mit Geld umgehen könntest? Geld dir nicht wichtig sei? Reiche Menschen egoistisch seien? Oder die Börse viel zu riskant sei?

Solche Überzeugungen, auch Glaubenssätze genannt, beeinflussen, wie du über Geld denkst und entsprechend handelst. Dein Money-Mindset ist deine individuelle Einstellung zu Geld. Negative Glaubenssätze entstehen aus unseren Erfahrungen, unserer Familie, unserem Umfeld oder den Medien, und das oft bereits in der Kindheit. Sie können sich, wenn sie nicht hinterfragt werden, im Erwachsenenalter festigen. Diese Überzeugungen führen häufig zu einem passiven Umgang mit Geld, mangelndem Selbstvertrauen und finanzieller Unsicherheit. Umgekehrt kann ein positives Money-Mindset dir bei deinen finanziellen Zielen, deinem Selbstvertrauen und einer langfristigen Sicherheit helfen. Lass uns einige negative und positive Glaubenssätze sowie deren mögliche Auswirkungen anschauen.

Den folgenden Satz hast du sicherlich schon mal gehört: *Geld ist die Wurzel allen Übels.* Eine solche Überzeugung kann dazu führen, dass Finanzen als etwas Negatives betrachtet und finanzielle Erfolge vielleicht sogar unbewusst abgelehnt werden. Menschen mit solchen Überzeugungen könnten finanzielle Angelegenheiten eher vernachlässigen und ihnen keine Priorität im Leben einräumen. Dies kann zu finanzieller Unsicherheit und Abhängigkeit von äußeren Umständen führen.

Du kennst sicherlich auch die folgenden Klischees: *Reiche Menschen sind gierig und egoistisch*, und *Geld verdirbt den Charakter*. Diese Glaubenssätze können dazu führen, dass man Reichtum für ein Synonym für Egoismus oder Negativität hält – ein Bild, das oft in den Medien verstärkt wird. Wenn jemand glaubt, Geld zu besitzen, sei etwas Schlechtes, wird er den Besitz von mehr Geld für sich selbst automatisch ablehnen – wenn auch oft unbewusst. Doch es ist nicht verwerflich, Vermögen aufbauen zu wollen. Geld an sich ist weder gut noch böse. Es ist ein Werkzeug, das für die eigenen Ziele und für Gutes verwendet werden kann. Wer bereits eine altruistische und fürsorgliche Natur hat, wird Geld wahrscheinlich dafür nutzen, Gutes in der Welt zu tun, wie die Unterstützung einer Wohltätigkeit, die Förderung von Bildung oder die Finanzierung sozialer Projekte. Umgekehrt kann Geld auch für egoistische Ziele verwendet werden, wenn die betreffende Person selbstsüchtige oder rücksichtslose Charakterzüge aufweist.

Es kann dazu dienen, Macht und Kontrolle auszuüben oder den eigenen Luxus zu maximieren. In diesem Sinne wird der Charakter einer Person nicht durch Geld verändert, sondern durch die bereits vorhandenen inneren Werte und Prinzipien. Wir sollten also vielleicht lieber darüber nachdenken, wie Geld den wahren Charakter eines Menschen zum Vorschein bringen kann – und nicht, wie es den Charakter verdirbt.

Vielleicht kommt dir auch folgender Glaubenssatz bekannt vor: *Geld ist zum Ausgeben da.* Diese Denkweise kann zu einem impulsiven Konsumverhalten führen, bei dem das Geld ohne Rücksicht auf langfristige finanzielle Ziele oder Bedürfnisse schnell ausgegeben wird. Menschen, die davon überzeugt sind, dass Geld nur zum Ausgeben da ist, könnten eher über ihre Verhältnisse leben und sich auf kurzfristige Befriedigung konzentrieren, anstatt auf langfristige finanzielle Ziele hinzuarbeiten.

Das Tückische an negativen Glaubenssätzen ist, dass sie vielen gar nicht bewusst sind, aber unser Handeln maßgeblich beeinflussen. Deine Einstellung bedingt, wie du mit Geld umgehst und ob du es schaffst, ein Vermögen aufzubauen und zu vermehren. Viele denken viel zu wenig über ihre Mindsets und deren Wurzeln nach. Wenn du glaubst, dass du schlecht im Umgang mit Geld bist, wird dich diese Überzeugung möglicherweise davon abhalten, dich aktiv mit deinen Finanzen auseinanderzusetzen. Ein solches Mindset kann zu Unsicherheit und Zurückhaltung führen, die dich daran hindern, finanzielle Verantwortung zu übernehmen. Das möchte ich mit diesem Buch mit dir zusammen ändern.

Wie denkst du wirklich über Geld?

Sehen wir uns nun einmal dein Verhältnis zu Geld genauer an und spüren den Ursachen deiner Einstellung nach. Hast du vielleicht bestimmte Glaubenssätze von deinen Eltern oder aus deinem Umfeld übernommen, ohne jemals darüber nachzudenken? Die Ursachen einer negativen Einstellung zu Geld zu erkennen, ist der erste Schritt hin zu einem positiven Money-Mindset.

JETZT BIST DU DRAN

Die folgenden Fragen sollen dir bei deinem Bewusstsein über dein Money-Mindset helfen. Mit ihrer Hilfe kannst du tief in deine Vergangenheit, Gegenwart und Zukunft schauen und analysieren, wie du über Geld denkst und fühlst. Nimm dir die Zeit, die du brauchst, um deine Erinnerungen und Gedanken darüber aufzuschreiben.

In deiner Vergangenheit

Welche Rolle spielte Geld in deiner Kindheit in der Familie?

....

Wie wurde in deiner Familie über Geld gesprochen?
Wurde darüber gesprochen?

....

Hast du Taschengeld bekommen? Was hast du damit gemacht?

....

Wie sah die finanzielle Situation deiner Familie aus?
War ausreichend Geld vorhanden?

....

Wenn du an deine Kindheit denkst, verbindest du dann Geld eher mit etwas Positivem oder Neutralem?

In deiner Gegenwart

Bist du zufrieden mit deiner aktuellen finanziellen Situation?

....

Welche Emotionen löst das Thema Geld bei dir aus?

....

Wie würdest du deinen Umgang mit Geld aktuell beschreiben? Schaffst du es, Geld zu sparen? Konsumierst du impulsiv?

....

Hast du Ängste oder Sorgen in Zusammenhang mit Geld?

....

Wie denkst du über reiche Menschen?

....

In deiner Zukunft

Was möchtest du an deiner zukünftigen finanziellen Situation ändern?

....

Diese fünf positiven Eigenschaften assoziierst du mit Geld:

....

Deine Rente möchtest du wie folgt verbringen:

....

Finanzielle Sicherheit bedeutet für dich:

....

Finanzielle Freiheit bedeutet für dich:

....

Geld ist dir wichtig, weil …

....

Nachdem du nun deine Einstellung zu Geld besser kennst, widmen wir uns dem Aufbau eines positiven Money-Mindsets. Der Schlüssel dazu liegt darin, negative Glaubenssätze in positive Überzeugungen umzuwandeln. Denn deine Energie fließt dorthin, worauf du deine Aufmerksamkeit richtest. Identifiziere als Erstes deine negativen Glaubenssätze über Geld. Mache dir bewusst, welche Überzeugungen dich bisher limitiert haben und warum sie nicht mehr zu deinem jetzigen Leben passen.

Nachdem du deine verinnerlichten negativen Denkmuster herausgefunden hast, ist es an der Zeit, diese durch positive Glaubenssätze zu ersetzen. Finde die Überzeugungen, die dir gefallen und dich zu einem aktiven Einsatz für deine finanziellen Ziele ermutigen. Ein Beispiel: Wir ersetzen »Geld ist mir nicht wichtig« durch »Geld ist mir wichtig, weil es ein Instrument für die Verwirklichung meiner Ziele und Träume ist.« Betrachte Geld als Werkzeug, das dir Lebensqualität verschafft und deine Möglichkeiten erweitert. Dieser Gedanke ermutigt dich zur finanziellen Verantwortung, sodass dich negative Glaubenssätzen nicht mehr zurückhalten können.

JETZT BIST DU DRAN

Notiere deine negativen Glaubenssätze und formuliere direkt daneben einen neuen, positiven Glaubenssatz, der ihn ersetzt.

Alte, negative Glaubenssätze	Neue, positive Glaubenssätze
Geld ist mir nicht wichtig.	Geld ist mir wichtig, und es ist ein Instrument, um meine Ziele zu erreichen.
Geld macht mich nicht glücklich.	Geld hilft mir, meine Träume zu verwirklichen.
Geld macht die Menschen schlechter.	Geld ist ein Tauschmittel und daher neutral. Geld ist weder gut noch böse.
Geld verdirbt den Charakter.	Mit Geld kann ich Gutes tun.
Reiche Menschen sind egoistisch.	
Die Börse ist mir zu riskant.	
Geld ist zum Ausgeben da.	
Über Geld spricht man nicht.	

Sparen kann ich später immer noch.	

Letztendlich erfordert es Zeit, Geduld und kontinuierliche Anstrengungen, wenn man seine Glaubenssätze verändern möchte – aber es lohnt sich! Denn eine positive Veränderung deiner Denkmuster führt im Umkehrschluss zu mehr finanziellem Erfolg. Wenn du dich für neue Denk- und Verhaltensweisen öffnest, fallen dir auch neue Möglichkeiten auf. »Ich bin einfach nicht gut im Umgang mit Geld!« – na, das haben wir doch alle schon mal gedacht. Jetzt ist aber Schluss damit! Denn ab sofort ersetzt du ihn bitte mit »Ich werde richtig gut im Umgang mit Geld, denn finanzieller Erfolg ist für mich erreichbar!« Dieser Gedanke ermutigt dich dazu, Verantwortung für deine eigene finanzielle Zukunft zu übernehmen. Das stärkt wiederum dein Selbstvertrauen und zeigt dir, dass Hindernisse keine unüberwindbaren Barrieren sind, sondern schaffbare Herausforderungen. Das öffnet dich für finanzielle Chancen, und du bist dann bereit, aktiv an deiner Zukunft zu arbeiten. Also lies einfach weiter und setze die Erkenntnisse aus diesem Buch Schritt für Schritt um.

Dein Geld besser im Griff – Wie du deine Finanzen strukturierst

Vielleicht kennst du das Sprichwort: »Wer den Pfennig nicht ehrt, ist des Talers nicht wert.« Dieses alte Sprichwort erinnert uns daran, dass es beim Umgang mit Geld auf die kleinen, alltäglichen Entscheidungen ankommt. Es geht darum, bewusst auf deine Ausgaben zu achten und nachhaltig mit deinem Geld umzugehen. Doch was genau bedeutet es, sein Geld im Griff zu haben? Das ist weit mehr als nur das Wissen darüber, wie viel Geld sich auf deinem Konto befindet. Denn es bedeutet auch, dass du ein klares Verständnis für deine finanzielle Situation entwickelst und aktiv Einfluss auf sie nimmst. Du gehst dann nachhaltig mit deinem Einkommen um, kennst deine Ausgaben und tätigst diese bewusst. Du setzt dir dann klare finanzielle Ziele und definierst deine Prioritäten, um langfristig die Freiheit zur Verwirklichung deiner Träume zu haben. Und genau darum wird es in diesem Kapitel gehen.

Welche Ziele hast du?

Kennst du das Gefühl, jeden Tag aufzuwachen, zur Arbeit zu gehen, nach Hause zu kommen, zu schlafen und am nächsten Tag wieder von vorn zu beginnen? Ein ewiger Kreislauf von Aufgaben und Verpflichtungen, ohne wirklich darüber nachzudenken, wofür man das alles macht? Täglich grüßt das Murmeltier? Wofür stehst du aber jeden Morgen auf? Welche Ziele hast du im Leben? Was möchtest du in deinem Leben erreichen? Hast du dir diese Fragen schon mal gestellt und dir darüber Gedanken gemacht?

Viele Menschen leben einfach in den Tag hinein, ohne über ihre langfristigen Ziele nachzudenken. Sie lassen sich ohne einen klaren Plan für ihre Zukunft von ihrem Alltagstrott treiben. Sie funktionieren einfach, arbeiten, um die Rechnungen zu bezahlen, und hoffen, dass sie irgendwann Zeit und Geld haben werden, um das zu tun, was sie wirklich wollen. Doch genau hier liegt das Problem: Ohne klare Ziele besteht die Gefahr, dass du dein Leben und deine Finanzen planlos führst und wichtige Sparziele nicht erreichst. Stell dir vor, du würdest dich jeden Tag von einem inneren Kompass leiten lassen, der dir sagt, wohin du möchtest. Wie würde sich dein Alltag verändern, wenn du wüsstest, dass jede Entscheidung und jede Handlung dich deinen Lebenszielen näherbringt? Wieso solltest du auf den Coffee-to-go oder auf eine Runde Shopping verzichten? Das machst du nur, wenn du weißt, *wofür* du es tust. Wenn du deine finanziellen Ziele klar definierst, gibt das deinem Handeln eine Richtung und motiviert dich, konsequent darauf hinzuarbeiten. Ohne Ziele fehlt dir ein wichtiger Antrieb, und du gibst womöglich Geld für vieles aus, was dir zwar kurzfristig

Freude bereitet, aber langfristig keinen echten Mehrwert bietet. Das führt langfristig nicht nur zu finanziellen Engpässen, sondern auch zu einem Gefühl der Unzufriedenheit und Orientierungslosigkeit.

Mir ging das vor einigen Jahren ähnlich, denn mir fehlten der Überblick, die Routine, klare finanzielle Ziele und insgesamt die Kontrolle über meine Finanzen. Monat für Monat gab ich mein Geld für Kleidung und Schuhe aus – teure Markensachen, die ich mir vor allem kaufte, um anderen zu zeigen, dass ich es mir leisten konnte. Doch diese Einkäufe machten mich nicht glücklich. Wie lange es gedauert hat, bis ich das begriff? Glaub mir: lange. Es hat mich viel Geld, Zeit und einen überfüllten Kleiderschrank gekostet. Schließlich setzte ich mich hin und überlegte, was mich wirklich glücklich machte und was ich erreichen wollte. Was war mir wichtig im Leben? Waren es wirklich die ganzen Shoppingteile, die ich mir regelmäßig anschaffte, oder war dieses Glück nur von kurzfristiger Dauer?

Mein Geld floss in die falschen Ziele und ließ mich die tatsächlich wichtigen Ziele nicht erreichen: finanzielle Unabhängigkeit, persönliche Weiterentwicklung und eine gesunde und sportliche Lebensweise sowie die Freiheit, Geld ohne schlechtes Gewissen ausgeben, spontane Ausflüge machen oder größere Anschaffungen ohne Stress tätigen zu können. Als ich dann meine Ziele klar formulierte, änderte sich alles. Durch das Aufschreiben meiner Ziele und das Strukturieren meiner Finanzen konnte ich meine Ziele greifbar machen und einen Plan für sie entwickeln. Diese Klarheit gab mir nicht nur ein Gefühl der Sicherheit, sondern auch die Motivation, an meinen finanziellen Zielen zu arbeiten. Seitdem habe ich einige meiner Ziele bereits erreicht: Ich habe meine erste Immobilie als Kapitalanlage gekauft, ein sechsstelliges ETF-Portfolio aufgebaut und komme meiner finanziellen Unabhängigkeit Tag für Tag näher.

Wenn du eine Reise ohne Ziel planst, wirst du dann jemals ankommen? Genauso ist es beim Sparen und Investieren. Wenn du dir Ziele setzt, weißt du genau, worauf du hinarbeitest, und du kannst deine Anstrengungen darauf konzentrieren. Ziele helfen dir, deine Träume in greifbare Meilensteine zu verwandeln und Prioritäten zu setzen. Dein Geld gibst du dann im besten Fall nicht mehr für Belangloses aus, sondern für Sachen, die dir wirklich wichtig sind.

JETZT BIST DU DRAN

Folgende Fragen können dir bei der Definition deiner Ziele helfen:

Welche Ziele möchtest du erreichen?

....

Wieso möchtest du überhaupt Geld haben?

....

Was für ein Leben möchtest du führen?

....

Was würdest du tun, wenn Geld keine Rolle spielen würde?

....

Welche Investitionen planst du?

....

Wie viel Geld möchtest du monatlich sparen?

....

So stellst du dir dein Leben in 5 Jahren vor:

....

So stellst du dir dein Leben in 10 Jahren vor:

....

So stellst du dir dein Leben in 15 Jahren vor:

....

Ziele richtig formulieren

Nachdem du nun deine finanziellen Ziele aufgeschrieben hast, geht es im nächsten Schritt darum, sie so zu formulieren, dass du sie tatsächlich erreichen kannst. Oft erscheinen Ziele, die weit in der

Zukunft liegen – wie etwa der Ruhestand in 40 Jahren oder eine große Weltreise –, mit gleichzeitigem Blick auf den eigenen Kontostand besonders schwierig und unerreichbar. Doch hier liegt auch der Schlüssel: Es kommt auf die Formulierung deiner Ziele an. Dabei hilft die **SMART-Methode**. SMART steht für *spezifisch, messbar, attraktiv, realistisch und terminiert*. Ich habe basierend auf der SMART-Methode vier Fragen entwickelt, die du dir bei deinen Zielen stellen kannst.

JETZT BIST DU DRAN

Für jedes oben aufgeschriebene Ziel beantworte die folgenden vier Fragen:

1. Welches Ziel möchtest du erreichen?

   ....

   (Formuliere es möglichst *konkret* und *detailliert*.)

2. Wie viel Geld benötigst du dafür?

   ....

   (Formuliere es als *messbares* Ziel, sodass du zwischendurch und am Ende deinen Erfolg messen kannst.)

3. Bis wann möchtest du dieses Ziel erreichen?

   ....

   (Bestimme einen konkreten *Zeitpunkt*.)

4. Welche Schritte musst du tun, um das Ziel zu erreichen?

   ....

   (Formuliere dein Vorhaben *realistisch* und *attraktiv*, sodass du motiviert bleibst.)

Lass uns die vier Schritte einmal am Beispiel »Ich möchte ein neues Handy« gemeinsam durchspielen:

1. Angenommen, du möchtest dir ein neues Handy kaufen.
2. Das ausgesuchte Handy kostet 1 300 Euro.
3. Du möchtest es in 8 Monaten kaufen.
4. Das heißt, dass du jeden Monat 163 Euro sparen musst. (Bei 2 000 Euro netto im Monat ein realistischer Betrag.)

Wir können auch einmal ein kostspieligeres Beispiel angehen:

1. Du möchtest eine Weltreise machen.
2. Dafür benötigst du 15 000 Euro.
3. Du möchtest sie in drei Jahren antreten.
4. Dafür müsstest du jeden Monat 417 Euro sparen. (Bei einem Nettogehalt von 3 000 Euro ein realistischer Betrag.)

Die Idee dahinter ist, dass du das Ziel möglichst konkret und klar formulierst, um einen maximalen Fokus gewährleisten zu können. Das macht einen enormen Unterschied, wenn man sich seiner Ziele erstmal bewusst ist und den genauen Fahrplan dahin kennt. Du wirst merken, dass du viel motivierter sein wirst, auf das Ziel hinzuarbeiten. Vergiss aber nicht, dass sich im Leben immer mal etwas ändern kann. Das ist völlig normal. Wir können nicht alles vorhersehen. Am besten überprüfst du einmal im Jahr, ob deine Ziele noch aktuell sind. Ich mache das gerne zum Jahresanfang und passe meine Ziele bei Bedarf dann an.

Zeit für deinen Kassensturz

Hast du schon mal darüber nachgedacht, wie viel du eigentlich besitzt, also wie hoch dein Vermögen ist? Wenn du nicht weißt, wo du jetzt stehst, wird es schwierig, den Weg zu deinen (Finanz-)Zielen zu planen.

Beginnen wir mit der Ermittlung deines Nettovermögens. Dafür ziehst du deine Schulden von deinen Vermögenswerten ab. Letztere umfassen alles, was du besitzt und was einen finanziellen Wert hat, wie Bargeld, Bankkonten, Investitionen, Immobilien und Wertgegenstände. Deine Verbindlichkeiten sind alle finanziellen Verpflichtungen, die du hast, wie Kredite, unbezahlte Rechnungen oder andere Schulden.

JETZT BIST DU DRAN

Bereit für deinen Kassensturz? Dann nimm die Tabelle unten zur Hilfe und fülle sie aus. Ermittle hier dein Nettovermögen: deine Vermögenswerte minus deine Verbindlichkeiten.

Vermögenswerte		**Verbindlichkeiten**	
Bargeld:		Konsumkredite:	
Girokonto:		Andere Kredite:	
Tagesgeld:		Immobilienkredit:	
Festgeld:		Private Schulden:	
Sparbuch:		Studienkredit:	
Wertpapiere:		Sonstiges:	
Gold:			
Kryptowährungen:			
Schmuck:			
Auto:			
Sonstiges (Lebensversicherung, Riester, private Rentenversicherung, Bausparer):			
Sonstige Vermögenswerte:			
Gesamt:		Gesamt:	
Nettovermögen			
Vermögenswerte:			
– Verbindlichkeiten:			
Gesamt:			

Durch die Ermittlung deines Nettovermögens erhältst du eine klare Vorstellung von deiner finanziellen Situation. Sie zeigt dir, ob du Schulden abbauen solltest oder ob du bereits mit Investitionen anfangen kannst. Ich hoffe für dich, dass dein Nettovermögen positiv ist. Falls nicht, solltest du zuerst mit der Tilgung deiner Schulden anfangen. Nur Achtung: Bei Schulden solltest du den Unterschied zwischen den guten und den schlechten kennen. **Schlechte Schulden** entstehen oft durch die Finanzierung von Konsumgütern oder Gegenständlichem, das an Wert verliert oder keine langfristigen Vorteile bietet. Diese Schulden belasten dein Vermögen und können dich finanziell einschränken. Ein Beispiel ist der Konsumkredit wie für ein Auto oder Handy. Manche Schulden sind jedoch sinnvoll und können als **gute Schulden** betrachtet werden, denn sie können zum langfristigen Vermögensaufbau beitragen, indem sie in Vermögenswerte investiert werden, die potenziell Einkommen generieren oder an Wert gewinnen. Wenn du beispielsweise in Bildung investierst, um deine Fähigkeiten zu verbessern und deine Karrierechancen zu erhöhen, kann dies als gute Schulden angesehen werden. Oder wenn du eine Immobilie als Kapitalanlage kaufst, nimmst du dir einen Kredit für die Immobilie auf, den dein Mieter im besten Fall für dich abzahlt. Gute Schulden, wie der Name schon sagt, tragen aktiv zu deinem Vermögensaufbau bei. Wenn du jedoch schlechte Schulden hast, dann würde ich dir erstmal zum Abzahlen dieser raten, bevor du mit dem Sparen beginnst, da Kreditzinsen in der Regel höher sind als Sparzinsen.

Mache von nun an eine regelmäßige Bestandsaufnahme deiner Finanzen und definiere klar deine finanziellen Ziele, damit schaffst du die Grundlage für eine strukturierte und zielgerichtete Finanzplanung. Dies ermöglicht dir, deine Prioritäten zu setzen, gezielt zu sparen und zu investieren, sodass du letztlich ein sorgenfreieres und erfüllteres Leben führen kannst.

JETZT ABHAKEN

- ☑ Du verstehst, warum es wichtig ist, über Geld zu sprechen und sich mit den eigenen Finanzen zu beschäftigen.
- ☑ Du weißt, dass dein Money-Mindset deine individuelle Einstellung und persönliche Denkweise zum Thema Geld ist. Es beeinflusst, wie du über Geld denkst und dementsprechend handelst.
- ☑ Du hast reflektiert, welche Bedeutung Geld in deiner Kindheit gespielt hat und wie diese Erfahrungen deine heutige Einstellung zu Finanzen beeinflusst.
- ☑ Du kennst die Bedeutung eines positiven Money-Mindsets und hast gelernt, wie du negative Glaubenssätze in positive Überzeugungen umwandeln kannst.
- ☑ Du weißt, wie du klare finanzielle Ziele setzen kannst, die auf deine persönlichen Werte und Wünsche abgestimmt sind.
- ☑ Du hast dir Zeit genommen, um deine finanziellen Ziele nach der SMART-Methode zu definieren, und hast schriftlich festgehalten, wofür du Geld benötigst und sparen möchtest.
- ☑ Du hast dein Nettovermögen berechnet und damit einen Überblick über deine finanzielle Situation gewonnen.
- ☑ Du kennst den Unterschied zwischen guten und schlechten Schulden und weißt, dass Letztere möglichst zu vermeiden sind.
- ☑ Du weißt, dass eine regelmäßige Bestandsaufnahme deiner Finanzen notwendig ist, um deine Ziele anzupassen und sicherzustellen, dass du deine finanziellen Ziele auch erreichst.

2

Dein Geld, der Alltag und du

Im Alltag jonglieren wir ständig mit Finanzen, oft ohne es überhaupt zu merken. Es beginnt bereits im Supermarkt bei der Wahl zwischen dem teureren Markenprodukt und der günstigeren Alternative. Oder beim Onlineshopping bei der Wahl verschiedener Zahlungsmethoden, von Kreditkarte über PayPal bis hin zu Buy-Now-Pay-Later-Angeboten. Selbst die Wahl des Verkehrsmittels – ob Auto, Fahrrad oder Bahn – beeinflusst unbewusst die eigenen Finanzen. Jeder Einkauf, jede Rechnung und jede spontane Ausgabe haben einen Einfluss auf die finanzielle Situation. Oft sind es diese alltäglichen Ausgaben, die dafür sorgen, dass das Geld schneller wieder verschwindet, als es hereinkommt. Doch genau hier liegt auch unsere Chance: Indem du dir dieser Entscheidungen bewusst wirst, kannst du nicht nur deine Ausgaben kontrollieren, sondern auch gezielt Geld sparen.

(Richtig viel) Geld sparen im Alltag

Der Alltag bietet unzählige Möglichkeiten, Geld auszugeben, aber eben auch welches einzusparen. Den Spagat zwischen beidem zu schaffen, ohne auf Freude oder Lebensqualität zu verzichten, ist oft nicht leicht. Viel zu oft übersehen wir in unserem Alltagstrott die Chancen vor unserer Nase. Doch was wäre, wenn du Geld sparen könntest, ohne ständig darüber nachdenken zu müssen – ganz automatisch?

Ja, das ist möglich. In diesem Kapitel werde ich dir zeigen, wie du mit ein paar einfachen Tricks und smarten Strategien deine Finanzen so organisierst, dass das Sparen fast wie von selbst passiert. Du wirst sehen, wie du durch kleine Anpassungen in deinem Alltag und smarte Systeme kontinuierlich Geld zur Seite legen kannst, ohne das Gefühl zu haben, auf etwas verzichten zu müssen. Bist du bereit, mehr aus deinem Geld herauszuholen? Dann lies weiter und finde heraus, wie du ganz nebenbei richtig viel Geld sparen kannst.

Zeit für dein Haushaltsbuch

Vielleicht kennst du das Gefühl: Geld kommt rein, Geld geht wieder raus, und zwischendrin hast du keine Ahnung, wie viel du wofür genau ausgibst. So ging es mir vor einigen Jahren, als ich das Gefühl hatte, meine Finanzen seien ein einziges Chaos. Ich wusste nicht, wie viel Geld ich am Monatsende wirklich zur Verfügung hatte und wohin es genau floss. Ich hatte den Eindruck, die Kontrolle über mein Geld zu verlieren, was zu Stress und einem schlechten Gewissen bei meinen Geldausgaben führte. Wenn ich zum Beispiel shoppen ging, hatte ich sofort ein schlechtes Gewissen, weil ich nicht wusste, ob es überhaupt in mein Budget passte oder ob ich diesen Monat nicht schon genug Geld ausgegeben hatte.

Trotz dieser Bedenken konnte ich meinem Kaufverlangen nicht widerstehen. Mein Kleiderschrank platzte schon aus allen Nähten, dennoch kaufte ich ein, als gäbe es kein Morgen. Diese unkontrollierten Ausgaben führten dazu, dass Geld für mich immer mehr zu einem negativen Thema wurde. Wochenlang vermied ich den Blick auf mein Konto, getrieben von der Angst vor der Realität – ganz nach dem Motto »Aus den Augen, aus dem Sinn«. Es ging sogar so weit, dass ich, wenn mich andere nach den Kosten eines gekauften Teils fragten, den Preis herunterspielte. Ich glaube, ich versuchte, mir die Käufe dadurch schönzureden. Zwischenzeitlich kam es vor, dass mein Konto kurz vor Monatsende leer war. Eine Ursache könnte eine Art Kaufsucht gewesen sein – ein Verlangen nach dem Dopaminkick, den neue Käufe auslösen. Doch dieses Gefühl ist flüchtig, und der Drang, es immer wieder zu erleben, kann zu einem Teufelskreis führen, in dem man immer mehr kauft, um den nächsten Kick zu bekommen. Zum Glück hielt diese Zeit bei mir nicht allzu lange an, denn ich erkannte meinen total schlechten Umgang mit Geld.

Warum erzähle ich dir das jetzt? Um dir zu zeigen, dass du nicht allein bist und dass es einen Ausweg gibt, falls du dich in einer ähnlichen Situation befindest. Ich stellte mich von nun an diesem Problem, schaute wieder regelmäßig auf mein Konto und analysierte meine Ausgaben mithilfe eines Haushaltsbuchs. Das mag altmodisch klingen, aber es ermöglicht dir, deine Einnahmen und Ausgaben im Detail zu verfolgen. Ob du nun alles handschriftlich notierst, meine digitale Excel-Vorlage (abrufbar unter *https://info.caminvesta.de/haushaltsbuch*) verwendest oder die Vorlage unten benutzt, das Ziel ist dasselbe: Du wirst dir bewusst, wofür du dein Geld ausgibst, und kannst Ausgaben identifizieren, die du dir zukünftig sparen kannst. Nachdem du eine gewisse Zeit, am besten ein paar Monate lang, ein Haushaltsbuch geführt hast, kannst du deine Ausgaben analysieren.

JETZT BIST DU DRAN

Auf den folgenden Seiten kannst du drei Monate lang deine Einnahmen und Ausgaben dokumentieren. Trage alle Kosten ein, die du bar, per Überweisung, mit Karte oder über dein Handy zahlst. (Halb-)Jährliche Kosten, wie Versicherungen oder Kfz-Steuern, rechnest du einfach auf einen Monat um.

Einnahmen	1. Monat	2. Monat	3. Monat
Lohn/Gehalt			
Nebenjob			
Zuschüsse			
Sonstige Einnahmen			
Ausgaben (Fixkosten)			
Wohnen			
Miete			
Nebenkosten, Strom			
Telefon, Internet			
Versicherungen			
Berufsunfähigkeit			
Haftpflicht			
Hausrat			

	1. Monat	2. Monat	3. Monat
Kfz			
Sonstiges			
Finanzen			
Kreditrate			
ETF-Sparpläne			
Sonstige Sparpläne			
Sonstiges			
Verträge/Abos			
Rundfunkgebühr			
Fitnessstudio			
Streamingdienste			
Zeitschriften/Zeitungen			
Sport/Vereinsbeitrag			
Sonstiges			
Mobilität			
Leasing, Kfz-Kredit			
Bahnkarte/Monatsticket			
Sonstiges			
Ausgaben (variable Kosten)			
Lebenshaltung			
Lebensmittel			
Restaurantbesuche			
Bäckerei/Kaffee			
Kantine			
Drogeriemarkt			
Kleidung, Schuhe			
Alkohol/Zigaretten			
Friseur/Beauty			
Bücher, Zeitschriften			
Mobilität			
Benzin			

	1. Monat	2. Monat	3. Monat
Parkgebühren			
Reparaturen			
Öffentliche Verkehrsmittel			
Sonstiges			
Freizeit			
Shoppen			
Urlaub, Ausflüge			
Konzerte, Eintritte			
Tierfutter			
Medizinische Kosten			
Geschenke			
Büromaterialien			
Spenden			
Sonstiges			

Monatliche Abrechnung	**1. Monat**	**2. Monat**	**3. Monat**
Gesamte Einnahmen			
– Gesamte Fixkosten			
– Gesamte variable Kosten			
= Monatlicher Überschuss			

Wie hoch ist dein monatliches Sparpotenzial?

Mit deinem neugewonnen Überblick über deine Einnahmen und Ausgaben stellt sich nun die Frage: Wie hoch ist dein monatliches Sparpotenzial? Ein Haushaltsbuch hilft dir dabei, das herauszufinden, und um es dann zu maximieren, stell dir die folgenden Fragen:

- **Was sind deine größten Ausgaben?** Überlege, welche Kosten am meisten zu Buche schlagen. Sind es regelmäßige Fixkosten wie Miete, Versicherungen oder Streamingdienste? Oder sind es variable Ausgaben wie Kleidung, Freizeitaktivitäten oder Restaurants?

- **Wo könntest du bewusster mit deinem Geld umgehen?** Überlege dir, in welchen Bereichen du unnötig Geld ausgibst. Kaufst du oft Snacks unterwegs oder gönnst dir regelmäßig teuren Kaffee? Oft sind es die kleinen, alltäglichen Ausgaben, die sich am Monatsende summieren.
- **Wo könntest du Einsparungen vornehmen?** Es gibt viele Bereiche, in denen Einsparungen möglich sind, ohne dass es große Auswirkungen auf deinen Alltag hat. Zum Beispiel durch den Wechsel zu einem günstigeren Handyvertrag, den Verzicht auf teure, aber kaum genutzte Abonnements oder das Ausschalten von Geräten im Stand-by-Modus.
- **Auf welche Ausgaben kannst du komplett verzichten?** Gibt es Ausgaben, die du streichen könntest, ohne dass du es wirklich merkst? Vielleicht sind es die Streamingdienste, die du doch nicht mehr nutzt, oder das Fitnessstudio, in das du seit Monaten nicht mehr gegangen bist.

Ein Haushaltsbuch mag anfangs etwas Arbeit erfordern, aber es lohnt sich allemal. Übrigens reicht es oft schon aus, wenn du das Haushaltsbuch eine gewisse Zeit lang führst – etwa für drei bis sechs Monate –, um ein Gefühl dafür zu bekommen, wie du Geld bewusster ausgeben kannst, um hoffentlich mehr zu sparen. Probiere es aus – es ist ein kleiner Aufwand für eine große Veränderung in deinem Finanzalltag.

Wieso überhaupt sparen?

Sei ehrlich: Woran denkst du als Erstes, wenn du ans Sparen denkst? Vielleicht glaubst du, dass Sparen Verzicht bedeutet, oder verbindest es mit negativen Gefühlen? Oft höre ich den Satz: »Wieso sollte ich denn sparen? Ich will jetzt mein Leben leben und nicht verzichten müssen.« Das ist verständlich, besonders in jungen Jahren, wenn man das Leben in vollen Zügen genießen will. Doch es lohnt sich, anders über das Sparen nachzudenken: Finanzielle Stabilität gibt einem die Freiheit, Chancen ergreifen zu können, wenn sie sich bieten – sei es ein Jobwechsel, eine Reduzierung der Arbeitszeit oder eine berufliche oder private Veränderung.

Als ich mich entschied, regelmäßig zu sparen und zu investieren, merkte ich, wie viel Flexibilität und Sicherheit mir das in meinem Leben gab. Der finanzielle Puffer verhalf mir zum Beispiel zu dem Schritt in die Selbstständigkeit, den ich sonst aus Angst vor finanziellen Engpässen vielleicht nicht gewagt hätte. Ich wusste, dass ich genug Erspartes hatte, um die erste Zeit zu überbrücken, falls etwas schieflaufen oder es langsamer anlaufen sollte als gedacht. Diese Flexibilität eröffnete mir nicht nur neue berufliche Perspektiven, sondern trug letztlich zu meiner beruflichen und persönlichen Weiterentwicklung bei. Auch das regelmäßige Sparen und Investieren – und damit der stetige Wachstum meines Depots – motivierte mich unheimlich, weiter an meinen Zielen zu arbeiten. Es ist einfach ein tolles Gefühl, wenn du siehst, dass du Vermögen aufbaust und dein Depot kontinuierlich wächst.

Beim Sparen geht es nicht darum, auf alle Freuden des Lebens zu verzichten, sondern vielmehr um bewusste Entscheidungen und Prioritäten. Viele Menschen wünschen sich Freiheit und Flexibilität in ihrem Leben – eben das, was Vermögen einem verschafft. Aber die Vorstellung, Geld zu besitzen, bedeute, Geld auszugeben, ist so tief in unserer Gesellschaft verankert, dass viele die Selbstbeherrschung übersehen, die es für den Vermögensaufbau braucht. Und da wir die Selbstbeherrschung anderer nicht sehen – im Gegenteil: wir sehen ihre Häuser und ihre Autos –, fällt es uns so schwer, diese Kunst von ihnen zu erlernen. Wenn du es jedoch schaffst, diese Kunst zu erlernen, wirst du dir auch ein Vermögen aufbauen können. Denn Vermögen entsteht dank der bewussten Entscheidung, etwas nicht zu kaufen, das du dir heute leisten könntest, zugunsten der Möglichkeit, in Zukunft mehr kaufen zu können. Völlig unabhängig davon, wie viel du verdienst, baust du erst dann Vermögen auf, wenn du ausblenden kannst, wie viel Spaß dir dein Geld heute ermöglichen könnte.

Es geht hier aber nicht darum, auf all die Freuden des Lebens zu verzichten, sondern vielmehr um bewusste Entscheidungen. Was sind deine Prioritäten? Du solltest dein Geld nur für wirklich Gewinnbringendes ausgeben. Du kannst das Leben genießen und dir dennoch gleichzeitig eine gute finanzielle Basis für deine Zukunft schaffen. Dabei geht es um die richtige Balance zwischen »Leben genießen« und »unnötige Ausgaben vermeiden«. Betrachte Sparen als Investment in dich selbst. So wie du den Supermarkt für deine täglichen Einkäufe, das Fitnessstudio für deine Mitgliedschaft oder deinen Vermieter mit der Miete bezahlst, solltest du auch dich selbst bezahlen und in dich investieren. Und das nicht am Schluss, sondern direkt am Monatsanfang! Erst, wenn du diese Zahlung an dich selbst getätigt hast, kannst du andere bezahlen. Beim Vermögensaufbau geht es nicht unbedingt darum, wie viel du verdienst (auch wenn das natürlich ein großer Hebel ist), sondern darum, wie viel du von deinem Einkommen behältst und was du damit machst. Dafür solltest du den Unterschied zwischen Konsum und Investition kennen.

Konsum versus Investition

Unser Geld bewegt sich im Alltag in einem stetigen Kreislauf zwischen Einnahmen und Ausgaben. Es gelangt durch Gehalt oder andere Einkünfte auf unser Konto und fließt ab in Konsum, Sparen oder Investition.

Konsum bedeutet die Geldausgabe für etwas, was dir unmittelbaren Nutzen bringt, wie Lebensmittel, Kleidung, Unterhaltung oder auch größere Anschaffungen wie ein neues Auto oder einen Urlaub. Konsumgüter sind in der Regel vergänglich und bringen langfristig keinen finanziellen Mehrwert. Besonders problematisch werden sie, wenn sie zu Konsumschulden führen – das heißt, wenn du etwas leistest, was du dir eigentlich nicht leisten kannst, aber durch Kredite oder Ratenzahlungen finanzierst. Diese Ausgaben reduzieren dein verfügbares Einkommen direkt, ohne dass sie langfristige finanzielle Vorteile bringen. Es sind sogenannte **Verbindlichkeiten**, die dir das Geld aus der Tasche ziehen. Beispiele für Verbindlichkeiten sind:

- Du kaufst ein neues Smartphone auf Kredit, obwohl dein altes noch funktioniert.
- Du fährst in den Urlaub und finanzierst ihn mit einem Ratenkredit.
- Du kaufst dir einen Neuwagen, der innerhalb der ersten drei Jahre einen enormen Wertverlust hat.

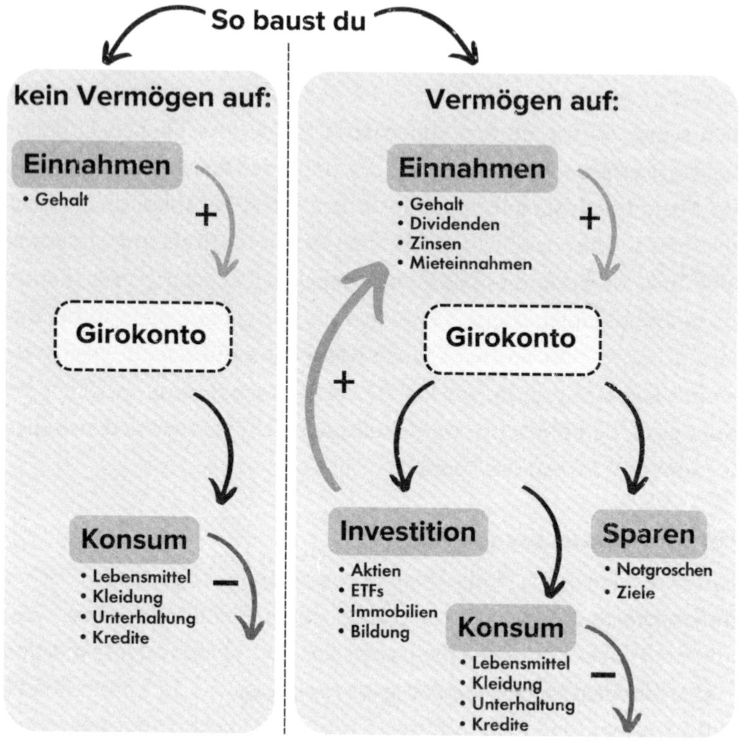

Konsumieren und investieren

Investitionen hingegen sind Ausgaben, die auf das Generieren zukünftiger Einnahmen abzielen. Das kann der Kauf von Aktien, Immobilien oder die Investition in deine eigene Bildung sein. Diese Ausgaben tragen langfristig zu deinem Vermögensaufbau bei. **Vermögenswerte,** wie Aktien oder Immobilien, steigern im Idealfall ihren Wert mit der Zeit und können dir passives Einkommen generieren, sei es durch Dividenden, Mieteinnahmen oder bestimmte Qualifikationen, die zu besseren Jobmöglichkeiten führen. Investitionen erfordern oft Geduld, da ihr langfristiger Wertzuwachs nicht sofort sichtbar ist. Beispiele für Vermögenswerte sind:

- Du kaufst Aktien oder ETFs, um langfristig Vermögen aufzubauen.
- Du investierst in eine Weiterbildung, die dir bessere Jobchancen eröffnet.
- Du erwirbst eine Immobilie, um sie zu vermieten und so langfristige Mieteinnahmen zu erzielen.

Bei jeder zukünftigen Ausgabe kannst du dir die folgende Frage stellen: *Ist dieser Kauf eine Verbindlichkeit oder ein Vermögenswert?* Verbindlichkeiten sind Konsumgüter oder Anschaffungen, die Geld aus deiner Tasche ziehen, ohne dir langfristig Vorteile zu bringen. Vermögenswerte hingegen sind Investitionen, die langfristig Geld auf deine Einnahmenseite bringen.

Wie viel Geld solltest du sparen?

Vielleicht hast du schon einmal gehört, dass es wichtiger sei, die Ausgaben im Griff zu haben, statt immer höhere Einnahmen zu erzielen. Natürlich sind Einnahmen entscheidend für den Vermögensaufbau – sie sind die Grundlage, auf der du aufbaust. Doch wer mit jedem Gehaltssprung auch die Ausgaben erhöht, wird nie wirklich Vermögen aufbauen können. Es entsteht eine Dynamik, die sich **Lifestyle-Inflation** nennt: Je mehr man verdient, desto mehr gibt man aus. Man arbeitet, um mehr zu verdienen, und gibt das verdiente Geld wieder aus, um den Lifestyle mit teurer Kleidung, luxuriösen Häusern oder Autos aufrechtzuerhalten. Doch all dies ist oft mit hohen Kosten und Verpflichtungen verbunden: Ein großes Haus bedeutet meist einen hohen Kredit, und ein Auto bedeutet hohe Ratenzahlungen. Das Resultat: ein ständiger Kreislauf aus Konsum und Arbeit. Finanzielle Disziplin ist hier der Schlüssel, um sicherzustellen, dass deine Einnahmen größer sind als deine Ausgaben. Konzentriere dich also nicht nur darauf, immer mehr zu verdienen, sondern stell sicher, dass du einen Teil deines Einkommens gezielt für den Vermögensaufbau einsetzt. Vermögensaufbau erfordert eine bewusste Entscheidung für die Investition von mehr Geld in Vermögenswerte statt die Ausgabe für Verbindlichkeiten.

Die Differenz zwischen deinen Einnahmen und deinen Ausgaben ist der Betrag, mit dem du künftig dein Vermögen ansparen kannst. Das ist die sogenannte **Sparrate**. Die Sparrate ist ein wichtiger Hebel für dein künftiges Vermögen und sollte im Laufe deiner Ansparphase stets erhöht werden.

$$\text{Sparrate (€)} = \text{Einnahmen} - \text{Ausgaben}$$

Wenn du die Sparrate durch deine Einnahmen teilst, erhältst du deine **Sparquote**. Wie aber findest du jetzt heraus, welche Sparquote die beste für dich ist? Das hängt von deinen individuellen Zielen und deiner finanziellen Situation ab.

$$\text{Sparquote (\%)} = \left(\frac{\text{Sparrate}}{\text{Einnahmen}}\right) \times 100$$

Wenn du 1 000 Euro monatlich verdienst und davon 200 Euro sparst, dann liegt deine Sparquote bei 20 Prozent. Idealerweise sollte deine Sparquote bei mindestens 10 Prozent deines Nettoeinkommens liegen, 20 Prozent oder mehr sind noch besser. Hier gilt: je höher, desto besser. Mit einer Sparquote von über 30 Prozent bist du auf einem ausgezeichneten Weg zum Vermögensaufbau, denn die Höhe deiner Sparquote hat einen direkten Einfluss darauf, wie schnell du Vermögen aufbaust. Eine höhere Sparquote bedeutet, dass du schneller wachsen wirst. Aber es kann auch nicht jeder 20 Prozent seines Einkommens sparen – und das ist absolut in Ordnung! Finde eine Sparquote, die zu deinen individuellen Zielen und deiner finanziellen Situation passt, und denke daran, dass jede Erhöhung deiner Sparquote einen positiven Einfluss auf deinen Vermögensaufbau hat. Bei Gehaltserhöhungen könntest du deine Sparquote zukünftig weiter erhöhen – statt dir »dafür etwas zu gönnen«, also dem Konsum zu verfallen.

Kontenarten

Stell dir vor, du hast einen großen, unorganisierten Kleiderschrank. Alle deine Kleidungsstücke sind wahllos hineingeworfen, und jedes Mal, wenn du ein bestimmtes Outfit suchst, musst du dich durch einen Haufen unübersichtlicher Kleidung wühlen. Das kostet dich Zeit und Nerven, und du vergisst, was du überhaupt besitzt. Genauso chaotisch kann es sein, wenn du dein gesamtes Geld auf einem einzigen Konto hast: Du verlierst den Überblick. Mithilfe der Aufteilung auf verschiedene Konten schaffst du dir Klarheit und Struktur, denn: Geld für unterschiedliche Zwecke gehört auf unterschiedliche Konten. Für langfristig angelegtes Geld steht im Vordergrund, dass du dafür eine Rendite bekommst. Dein Notgroschen hingegen muss immer verfügbar sein, sodass hier die Rendite eher unwichtig ist. Verschiedene finanzielle Ziele brauchen also verschiedene Konten.

Es gibt da einmal das **Girokonto**. Dein Girokonto ist das Herzstück deines täglichen Zahlungsverkehrs, muss also keine Rendite erzielen. Das **Tagesgeldkonto** wiederum ist ein Konto, auf dem du Geld parken kannst, aber dennoch jederzeit schnellen Zugriff darauf hast. Es hat keinen festen Zeithorizont und im Gegensatz zum Girokonto erhältst du hier in der Regel Zinsen. Beim **Festgeldkonto** legst du eine feste Summe Geld für eine bestimmte Laufzeit an, zum Beispiel 6 oder 12 Monate lang. Währenddessen ist das Geld normalerweise nicht verfügbar. Festgeldkonten bieten im Allgemeinen höhere Zinsen als Tagesgeld- oder Girokonten. Die Rendite ist jedoch begrenzt und abhängig von der Laufzeit und den aktuellen Zinssätzen. Festgeldkonten sind geeignet, wenn du sicherstellen möchtest, dass du über einen festgelegten Zeitraum hinweg eine vorhersehbare Rendite erzielst und dafür auf einen schnellen Zugriff auf dein Geld verzichtest.

Du solltest beachten, dass du nie mehr als 100 000 Euro auf einem Konto lagerst. Bei Giro-, Tagesgeld- und Festgeldkonten gilt die deutsche **Einlagensicherung**, wenn also deine Bank Pleite geht, sind die Beträge bis 100 000 Euro pro Bank und Kunde geschützt. Alles darüber hinaus sollte entweder investiert oder auf mehrere Konten bei unterschiedlichen Banken verteilt werden.

Und zuletzt gibt es noch das **Wertpapierdepot**. Das dient zur Verwahrung von Wertpapieren wie Aktien, Anleihen oder ETFs. Du kannst jederzeit den aktuellen Wert deines Depots einsehen und während der Börsenöffnungszeiten Wertpapiere kaufen oder verkaufen. Das ist jedoch kein klassisches Konto zur Abwicklung von Zahlungen. Dafür hast du das Verrechnungskonto, und von diesem wird Geld für den Kauf und

Verkauf von Wertpapieren abgezogen, es werden Dividendengutschriften oder Gewinne aus Verkäufen darauf ausgezahlt. Ein Wertpapierdepot hat keinen festen Zeithorizont. Du kannst Wertpapiere langfristig halten oder je nach Marktsituation kaufen und verkaufen.

Durch die Trennung deines Geldes auf verschiedene Konten schaffst du mehr Klarheit und Struktur, das gibt dir eine bessere Übersicht über deine Finanzen. So kannst du sicherstellen, dass du immer genügend Geld für die verschiedenen Bereiche deines Lebens zur Verfügung hast.

Dein Budget

Nach dem Überblick über die verschiedenen Kontenarten geht es jetzt im Folgenden um die Strukturierung deiner Ausgaben und die Planung deines persönlichen Budgets. Eine bewährte Methode ist hier das Drei-Konten-Modell.

1. Konto: Das Girokonto für laufende Ausgaben

Auf das *Girokonto* wird dein Gehalt überwiesen, und es dient als Hauptkonto für alltägliche Ausgaben wie Lebensmittel, Kleidung oder Freizeitaktivitäten. Ebenso fließen hier alle Fixkosten wie Miete, Versicherungen, Strom und WLAN ab. Das ist dein Hauptkonto für alle wiederkehrenden Zahlungen und laufenden Ausgaben.

2. Konto: Das Sparkonto für kurz- bis mittelfristige Ziele

Das zweite Konto ist das *Sparkonto*, zum Beispiel dein Tages- oder Festgeldkonto. Das Sparkonto ist für Ziele in naher Zukunft, insbesondere für kurz- bis mittelfristige Ziele. Es ist nicht für deine täglichen Ausgaben gedacht. Wenn du dieses Geld in einem Monat ausgegeben hast, dann ist das so. Bediene dich danach nicht an den anderen Konten!

3. Konto: Das Depot für deinen Vermögensaufbau

Das dritte Konto ist für deinen *Vermögensaufbau* gedacht, zum Beispiel dein Depot. Hier investierst du in Wertpapiere, um langfristig Vermögen aufzubauen.

Diese klare Trennung hilft dir beim Überblick. Wie genau du die Einteilung deines Geldes auf die drei Konten vornehmen kannst, schauen wir uns jetzt mit der **50–30–20-Regel** an. Nach dieser Regel teilst du dein Nettogehalt, hier zum Beispiel 2 000 Euro, wie folgt auf:

- **50 Prozent für notwendige Ausgaben auf dem Girokonto**

  Bei 2 000 Euro wären das 1 000 Euro für Miete, Strom, Internet, Handy und so weiter.

- **30 Prozent für Spaß auf dem Sparkonto**

  600 Euro für all das, was dir Freude bereitet, wie Shopping, Restaurantbesuche oder Hobbys. Diese Ausgaben sind flexibel und sollten dir ermöglichen, dein Leben zu genießen.

- **20 Prozent für den langfristigen Vermögensaufbau im Depot**

  400 Euro, 20 Prozent von 2 000 Euro, die für deinen langfristigen Vermögensaufbau gespart und investiert werden.

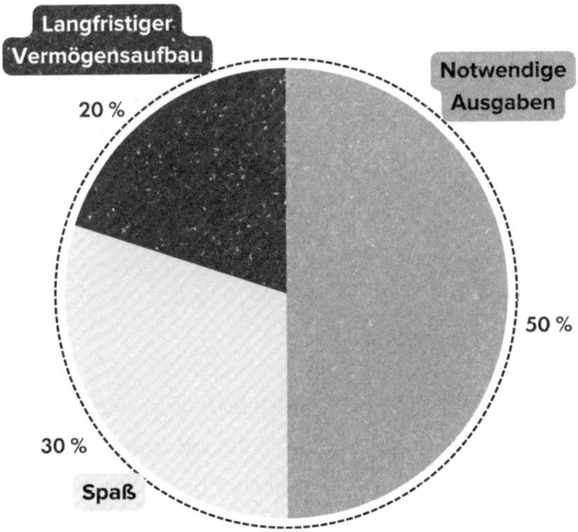

Das Drei-Konten-Modell

Das Drei-Konten-Modell ist ein Konzept, mit dem du deine Finanzen strukturieren kannst. Du kannst es ganz nach deinen persönlichen Bedürfnissen und deiner individuellen Lebenssituation anpassen, kannst es erweitern und zusätzliche Konten für spezifische Ziele einrichten. So könntest du ein separates Konto für Urlaub oder eins für besondere Anschaffungen wie ein neues Auto anlegen. Auf das Urlaubskonto könntest du regelmäßig einen bestimmten Betrag überweisen, sodass du am Jahresende genügend Geld für deinen Traumurlaub hast, ohne auf einmal eine große Summe aufbringen zu müssen. Für größere Anschaffungen, wie ein neues Auto, könntest du gezielt sparen. Du kannst bestimmte Konten auch für persönliche Meilensteine oder besondere Projekte anlegen. Planst du eine Weiterbildung, eine Hochzeit oder möchtest ein Haus renovieren? Indem du für jedes dieser Ziele ein eigenes Konto anlegst, stellst du sicher, dass du kontinuierlich darauf hinarbeitest und am Ende genau das nötige Budget zur Verfügung hast. Einige Banken bieten dafür neben dem Hauptkonto auch noch Unterkonten an. Manche bevorzugen es, mit wenigen Konten zu arbeiten, weil sie sonst den Überblick verlieren, während andere es motivierter und strukturierter finden, für jedes finanzielle Ziel ein separates Konto einzurichten. Das hängt ganz von deinen Vorlieben und Zielen ab. Finde heraus, welche Variante am besten zu dir und deinen Bedürfnissen passt. So oder so wird dein Geld mithilfe dieser klaren Aufteilung automatisch für die richtigen Zwecke verwendet, ohne dass du ständig darüber nachdenken musst.

JETZT BIST DU DRAN

Nimm dir kurz Zeit für deine Budgetplanung und teile den Kreis nach deinen Bedürfnissen ein. Wenn du zum Beispiel in einer Großstadt mit hohen Mieten wohnst, müsstest du wahrscheinlich den Anteil für die Fixkosten höher gewichten. Wenn du noch keine Verpflichtungen hast und bei deinen Eltern wohnst, dann könntest du diesen Anteil niedriger gewichten. Beachte aber auch, dass, wenn du Vermögen aufbauen möchtest, der Anteil für das Sparen und Investieren möglichst hoch sein sollte.

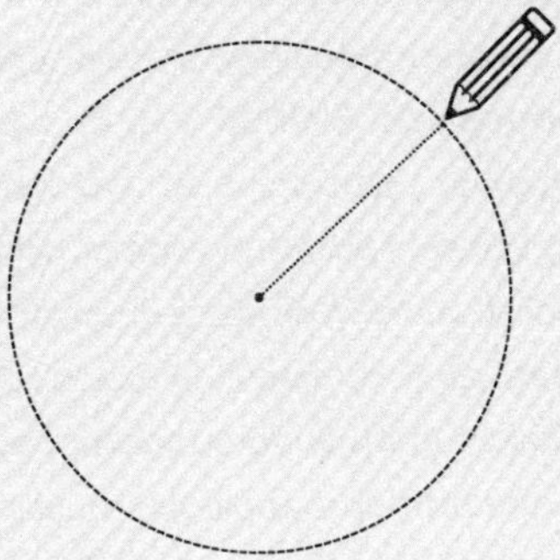

Zurück zur Sparquote und deren Automatisierung. Wenn du zum Beispiel jeden Monat 15 Prozent deines Einkommens sparen möchtest, dann richte einen automatischen Dauerauftrag ein, der diesen Betrag direkt nach Gehaltseingang auf dein Sparkonto überweist. So sparst du, bevor du überhaupt daran denkst, das Geld auszugeben. Du bezahlst dich selbst zuerst, bevor du andere bezahlst. Also, mache jetzt Folgendes:

1. Richte einen Dauerauftrag von deinem Girokonto auf dein Sparkonto ein. Dieser wird jeden Monat automatisch ausgeführt.
2. Richte ebenfalls einen Dauerauftrag auf dein Verrechnungskonto deines Depots ein. Oder einen Sparplan, bei dem automatisch das Geld von deinem Girokonto eingezogen wird.
3. So kannst du das Sparen automatisieren und musst dich künftig nicht mehr aktiv darum kümmern. Wenn du eine Gehaltserhöhung erhältst, erhöhst du den Sparbetrag um die Hälfte deiner Gehaltserhöhung, mit der anderen Hälfte erhöhst du deinen Lebensstandard oder die Sparrate für andere Ziele.

Automatisierung ist wie dein persönlicher Assistent, der dir bei deinen Sparzielen hilft, ohne dass du daran denken musst. Mit der Zeit wird das Sparen zu einer positiven Gewohnheit, die fast von selbst läuft. Gerade zu Beginn kann es herausfordernd sein, aber nach einigen Monaten wird es zur Routine – besonders mit dem Kontenmodell.

Neben deinen Spar- und Investitionszielen solltest du auch deinen **Notgroschen** automatisiert aufbauen. Das ist deine finanzielle Reserve für unerwartete Ausgaben. Stell dir vor, du wachst eines Morgens auf und dein Auto springt nicht mehr an. Die Reparaturkosten betragen mehrere Tausend Euro. Oder du kommst nach einem langen Tag nach Hause und findest deine Wohnung überschwemmt vor. Die Versicherung wird zahlen, aber es dauert Wochen, bis das Geld kommt, und du musst die Kosten erstmal vorstrecken. Solche unvorhersehbaren Situationen können immer mal passieren, und es ist besser, finanziell darauf vorbereitet zu sein. Ein gut gefüllter Notgroschen macht hier den Unterschied zwischen einer kleinen Unannehmlichkeit und einem finanziellen Albtraum. Er gibt dir die Sicherheit, in bestimmten Situationen die Ruhe zu bewahren, und erlaubt dir, dein Leben ohne ständige Sorgen um unerwartete Kosten zu genießen.

Wie hoch sollte dein Notgroschen sein?

Eine Faustregel lautet, dass er drei bis sechs Monatsausgaben betragen sollte. Angenommen, deine monatlichen Ausgaben belaufen sich auf 1 500 Euro, dann sollte dein Notgroschen zwischen 4 500 und 9 000 Euro liegen. Du kannst diesen Betrag nach und nach aufbauen. Die Höhe deines Notgroschens hängt allerdings von deiner individuellen Lebenssituation ab. Bist du Single? Hast du Kinder? Besitzt du eine Immobilie? Hast du ein Auto? Und wie hoch ist dein persönliches Sicherheitsbedürfnis? Mit welchem Betrag kannst du nachts ruhig schlafen? All diese Faktoren beeinflussen die Höhe deines Notgroschens.

Der Notgroschen sollte jederzeit verfügbar sein. Ein separates Tagesgeldkonto eignet sich wunderbar zur Aufbewahrung deines Notgroschens, da du jederzeit an das Geld rankommst und auch noch Zinsen darauf erhältst. Die folgenden Tipps können dir helfen, deinen Notgroschen aufzubauen:

- **Automatische Überweisungen einrichten:** Richte einen Dauerauftrag ein, der monatlich einen festen Betrag von deinem Girokonto auf ein separates Tagesgeldkonto überweist.
- **Zusätzliche Einnahmen nutzen:** Wenn du zusätzliche Einnahmen hast, wie Boni, Steuerrückerstattungen oder Geschenke, lege einen Teil oder den gesamten Betrag auf dein Notgroschenkonto.
- **Geduldig sein:** Der Aufbau eines Notgroschens erfordert Zeit und Disziplin. Bleib geduldig und konsequent, dann wirst du sehen, wie dein Notgroschen wächst.

6 Spartipps und Tricks

Es gibt einige Tipps und Tricks, mit denen du deine Ausgaben im Alltag reduzieren und mehr Geld beiseitelegen kannst. Sie stärken deine finanzielle Disziplin und helfen dir beim Vermögensaufbau.

1. TIPP

Die Sieben-Tage-Regel

Lass Artikel sieben Tage lang im Warenkorb liegen, statt sie sofort zu bestellen. Wenn du nach einer Woche immer noch das Kaufbedürfnis verspürst, dann ist dir dieser Artikel wahrscheinlich wirklich wichtig. Bei größeren Anschaffungen kannst du dir sogar noch länger Zeit lassen, um die durchdachte Anschaffung sicherzustellen. Diese Regel hilft gegen Impulskäufe, da du dadurch Zeit hast, den Kauf nochmal zu überdenken. Oft wirst du nach ein paar Tagen feststellen, dass das anfängliche Verlangen nach dem Artikel verblasst und du ihn gar nicht wirklich brauchst oder möchtest.

Ich kenne das Gefühl nur zu gut: Man stöbert online, findet ein Produkt, und plötzlich spürt man diese Euphorie – den Drang, es sofort besitzen zu wollen. In diesem Moment scheint alles andere auszuschalten, und man ist überzeugt, dass man genau dieses Teil unbedingt haben muss, schon immer haben musste. Meiner Erfahrung nach verblasst diese Euphorie oft nach ein paar Tagen. Wenn ich dann in meinen Warenkorb schaue, sehe ich plötzlich, dass das, was ich unbedingt haben wollte, gar nicht mehr so attraktiv ist wie erst gedacht. Manchmal frage ich mich sogar, warum ich es überhaupt haben wollte. Natürlich gibt es Fälle, in denen ich es nach den sieben Tagen immer noch kaufen will, es also wirklich wollte. Manchmal hatte ich sogar Glück, dass es dann auch noch im Angebot war, so schicken manche Apps Benachrichtigungen raus, wenn Teile im Warenkorb reduziert wurden. Das Warten hat sich dann doppelt gelohnt: Ich habe nicht nur herausgefunden, dass ich das Produkt wirklich will, sondern auch noch Geld gespart. Wichtig ist dabei nur, die potenziellen Einkäufe, gegen die du dich dann entschieden hast, nach den sieben Tagen konsequent aus dem Warenkorb zu entfernen. Es ist erstaunlich, wie viel Geld man sparen kann, wenn man ein paar Tage wartet. Das bewahrt dich nicht nur vor unnötigen Ausgaben, sondern auch davor, Dinge anzuhäufen, die am Ende doch nur in der Ecke liegen. Probier es mal aus!

2. TIPP

Melde dich ab

Newsletter in deinem Postfach bringen einen oft nur auf Ideen, die man vorher gar nicht hatte. Diese E-Mails sind darauf ausgelegt, dein Interesse zu wecken und dich dazu zu bringen, Geld für etwas auszugeben, was du eigentlich nicht brauchst. Die hübschen Bilder, die verlockenden Angebote und die knalligen »Jetzt zugreifen!«-Buttons sollen dich zu einem schnellen Kauf animieren. Doch die Wahrheit ist: Wenn du vor zehn Minuten noch nichts von dem Produkt wusstest, dann brauchst du es wahrscheinlich auch nicht wirklich.

Am besten meldest du dich von allen Newslettern ab, die du nicht wirklich brauchst. Das klingt vielleicht banal, aber es kann einen großen Unterschied machen. Indem du deinen Posteingang von dieser E-Mail-Flut befreist, reduzierst du erheblich die Versuchung, Geld für Unnötiges auszugeben. Weniger E-Mails bedeuten weniger Verlockungen, weniger Stress und weniger Impulskäufe. Dein Postfach wird übersichtlicher, und du wirst erstaunt sein, wie viel klarer dein Kopf ist, wenn du nicht ständig mit neuen Angeboten und Sonderaktionen bombardiert wirst. Anstatt von den neuesten Trends und Angeboten beeinflusst zu werden, kannst du dich auf das konzentrieren, was du wirklich brauchst und möchtest.

3. TIPP

Weniger Coffee-to-go

Es summieren sich oft die kleinen Ausgaben im Laufe der Zeit zu beträchtlichen Summen. Ein typisches Beispiel dafür ist der regelmäßige Coffee-to-go. Vielleicht scheint der einzelne Kaffee auf dem Weg zur Arbeit mit seinen drei bis vier Euro auf den ersten Blick nicht viel auszumachen, aber übers Jahr kann er ordentlich ins Gewicht schlagen.

Stell dir vor, du kaufst dir jeden Arbeitstag einen Coffee-to-go für 3,50 Euro. Bei einer Fünf-Tage-Woche sind das 17,50 Euro. Hochgerechnet auf ein Jahr (bei etwa 48 Arbeitswochen) gibst du allein für deinen täglichen Kaffee 840 Euro aus. Und das ist nur der Kaffee! Wenn du gelegentlich noch einen Snack dazunimmst, kann der Betrag schnell die 1000-Euro-Marke überschreiten. Stattdessen könntest du deinen Kaffee ganz einfach zu Hause vorbereiten und in einer Thermoskanne oder einem -becher mitnehmen. Die Kosten für selbstgemachten Kaffee sind im Vergleich dann verschwindend gering. Das spart nicht nur Geld, sondern auch Zeit, denn so kannst du dir die Schlange jeden Morgen schenken und ohne Umwege zur Arbeit fahren.

4. TIPP

Cost-per-Wear

Mein Favorit der Spartipps ist das Konzept des Cost-per-Wear (CPW). Wenn ich davon schon früher gewusst hätte, dann wäre mein Kleiderschrank wohl weniger überfüllt gewesen und ich hätte mein Geld viel bewusster ausgegeben.

Das Prinzip ist einfach, aber wirkungsvoll: Wenn du dir etwas kaufen möchtest, überlege dir vorher, wie oft du es voraussichtlich tragen wirst. Berechne dazu den CPW, also die Kosten pro Tragen. Du teilst die Kosten des Kleidungsstücks durch die Anzahl der Tage, an denen du es tragen wirst. Wenn eine Jacke 50 Euro kostet, du sie aber nur zweimal trägst, läge der CPW bei 25 Euro. Trägst du sie hingegen 50-mal, beträgt der CPW nur noch 1 Euro. Je niedriger der CPW ausfällt, desto sinnvoller ist der Kauf – und desto besser »investiert« das Geld. So kaufst du bewusster und nachhaltiger ein. Hochwertige und vielseitige Kleidungsstücke, die du häufig trägst, sind oft bessere »Investitionen« als trendige Teile, die schnell im Schrank verschwinden oder kaputtgehen.

Ich achte mit dieser Methode mehr darauf, hochwertige und vielseitige Kleidungsstücke zu kaufen, die ich immer wieder tragen kann. Das zahlt sich nicht nur finanziell aus, sondern erhöht auch meine Zufriedenheit mit meinen Besitztümern. Denn so habe ich nun eine Garderobe, die ich regelmäßig und gerne nutze. Für mich hat sich zusätzlich noch bewährt, regelmäßig auszumisten, denn plötzlich hatte ich einen besseren Überblick und mehr Struktur in meinem Kleiderschrank. Dieser aufgeräumte Zustand wirkt sich dann oft auch auf andere Lebensbereiche aus. Wenn du in deinem Kleiderschrank Klarheit hast, fällt es dir leichter, auch in anderen Bereichen deines Lebens Ordnung und Struktur zu schaffen.

Die CPW-Methode lässt sich genauso auf anderes übertragen, das du dir anschaffen möchtest. Überlege dir bei jedem Kauf, wie oft du den Gegenstand wirklich nutzen wirst, ob sich die Anschaffung lohnen wird. So vermeidest du Fehlkäufe und gibst dein Geld gezielt für Sachen aus, die dir langfristig Freude bereiten und ihren Wert behalten. Hier gilt: Qualität statt Quantität.

5. TIPP

Aus vier mach drei

Dieser Tipp ist kurz und knackig: Wenn du bis jetzt immer viermal im Monat essen gegangen bist, gehst du von nun an nur noch dreimal. Wenn du immer drei Gänge isst, dann lass ab jetzt Vorspeise oder Dessert weg. Wenn du mit deinen Freunden ausgehst, trinke statt vier Cocktails nur drei. Der Trick bei all dem ist: Du musst dir das, was dir Spaß macht, nicht gänzlich verkneifen, sondern nur ein wenig reduzieren. Du sollst dir nicht alles verbieten, sondern bewusste Entscheidungen treffen, die deinem Budget guttun, ohne deine Lebensqualität zu beeinträchtigen. Wahrscheinlich wirst du diese kleinen Reduzierungen kaum merken, aber sie haben einen großen Einfluss auf deine Ausgaben.

6. TIPP

Unnötige Abos kündigen

Es ist erstaunlich, wie schnell sich Abos im Laufe der Zeit ansammeln, die man kaum noch nutzt oder die nicht mehr den gewünschten Mehrwert bieten. Ein Streamingdienst hier, ein Fitnessstudio dort – und plötzlich summieren sich diese kleinen monatlichen Ausgaben zu einer beträchtlichen Summe, die du eigentlich viel besser sparen könntest.

Nimm dir die Zeit, deine laufenden Abos in regelmäßigen Abständen zu hinterfragen: Nutze ich das wirklich? Bringt es mir den erwarteten Mehrwert? Wenn die Antwort nein lautet, dann ist es Zeit, sich davon zu trennen. Oft behalten wir Abos aus Bequemlichkeit oder aus Angst, etwas zu verpassen, aber in Wahrheit bereichern sie unseren Alltag gar nicht. Streamingdienste sind ein gutes Beispiel. Vielleicht hast du mehrere Abos für Filme, Serien und Musik, nutzt aber nur einen oder zwei regelmäßig. Die anderen laufen im Hintergrund weiter, ziehen aber jeden Monat Geld von deinem Konto. Oder denk an das Fitnessstudio, für das du bezahlst, obwohl du selten hingehst – vielleicht wäre es sinnvoller, statt einer festen Mitgliedschaft auf eine Zehnerkarte umzusteigen, bei der du nur für die tatsächlichen Trainingseinheiten zahlst. Überprüfe regelmäßig deine Abos und trenne dich. Dein Geldbeutel – und dein Verstand – werden es dir danken.

Besser bezahlen im Alltag

Wir alle kennen die Situation: Du stehst an der Kasse und möchtest bezahlen. Du zückst dein Portemonnaie und stehst vor der Entscheidung: Mit welcher der vielen Karten im Portemonnaie zahlst du? Oder doch lieber bar? Diese Entscheidung fällt nicht immer leicht, denn jede Zahlungsmethode hat ihre eigenen Vor- und Nachteile. Doch welche Zahlungsmethode ist die beste für den Alltag? Und welche Möglichkeiten gibt es überhaupt?

Girokonto, Kreditkarte, Debitkarte

»Nur Bares ist Wahres«, würde mein Vater sagen. Er zahlt am liebsten in bar. Doch in der heutigen Zeit werden Kartenzahlungen und digitale Zahlungsmethoden wie mit dem Smartphone immer beliebter. Rein statistisch gesehen hat jeder erwachsene Bundesbürger mindestens ein Girokonto. Das und die dazugehörige Girokarte, früher: EC-Karte, bilden die Basis für sämtliche Bankgeschäfte. Die meisten Girokonten bieten eine **Debitkarte** (etwa Maestro oder V-Pay) an, die direkt mit dem Konto verknüpft ist. Zahlungen werden sofort vom Konto abgebucht. Das heißt, du siehst die Abbuchung direkt nach dem Benutzen der Karte. Dies ist der entscheidende Unterschied zur **Kreditkarte**, bei der die einzelnen Beträge gesammelt und meist nur einmal im Monat vom Konto abgebucht werden. Die Kreditkarte ist im Normalfall nicht an das Girokonto gebunden, die Umsätze werden vielmehr auf einem eigenen Kreditkartenkonto geführt. Je nach Anbieter und Version kann die Karte auch ein Paket an Zusatzleistungen beinhalten, wie Versicherungen, Buchungsdienste oder mögliche Lounge-Nutzungen. Kreditkarten heißen übrigens so, weil du kurzfristig einen Kredit aufnimmst, dir Geld leihst. Du kannst dir etwas kaufen, für das du das Geld noch nicht auf dem Konto hast, und die Bank streckt es dir quasi (innerhalb eines Verfügungsrahmens) vor. Bei nicht fristgerechter Rückzahlung fallen jedoch hohe Zinsen an.

Bei einer **Charge-Kreditkarte** werden alle Einkäufe innerhalb eines Monats gesammelt und dann meist einmal im Monat in Summe vom Girokonto abgebucht. Du zahlst also den gesamten Kredit auf einen Schlag zurück. Dies ermöglicht dir eine gute Übersicht und vermeidet die Anhäufung von Schulden, erfordert aber auch, dass du zum Abrechnungszeitpunkt genügend Geld auf deinem Girokonto hast.

Bei einer **Revolving-Kreditkarte** musst nicht alles auf einmal zurückzahlen, sondern jeden Monat einen Teilbetrag. Du musst hier selbst aktiv werden und die Umsätze zum Zeitpunkt der Fälligkeit begleichen beziehungsweise schrittweise in Raten zurückzahlen. Auf den unbezahlten Teil der Verbindlichkeiten werden dann Zinsen berechnet. Angenommen, dein Verfügungsrahmen beträgt 1 500 Euro, wenn du im Januar für 500 Euro einkaufst, könntest du den restlichen Monat noch 1000 Euro ausgeben. Wenn du dann am Monatsende nur 200 Euro zurückzahlst, hast du noch 300 Euro offen. Diese verbleiben als Kreditkartenschulden auf deinem Konto, auf die Zinsen anfallen können. Wenn du im Februar weitere 800 Euro ausgibst, aber wieder nur 200 Euro zurückzahlst, hast du insgesamt 900 Euro an zu verzinsenden Kreditkartenschulden an deine Bank. Dies kann ohne genügend Disziplin schnell zur Schuldenfalle werden.

Bei einer **Prepaid-Kreditkarte** musst du die Karte vor dem Einsatz mit Geld aufladen. Du überweist also den gewünschten Geldbetrag zuerst auf die Karte, der dir dann als Guthaben zur Verfügung steht. Wenn du mit der Prepaid-Karte zahlst, wird dieses Guthaben um den Kaufbetrag gemindert. Du leihst dir also kein Geld bei der Bank, wenn du mit der Karte bezahlst, sondern gibst den vorher überwiesenen Geldbetrag aus. Die Karte besitzt demnach keine echte Kreditfunktion und verhindert so Schulden, die du dann gegebenenfalls nicht mehr zurückzahlen kannst.

Die Wahl der richtigen Bezahlmethode hängt stark von deinen individuellen Bedürfnissen und deiner finanziellen Disziplin ab. Auch wenn Debit- und Kreditkarten mittlerweile weithin akzeptiert werden, lassen dir einige Orte oder Restaurants keine Wahl: Sie akzeptieren für Zahlungen ausschließlich die Girokarte. Dagegen funktioniert die Karte im Ausland nur selten. Debitkarten bieten eine sofortige Belastung des Kontos und damit eine bessere Kostenkontrolle, weshalb ich die Debitkarte im Alltag am liebsten nutze. Kreditkarten hingegen bieten Flexibilität und zusätzliche Vorteile, bergen aber auch das Risiko der Überschuldung und zusätzlicher Kosten. Wenn du viel auf Reisen bist, kannst du auf eine Kreditkarte kaum verzichten, denn manche Anbieter, wie Mietwagenanbieter, akzeptieren nur Kreditkarten. Jedoch kosten diese fast immer eine Gebühr.

Jetzt kaufen, später zahlen

Jetzt kaufen und später zahlen – das klingt doch eigentlich ziemlich verlockend, oder? Du erhältst sofort dein Wunschprodukt, sei es ein neues Smartphone, ein schicker Urlaub oder ein luxuriöses Auto, und die Rechnung folgt erst später. Du genießt den Vorteil, sofort über etwas verfügen zu können, ohne das Geld dafür auf dem Konto haben zu müssen. Schlussendlich kaufst du dir also etwas, was du dir in dem Moment gar nicht leisten kannst.

Konsumschulden entstehen grundsätzlich immer dann, wenn du mehr Geld ausgibst, als du tatsächlich hast. Wie wir uns bereits bei der Bestandsaufnahme angeschaut haben, sind Konsumschulden schlechte Schulden. Sie entstehen durch die Finanzierung von Konsumgütern, die an Wert verlieren oder keine langfristigen Vorteile bieten.

In den letzten Jahren haben Angebote wie »Buy Now, Pay Later« (BNPL) erheblich an Beliebtheit gewonnen, insbesondere bei jüngeren Menschen. Nach einer bevölkerungsrepräsentativen Umfrage[2] haben 32 Prozent, also rund ein Drittel, der 18- bis 39-Jährigen schon mindestens einmal ein BNPL-Angebot von zum Beispiel Klarna, PayPal, After Pay oder Apple Pay Later genutzt. In höheren Altersgruppen ist dieser Anteil geringer, aber dennoch signifikant: 23 Prozent bei den 40- bis 59-Jährigen und 17 Prozent bei den über 60-Jährigen. Insgesamt hat etwa jeder vierte Erwachsene in Deutschland schon einmal ein solches Angebot genutzt. Warum auch nicht, denkst du dir jetzt vielleicht. Doch was auf den ersten Blick wie eine praktische und flexible Lösung erscheint, birgt auch erhebliche Risiken. Lass uns dazu einmal genauer die Arten von Konsumschulden anschauen. BNPL-Modelle ermöglichen es dir, den Kaufbetrag in mehreren Raten oder zu einem späteren Zeitpunkt zu zahlen. Solche Optionen werden mittlerweile von vielen Onlineshops und physischen Einzelhändlern angeboten.

Bei der **Null-Prozent-Finanzierung** kannst du ein Produkt in Raten zahlen, ohne dass in der Regel zusätzliche Zinsen anfallen. Solche Angebote sind besonders bei großen Elektronikketten oder Möbelhäusern beliebt. Sie klingen verlockend, weil sie scheinbar kostenlos sind – doch auch hier gibt es Tücken. Dazu gleich mehr.

Der **Dispokredit**, auch Überziehungskredit oder kurz Dispo, ist eine weitere Überbrückungsmöglichkeit kurzfristiger finanzieller Engpässe. Du kannst damit dein Girokonto bis zu einem bestimmten Betrag überziehen. Allerdings sind die Zinsen für Dispokredite meist sehr hoch, oft im zweistelligen Prozentbereich. Viele Menschen geraten in eine Abhängigkeit von ihrem Dispokredit, da sie regelmäßig ihr Konto überziehen und so ständig hohe Zinskosten tragen müssen. Und das führt uns auch schon zu den Risiken solcher Angebote.

Laut einer Verbraucherumfrage[3] der SCHUFA aus dem Jahr 2023 bedienen immer mehr Erwachsene ihre BNPL-Angebote nicht pünktlich. 35 Prozent der Befragten mussten schon einmal Mahngebühren zahlen, 27 Prozent weniger als 10 Euro, 8 Prozent mehr als 10 Euro. Im Vorjahr lag der Anteil derer mit Mahngebühren noch bei 30 Prozent. Bereits in der Vergangenheit hat die SCHUFA immer wieder auf die Gefahr hingewiesen, dass digitale Kleinkredite wie BNPL ein gewisses Risiko der Überschuldung bergen würden. Denn wenn du mehrere solcher Finanzierungen parallel laufen hast, könntest du schnell den Überblick über deine monatlichen Verpflichtungen verlieren. Und sobald eine Rate nicht gezahlt wird, drohen hohe Mahngebühren und Zinssätze, die zur Verschuldung führen können. Du solltest also nur auf solche Finanzierungsangebote zurückzugreifen, wenn du sicher bist, dass du die Raten problemlos zahlen kannst. Am besten ist es dennoch, wenn du solche Finanzierungsangebot gar nicht erst nutzt. Bei größeren Anschaffungen könntest du im Voraus darauf hinsparen, sodass du genug Geld dafür beiseitegelegt hast. Immerhin weißt du ja jetzt dank des vorherigen Kapitels, wie du dir Sparziele richtig formulierst und sie auch erreichst. So vermeidest du nicht nur hohe Zinskosten, sondern auch den Stress durch monatliche Ratenzahlungen. Falls du dennoch nicht auf solche Angebote verzichten kannst, habe ich hier fünf Tipps für dich:

- Behalte einen Überblick über deine Ein- und Ausgaben sowie insbesondere deine monatliche Rate. Notiere dir die Fälligkeitsdaten deiner Zahlungen, um Verzugszinsen, Mahngebühren oder Kosten für das Inkasso zu vermeiden.
- Vermeide es, mehrere Kredite gleichzeitig laufen zu lassen. Dies erhöht das Risiko des Überblicksverlusts und der Schuldenfalle.
- Ein Konsumentenkredit sollte wohlüberlegt sein. Nutze solche Angebote mit Bedacht und frage dich immer vor einem Kauf: »Muss ich das wirklich jetzt haben? Kann ich es mir leisten, oder wäre es klüger, zu sparen und den Kauf erst dann zu tätigen, wenn ich das

Geld dafür habe? Brauche ich die Anschaffung so dringend, dass ich dafür Schulden machen muss?«

- Nutze Ratenzahlungen nur in Ausnahmefällen. Vergleiche immer die Angebote, und lies die Nutzungsbedingungen sorgfältig durch, bevor du dich für eine Finanzierung entscheidest. Achte hier vor allem auch auf versteckte Gebühren und Zinsen.
- BNPL, Null-Prozent-Finanzierungen und Dispokredite mögen auf den ersten Blick verlockend erscheinen, da sie kurzfristige finanzielle Flexibilität bieten. Doch die damit verbundenen Risiken können erheblich sein und dich langfristig belasten. Mit bewussten und informierten Entscheidungen kannst du dich vor unnötigen Schulden schützen und deine finanzielle Gesundheit langfristig sichern.

Dein SCHUFA-Score

Weißt du, welche Daten die SCHUFA über dich gespeichert hat? Nein? Das solltest du aber! Denn in vielen Fällen beeinflussen diese Daten, ob du eine Wohnung bekommst oder einen Kredit erhältst. Es gibt viele Mythen und Halbwahrheiten rund um das Thema SCHUFA und die Kreditwürdigkeit. In diesem Kapitel kläre ich dich über die Grundlagen auf und räume mit einigen verbreiteten Missverständnissen auf.

Die SCHUFA ist eine Wirtschaftsauskunftei, die Informationen von nahezu allen Personen in Deutschland sammelt. Mit großer Wahrscheinlichkeit bist also auch du bei der SCHUFA gespeichert. Sie steht im Austausch mit Händlern, Banken und Unternehmen, um Auskunft über die **Bonität** einzelner Personen zu geben. Die Bonität beschreibt, wie wahrscheinlich es ist, dass eine Person ihre finanziellen Verpflichtungen vollständig und fristgerecht zurückzahlen kann. Es ist also die Kreditwürdigkeit oder Zahlungsfähigkeit einer Person. Dies ist insbesondere für Unternehmen oder Banken wichtig, damit diese entscheiden können, ob sie einen Kredit vergeben oder ob ein BNPL-Kauf zustande kommt. Wenn die Bonität einer Person zum Beispiel nicht gut ist, könnte ein Unternehmen oder eine Bank der Person den Kredit oder den Kauf auf Rechnung verweigern. Damit minimieren Unternehmen oder Banken das Risiko eines Zahlungsausfalls. Für die Bonität wird der sogenannte SCHUFA-Score ermittelt.

Nehmen wir an, du möchtest dir eine neue Uhr kaufen, aber erst später bezahlen. Davor wird der Anbieter dieser Uhr deine Bonität überprüfen – zum Beispiel bei der SCHUFA, die dann deinen SCHUFA-Score übermittelt. Unter anderem auf Basis dieses Scores wird der Anbieter dann entscheiden, ob du die Uhr bei ihm mit einem BNPL-Modell kaufen kannst oder nicht. Auch interne Daten des Anbieters kann er hinzuziehen, beispielsweise, ob du bereits Kunde bist und deine Rechnungen bisher ordnungsgemäß bezahlt hast.

Wie wird der SCHUFA-Score berechnet?

Die SCHUFA speichert Informationen über das bisherige Zahlungsverhalten einer Person, wie vergangene Kreditanträge und deren (pünktliche) Rückzahlungen. Oder ob Rechnungen für bestellte Waren beglichen (fristgerecht) wurden. Je mehr Daten die SCHUFA sammeln und analysieren kann, desto genauer ist der Score. Aus diesem Grund können Personen, die gerade einen Kredit abbezahlen, einen höheren Score haben, als Personen ohne Kreditverpflichtungen und sonstige Daten. Eine vertragsmäßige Rückzahlung eines Kredits wirkt sich also positiv aus und eine längere positive Kredithistorie kann zu einem höheren Scoring führen.

Folgende Informationen speichert die SCHUFA zum Beispiel über dich:

- **Daten zur eindeutigen Identifizierung:** Vor- und Zuname, Geburtsdatum, Adresse und eventuell Voranschriften;
- **Daten zur Score-Berechnung:** Girokonto, Kreditkarte, Bürgschaft, Ratenkredit, Mobil-Leasing oder Mietkauf, Anfrage zu Girokonto, Anfrage zu Kreditkarte, Anfrage Bürgschaft, Anfrage zum Kredit, Anfrage zum Mobil-Leasing oder Mietkauf, Vertrags- und Kreditlaufzeiten;
- **Negativeinträge:** Unbezahlte Raten oder Rechnungen, gekündigte Kredite und Girokonten mit Dispokredit, bei denen ausstehende Beträge nicht bezahlt wurden, Zwangsvollstreckungsmaßnahmen, Informationen aus Schuldnerverzeichnissen und Insolvenzbekanntmachungen, Abgabe einer eidesstattlichen Versicherung, Haftbefehl zur Erzwingung der Abgabe einer eidesstattlichen Versicherung.

Folgende Informationen speichert die SCHUFA nicht über dich:

- Familienstand,
- Religion,
- Nationalität,
- Gehalt oder Vermögen.

Du siehst also, dass auch eine Kreditanfrage, zum Beispiel für Kreditkarten, Darlehen, Girokonten oder Mobil-Leasing von der SCHUFA erfasst wird. Diese Anfragen werden zwölf Monate lang gespeichert und fließen auch in die Score-Berechnung ein. Wichtig hierbei ist, dass du den Unterschied zwischen einer **Kreditanfrage** und einer **Konditionsanfrage** kennst. Bei Ersterer fragst du einen Kredit verbindlich an. Wenn du in kurzem Zeitraum mehrere Kreditanfragen stellst, könnte sich das negativ auf deine SCHUFA auswirken. Bei Letzterem hingegen informierst du dich unverbindlich über die Konditionen eines Kredits. Dies wird nicht im Scoring berücksichtigt. Wichtig demnach: Wenn du dich lediglich über die Kreditkonditionen informieren möchtest, dann stell eine Konditions- statt einer Kreditanfrage. Erst wenn du dich für einen Anbieter entschieden hast und dir über die Konditionen des Kredits im Klaren bist, kannst du eine Kreditanfrage stellen. Ein kleiner, aber feiner Unterschied.

Wie beeinflusst BNPL deinen SCHUFA-Score?

Wenn du online etwas mit BNPL kaufst, dann geht der Händler in Vorleistung. Die Ware wird zuerst an dich verschickt und später gezahlt. Aufgrund dieses Risikos prüfen einige Onlinehändler deine Bonität. Jeder BNPL-Kauf ist wie ein kurzfristiges Darlehen. Wenn du häufig auf Rechnung einkaufst, hast du statistisch gesehen mehr Zahlungsausfälle. Eine hohe Anzahl an BNPL-Käufen kann den SCHUFA-Score verschlechtern. Wenn du hingegen alle deine Rechnungen pünktlich bezahlst, verbessert er sich in der Regel nach 12 Monaten wieder. Eine einfache Zahlungserinnerung oder um einige wenige Tage verspätete Zahlung wird der SCHUFA übrigens nicht gemeldet. Eine Meldung wird in der Regel erst an die SCHUFA geschickt, wenn zwei Mahnung verschickt wurden. Die erste Mahnung muss zum Zeitpunkt der Meldung an die SCHUFA mindestens vier Wochen zurückliegen.

Um mit Unklarheiten aufzuräumen, habe ich hier acht Fakten für dich zum SCHUFA-Score zusammengefasst, die du vielleicht noch nicht kanntest:

- Wenn du deine Rechnungen immer pünktlich bezahlst, bekommst du keinen negativen SCHUFA-Eintrag.
- Je älter ein Girokonto oder eine Kreditkarte ist, desto besser ist das für den Score. Denn je älter ein Konto ist, desto länger und deutlicher hat man bewiesen, dass man finanziellen Verpflichtungen nachkommt.
- Wenn du mehrere Ratenkredite gleichzeitig abschließt, dann verschlechtert sich dein Score. Daher solltest du nicht mehrere kleine, sondern eher einen großen Ratenkredit aufnehmen.
- Wenn du deine Ratenkredite zuverlässig abbezahlst, kannst du nach der Zahlung der letzten Rate einen besseren Score haben als vor dem Kreditabschluss.
- Wenn du lange an derselben Adresse wohnst, hat das einen positiven Einfluss auf den Score. Wenn du hingegen kürzlich umgezogen bist – aus welchen Gründen auch immer –, verschlechtert das deinen Score. Dieser Einfluss des Umzugs auf den Score nimmt jedoch mit der Zeit ab.
- Ein Immobilienkredit verbessert deinen Score.
- Wenn du eine Kreditkarte besitzt, verbessert das deinen Score. Wichtig: Kredit-, nicht Debitkarte. Mehr als zwei Kreditkarten sind hingegen schlecht für den Score. Auch mehr als zwei Girokonten sind schlecht für den Score.
- Häufige Onlineeinkäufe auf Rechnung können deinen Score verschlechtern.

Was ist ein guter und was ist ein schlechter Basisscore?

Der Score liegt zwischen 0 und 100 Prozent. Je höher der Wert, desto besser der Score. Die Werte unterteilt die SCHUFA in fünf Klassen: Hervorragend, Gut, Akzeptabel, Ausreichend und Ungenügend.

- **Hervorragend:** In dieser Klasse sind alle Personen, die einen Score von mindestens 97,22 Prozent haben. Laut SCHUFA befinden sich darin etwa 74,2 Prozent der Personen in Deutschland.
- **Gut:** In dieser Klasse sind alle Personen, die einen Score zwischen 93,54 und 97,21 Prozent haben. Laut SCHUFA sind das etwa 12,6 Prozent der Personen in Deutschland.
- **Akzeptabel:** In dieser Klasse sind alle Personen, die einen Score zwischen 85,89 und 93,53 Prozent haben. Laut SCHUFA sind das etwa 3,5 Prozent der Personen in Deutschland.
- **Ausreichend:** In dieser Klasse sind alle Personen, die einen Score zwischen 30,00 und 85,88 Prozent haben. Laut SCHUFA sind das etwa 0,8 Prozent der Personen in Deutschland.
- **Ungenügend:** In dieser Klasse sind alle Personen, die einen Score bis 29,99 Prozent haben. In dieser Klasse sind automatisch alle Personen mit offenen Zahlungsausfällen, den negativen SCHUFA-Einträgen. Laut SCHUFA befinden sich darin etwa 8,9 Prozent der Personen in Deutschland.

Ob der Score gut oder schlecht ist und ob ein Unternehmen ein Geschäft mit dir eingehen möchte, entscheidet das Unternehmen selbst.

Wo erfährst du deinen Score?

Du hast zwei Möglichkeiten, um deinen SCHUFA-Score kostenlos zu erfahren. Du kannst einmal eine kostenlose Datenkopie direkt bei der SCHUFA anfordern, also eine Momentaufnahme, die deine bei der SCHUFA gespeicherten Daten enthält, sowie einen quartalsweise berechneten Basisscore. Dies kannst du direkt online bei www.meineschufa.de beantragen. Die zweite Möglichkeit läuft über bonify, wo du dich registrieren kannst und ebenfalls die bei der SCHUFA gespeicherten Daten, deinen Basisscore sowie Tipps zur Verbesserung deiner Bonität erhältst.

Ich nutze immer wieder die erste Variante, um mir eine kostenlose Datenkopie von der SCHUFA zukommen zu lassen. Ich würde dir empfehlen, dies auch regelmäßig zu tun, um zu erfahren, welche Informationen die SCHUFA über dich gespeichert hat. Das hilft dir, nachzuvollziehen, wie dein Score zustande kommt, und um gegebenenfalls Maßnahmen zu Verbesserung deines Scores zu ergreifen. Es ist auch möglich, dass die SCHUFA falsche oder veraltete Informationen gespeichert hat. Mit der Datenkopie kannst du alle Einträge überprüfen und gegebenenfalls Korrekturen veranlassen. Falls dir ein Fehler aufgefallen ist, kannst du diesen über das Rückfrageformular bei der SCHUFA direkt melden.

Fünf Spar-Challenges

Diese fünf Spar-Challenges sollen dir helfen und dich dazu inspirieren, bewusster mit deinem Geld umzugehen und neue Gewohnheiten zu entwickeln. Indem du dir konkrete Ziele setzt und dich selbst herausforderst, wirst du feststellen, dass das Sparen nicht nur notwendig, sondern auch erfüllend und motivierend sein kann. Probiere eine oder mehrere dieser Challenges aus und sieh, wie sie deine finanzielle Situation positiv verändern kann.

1. CHALLENGE
Die »Brauche ich das wirklich?«-Challenge

Wir sind in unserer heutigen Konsumgesellschaft ständig von Verlockungen umgeben. Werbung und soziale Medien zeigen uns immer wieder neue Produkte, die unser Leben scheinbar verbessern sollen. Es ist leicht, sich in spontanen Käufen zu verlieren oder schnell etwas zu bestellen.

JETZT BIST DU DRAN

Bevor du in den nächsten Wochen shoppst und dir etwas sofort kaufst, schreibe es erstmal in diese Liste. Frage dich: Brauche ich das wirklich? Ist es ein Wunsch oder eine Notwendigkeit?

WUNSCH	NOTWENDIGKEIT
Spontane Käufe, die dir Freude bereiten könnten, aber nicht lebensnotwendig sind.	Sachen, die du tatsächlich benötigst, wie Grundnahrungsmittel.

Diese Challenge hilft dir, achtsamer mit deinen Kaufentscheidungen umzugehen und impulsive Käufe zu reduzieren. Durch das bewusste Hinterfragen deiner Bedürfnisse lernst du, zwischen echten Notwendigkeiten und reinen Wünschen zu unterscheiden. Das schafft Klarheit und verhindert unnötige Ausgaben.

2. CHALLENGE
Die 30-Tage-Spar-Challenge

Hattest du in deiner Kindheit eine Spardose? Oder sogar ein klassisches Sparschwein? Dann ist es an der Zeit, das wieder zu reaktivieren. Setze dir die Challenge, einen Monat lang kein Geld für Unnötiges auszugeben. Fixkosten wie Miete, Lebensmittel oder andere notwendige Ausgaben sind natürlich davon ausgenommen. Es geht um die unnötigen Ausgaben wie Impulskäufe, Snacks unterwegs oder spontane Shoppingtouren. Da das viele verschiedene Ausgaben sein können, hilft es, sich auf bestimmte Ausgaben zu beschränken und diese im Vorhinein festzulegen.

Worauf genau möchtest du verzichten? Kleidung, Luxusartikel, Make-up oder Ähnliches? Wenn du zum Beispiel viel Geld für Luxusartikel ausgibst, dann könntest du einen Monat lang darauf verzichten. Ich habe diese Challenge auf das Onlineshoppen bezogen und daraus einen No-Buy-January gemacht. Dementsprechend habe ich das Geld, das ich sonst fürs Onlineshopping ausgebe stattdessen investiert. Zugegebenermaßen hatte ich während dieser Challenge einen schwachen Moment, der mir fast einen Strich durch die Rechnung gemacht hätte. Verleitet durch ein unschlagbares Angebot bei einem meiner üblichen Anbieter, kaufte ich kurzentschlossen eine Sporthose, die ich schon im letzten Jahr im Auge gehabt hatte – nun jedoch zu einem stark reduzierten Preis. Kurz nach dem Kauf hatte ich ein unglaublich schlechtes Gewissen. Wieso schaute ich im No-Buy-January überhaupt in die App? Und wieso war meine Disziplin so schwach, dass ich mich von so einem Angebot hatte verleiten lassen? Als die Hose ankam, schickte ich sie noch am selben Tag zurück. Aus ökologischer Sicht war dies bei Weitem keine nachhaltige Entscheidung, es war aber eine wichtige Lektion für mich: Selbstdisziplin ist nicht nur eine Frage der Entscheidung, sondern auch der stetigen Praxis und des Lernens aus Fehlern. Mir hat sie bewusstgemacht, wie sehr ich doch anfällig für bestimmte Ausgaben bin. Und Bewusstsein ist der erste Schritt zur Verbesserung.

JETZT BIST DU DRAN

Mache einen Haken an jeden Tag, 30 Tage lang, an dem du kein Geld für Unnötiges ausgegeben hast.

1. Tag ✓	2. Tag ✓	3. Tag ✓	4. Tag ✓	5. Tag	6. Tag
7. Tag	8. Tag	9. Tag	10. Tag	11. Tag	12. Tag
13. Tag	14. Tag	15. Tag	16. Tag	17. Tag	18. Tag
19. Tag	20. Tag	21. Tag	22. Tag	23. Tag	24. Tag
25. Tag	26. Tag	27. Tag	28. Tag	29. Tag	30. Tag

Auf diese Weise trainierst du deine Sparqualitäten und überdenkst deine Ausgabengewohnheiten. Überweise im Anschluss das gesparte Geld auf dein Sparkonto oder auf das Verrechnungskonto deines Depots, sodass du im nächsten Monat nicht dazu verleitet wirst, dann das Geld stattdessen auszugeben.

Die Challenge könntest du natürlich auch über einen längeren Zeitraum machen, über zwei bis sechs Monate. Über einen längeren Zeitraum könnte es aber durchaus sinnvoll sein, sich selbst ein oder zwei Ausnahmen zu gestatten. Überlege dir dazu vorher, ob du dir Ausnahmen erlaubst und welcher Art sie sein dürften.

3. CHALLENGE
Die 52-Wochen-Challenge

Diese Challenge ist einfach und effektiv. Du sparst jede Woche einen bestimmten Betrag, der sich wöchentlich erhöht: in der ersten Woche 1 Euro, in der zweiten 2 Euro, in der dritten 3 Euro. So geht es Woche für Woche weiter, bis du bei einem Betrag von 52 Euro in der letzten Woche angekommen bist.

Die Idee hinter der Challenge: Du startest mit kleinen Beiträgen. Dadurch gelingt es recht einfach, die entsprechende Summe zu sparen. Das motiviert dich, dranzubleiben. Mit der Zeit gewöhnst du dich daran, regelmäßig einen bestimmten Betrag zu sparen und du entwickelst daraus eine Gewohnheit. Du lernst den einen oder anderen Euro beiseitezulegen, statt ihn direkt auszugeben. Ziel ist es, dass du dich so an das Sparen gewöhnst, dass du auch größere Summen mühelos zurücklegen könntest. Am Jahresende siehst du nicht nur, wie viel du gespart hast, sondern hast ein sichtbares Zeugnis deiner finanziellen Disziplin und deines Engagements. Nutze dies als Ansporn, um auch in den kommenden Jahren weiterhin smart und zielorientiert zu sparen.

JETZT BIST DU DRAN

Bereite die Challenge vor, indem du folgende Entscheidungen triffst:

1. **Wähle ein Sparmedium:** Entscheide dich, ob du das Geld physisch in einer Spardose sammelst oder ob du es auf einem Sparkonto einzahlst.
2. **Nutze ein Tracking-Tool:** Du kannst die nachfolgende Tabelle nutzen oder legst dir eine Excel-Tabelle für deine Fortschritte an.
3. **Jetzt kann es losgehen:** Streiche das entsprechende Kästchen der jeweiligen Woche an, wenn du den Betrag gespart hast. Am Jahresende hast du dann 1 378 Euro gespart.

1. Woche ✓	2. Woche ✓	3. Woche ✓	4. Woche ✓	5. Woche	6. Woche
7. Woche	8. Woche	9. Woche	10. Woche	11. Woche	12. Woche
13. Woche	14. Woche	15. Woche	16. Woche	17. Woche	18. Woche
19. Woche	20. Woche	21. Woche	22. Woche	23. Woche	24. Woche
25. Woche	26. Woche	27. Woche	28. Woche	29. Woche	30. Woche
31. Woche	32. Woche	33. Woche	34. Woche	35. Woche	36. Woche
37. Woche	38. Woche	39. Woche	40. Woche	41. Woche	42. Woche
43. Woche	44. Woche	45. Woche	46. Woche	47. Woche	48. Woche
49. Woche	50. Woche	51. Woche	52. Woche		

4. CHALLENGE

Die »Kein Auswärtsessen«-Challenge

Du verzichtest einen Monat lang komplett auf auswärtiges Essen, also alle Restaurantbesuche, jedes Fast-Food und jeden spontanen Besuch beim Bäcker (Brot für dein Frühstück ist hier natürlich ausgenommen). Stattdessen bereitest du alle Mahlzeiten zu Hause vor. Am Ende des Monats wirst du hoffentlich erstaunt sein, wie viel Geld du durch diese kleine Veränderung sparen konntest und wie viel man oft doch unterwegs spontan ausgibt.

JETZT BIST DU DRAN

Mache an jedem Tag ein Häkchen, an dem du nicht auswärts essen warst. Ich bin gespannt, ob du es durchhältst! Mit der Tabelle kannst du deinen Fortschritt überprüfen.

Monat: ___________

Mo	Di	Mi	Do	Fr	Sa	So
✓	✓	✓				

Hast du an jedem Tag ein Häkchen?

5. CHALLENGE
Die »No-Spend Weekend«-Challenge

Es kann eine Herausforderung sein, ein Wochenende pro Monat keinerlei Geld auszugeben. Du musst dann das Beste aus dem machen, was du bereits hast, und dir kostenfreie Aktivitäten suchen. Plane mögliche Aktivitäten im Voraus. Hier einige Vorschläge zur Inspiration:

- Wanderung oder Spaziergang,
- in die öffentliche Bücherei gehen und lesen,
- Picknick im Park,
- Spieleabend,
- kostenlose Konzerte oder Veranstaltungen,
- Yoga, Meditation, Fahrrad fahren,
- Kochen oder Backen mit Zutaten, die du zu Hause hast,
- Wohnung ausmisten und verkaufen, oder umdekorieren,
- mit einem Hund aus dem Tierheim spazieren gehen,
- über den Wochenmarkt oder Flohmarkt schlendern, ohne etwas zu kaufen,
- Gartenarbeit,
- Filmeabend zu Hause,
- Tagebuch schreiben.

JETZT BIST DU DRAN

Wähle ein Wochenende im Monat, an dem du kein Geld ausgibst. Plane im Voraus kostenlose Aktivitäten. Trage hier die ein, die dir gefallen:

Ideen und Aktivitäten	Gefühl danach
1.	
2.	
3.	
...	
...	

Durch diese Challenge lernst du, wie viel Spaß du haben kannst, ohne Geld auszugeben, und entdeckst vielleicht sogar neue, kostengünstige Freizeitmöglichkeiten. Und wer weiß, ob du nicht am Ende des Monats auch feststellst, dass du ohne Geldausgaben ein erholsames Wochenende hattest.

Es ist ganz dir überlassen, für welche dieser fünf Spar-Challenges du dich entscheidest. Jede Challenge bietet eine andere Herangehensweise an das Sparen und lehrt dich, wie du mit kleinen Schritten große Veränderungen bewirken kannst. Ich möchte dich hier dazu ermutigen, mindestens eine dieser Challenges auszuprobieren.

JETZT ABHAKEN

- ☑ Du hast begonnen, ein Haushaltsbuch zu führen, um unnötige Ausgaben im Alltag zu vermeiden.
- ☑ Du weißt, dass Sparen kein Verzicht sein muss, sondern vielmehr eine bewusste Entscheidung und Priorisierung.
- ☑ Du kennst den Unterschied zwischen Konsum und Investition, und du stellst dir zukünftig bei jedem Kauf die Frage: Ist es ein Vermögenswert oder eine Verbindlichkeit?
- ☑ Du verstehst den Unterschied zwischen einem Giro-, Tagesgeld-, Festgeldkonto und Wertpapierdepot.
- ☑ Du hast deine Budgetplanung nach dem Drei-Konten-Modell vorgenommen.
- ☑ Du hast automatische Daueraufträge eingerichtet, um regelmäßig zu sparen und in dein Depot zu investieren.
- ☑ Du weißt, wie wichtig der Notgroschen für finanzielle Stabilität und Gelassenheit ist, und fängst an, diesen auf einem Tagesgeldkonto aufzubauen.
- ☑ Du hast mindestens einen der sieben Spartricks im Alltag ausprobiert, beispielsweise den Cost-per-Wear oder »Weniger Coffee-to-go«.
- ☑ Du hast deine bevorzugte Zahlungsmethode für den Alltag gewählt.
- ☑ Du kennst das Risiko von BNPL-Angeboten und vermeidest diese bestmöglich.
- ☑ Du hast dir die kostenlose Datenkopie bei der SCHUFA angefordert und überprüfst diese auf Richtigkeit.
- ☑ Du hast dich für mindestens eine Spar-Challenge entschieden und setzt sie ab jetzt im Alltag um.

3

Alles auf Anfang – dein vielleicht ERSTES MAL

Es gibt im Leben diese besonderen Momente, die uns für immer in Erinnerung bleiben: wie das erste Mal, wenn du deine eigene Wohnung betrittst und weißt, dass dies nun dein eigenes Reich ist. Oder der erste Tag im neuen Job, wenn du voller Aufregung und Nervosität deine neuen Kollegen kennen lernst. Und dann gibt es noch die weniger aufregenden, aber genauso wichtigen ersten Male – wie deine erste Steuererklärung oder deine erste selbst abgeschlossene Versicherung. Sie alle markieren den Start in ein unabhängiges und selbstbestimmtes Leben. Diese ersten Male können aufregend und herausfordernd zugleich sein. Auf der einen Seite steht die Freude über die neu gewonnene Freiheit, auf der anderen die plötzliche Verantwortung. Es kann überwältigend sein, auf einmal Verträge selbst unterschreiben zu müssen, Versicherungen abzuschließen und finanzielle Entscheidungen zu treffen, die deine Zukunft nachhaltig beeinflussen werden. Diese Aufgaben, die bisher vielleicht für dich erledigt wurden, liegen nun in deiner Hand. Doch woher weißt du, wie du all diese Themen richtig angehst? Dieses Kapitel ist dein Leitfaden, um all diese ersten Male souverän zu meistern.

Deine (erste) Wohnung

Ich kann mich sehr gut an meine erste eigene Wohnung erinnern. Die Suche an sich war schon ein Abenteuer: Bewerbungen, Besichtigungstermine, Unterschrift des Mietvertrags, Überweisung der Kaution – und schließlich das Gefühl, den Schlüssel in der Hand zu haben. Bei mir war es eine winzige Einzimmerwohnung, in der ich dann den Großteil meiner Studentenzeit wohnte. »Schön« wäre das letzte Wort, das mir zur Beschreibung in den Sinn käme. Sie war heruntergekommen, renovierungsbedürftig und mit so einigen Macken behaftet: Die Küche bröckelte buchstäblich auseinander; die Schränke hingen schief, und wenn man sie öffnete, musste man die halbe Einrichtung wieder reinschieben; warm duschen konnte ich nur ein paar Minuten lang, dann wurde das Wasser kalt; im Zimmer stand eine alte Gasheizung, bei der ich jeden Winter mühsam eine Zündflamme erzeugen musste; ganz zu schweigen vom kalten Luftzug durch die undichten Fenster; den schiefen Boden hätte ich fast vergessen – ließ man etwas fallen, rollte es zuverlässig auf die andere Seite des Zimmers. All das klingt im Nachhinein wie ein schlechter Scherz, aber damals fand ich es irgendwie charmant und witzig. Ich wusste, dass diese Wohnung nur ein Übergang statt eines Zuhauses für immer sein würde. Der eigentliche Grund, warum ich mich nicht nach etwas Neuem umsah, war allerdings die unschlagbar niedrige Miete. Immerhin war ich Studentin und hatte nicht viel Geld. Ich zahlte fast meine gesamte Studienzeit nur knapp 200 Euro Miete, inklusive Nebenkosten – das ist heute fast unvorstellbar. Mit den Nebenjobs und Praktika während meines Studiums konnte ich also ganz schön was zur Seite legen. Dieses Geld konnte ich dann wieder gut für die Anzahlung meiner ersten Immobilie nutzen, aber dazu später mehr.

Keine bösen Überraschungen

Die erste eigene Wohnung ist ein großer Schritt in Richtung Unabhängigkeit und Selbstbestimmung. Damit gehen jedoch auch viele neue Verantwortungen und finanzielle Verpflichtungen einher. Beim Einzug in die erste eigene Wohnung gibt es einiges zu beachten, und du wirst zum ersten Mal mit Begriffen wie Kaution, Mietnebenkosten und Nebenkostenabrechnung konfrontiert. Das kann anfangs kompliziert erscheinen, doch keine Sorge, wenn du einige Grundlagen sowie die Tipps und Tricks aus diesem Kapitel beachtest, wird der Einzug reibungslos und ohne böse Überraschungen verlaufen. Als Erstes solltest du bei den Wohnungskosten den Unterschied zwischen Kalt- und Warmmiete kennen: Die **Kaltmiete** ist deine Grundmiete für die Wohnungsnutzung. Sie umfasst lediglich die Miete für die Wohnfläche und manchmal auch für mitvermietete Teile wie einen Kellerraum oder einen Stellplatz.

Die **Warmmiete** wiederum setzt sich aus der Kaltmiete und den Nebenkosten zusammen. In der Regel leistest du als Mieter eine monatliche Vorauszahlung der Nebenkosten, sofern keine Pauschalmiete vereinbart wurde. Die Nebenkosten beinhalten Betriebskosten, die in Zusammenhang mit der Nutzung der Wohnung anfallen: Heizkosten oder Kosten für Wasser, Müllabfuhr und Hausmeisterdienste, Versicherungen. Diese variieren je nach Größe der Wohnung, Wohnort und Ausstattung des Gebäudes. Wenn du also wissen möchtest, wie viel du tatsächlich jeden Monat für die Wohnung zahlst, dann schau dir die Auflistung bei der Warmmiete an.

Zusätzlich dazu gibt es weitere monatliche Kosten. Du musst beispielsweise unabhängig vom Mietvertrag einen Stromvertrag bei einem Anbieter deiner Wahl abschließen. Dabei lohnt sich der regelmäßige Vergleich, um zu einem günstigeren Anbieter zu wechseln. Beim Abschluss eines Stromvertrags meldest du den aktuellen Zählerstand und die Zählernummer an den Anbieter. Was aber oft vergessen wird, sind andere fixe Kosten wie Internet oder Rundfunkgebühren (Rundfunkbeitrag).

Wie hoch Kalt- und Warmmiete sind, ist im Mietvertrag festgelegt. Ein Mietvertrag ist ein rechtlich bindendes Dokument, das die Rechte und Pflichten sowohl des Mieters als auch des Vermieters regelt. Denn diese haben beide Seiten, auch du als Mieter: So hast du das Recht auf eine bewohnbare Unterkunft ohne gravierende Mängel, das Recht auf Privatsphäre und das Recht, über geplante Renovierungen oder Mietsteigerungen informiert zu werden. Deine Pflichten umfassen die pünktliche Mietzahlung, die ordnungsgemäße Pflege der Wohnung und die Einhaltung der Hausordnung. Wichtig ist, dass du Schäden während deiner Mietzeit dem Vermieter zeitnah meldest und nicht ohne Absprachen eigenmächtig große Veränderungen an der Wohnung vornimmst.

Im Mietvertrag ist auch die Höhe der **Mietkaution** festgelegt. Diese ist eine Sicherheit, die du dem Vermieter bei Mietbeginn übergibst. Sie dient dazu, eventuelle Schäden an der Wohnung oder ausstehende Mietzahlungen abzusichern. Gesetzlich darf die Kaution maximal drei Nettokaltmieten betragen. Diese Summe kannst du entweder auf einmal oder in drei gleichen monatlichen Raten zahlen. Dein Vermieter ist verpflichtet, die Kaution getrennt von seinem Vermögen und verzinst anzulegen. Die Zinsen stehen dir zu, auch wenn sie in Zeiten niedriger Zinsen kaum ins Gewicht fallen. Nach Beendigung des Mietverhältnisses hast du Anspruch auf die Rückzahlung der Kaution, abzüglich eventueller Beträge für ausstehende Betriebskostenabrechnungen oder von dir verursachte Schäden. In der Regel sollte die Kaution innerhalb von drei bis sechs Monaten nach der ordnungsgemäßen Wohnungsübergabe zurückgezahlt werden. Falls es zu Unstimmigkeiten oder Verzögerungen kommt, solltest du den Vermieter schriftlich zur Rückzahlung auffordern und notfalls rechtliche Schritte erwägen.

Ebenfalls im Mietvertrag kann eine Staffel- oder Indexmiete festgelegt sein:

- **Staffelmiete:** Dabei wird bereits im Mietvertrag festgelegt, zu welchem Zeitpunkt und um welchen Betrag die Kaltmiete ansteigt. Die jeweilige Mieterhöhung muss in Euro statt in Prozent angegeben werden, und zwischen den einzelnen Mieterhöhungen muss mindestens ein Jahr liegen. Diese Regelung gibt dir Planungssicherheit, da du genau weißt, wie sich deine Mietkosten entwickeln werden. Du solltest jedoch auch wissen, dass ein Staffelmietvertrag eine Kündigung durch den Mieter bis zu einer Dauer von vier Jahren ausschließen kann. Da die Mieterhöhung bereits im Vertrag festgelegt ist, bedarf es hier keines gesonderten Schreibens des Vermieters.
- **Indexmiete:** Dabei wird die Miete an den offiziellen Verbraucherpreisindex, die sogenannte Inflation, gekoppelt. Der Preisindex wird vom statistischen Bundesamt einmal pro Jahr berechnet und offiziell herausgegeben. Er umfasst die durchschnittlichen Preise für zum Beispiel Lebensmittel, Strom, Benzin oder Kleidung. Das bedeutet, dass deine Miete steigt, wenn die Lebenshaltungskosten insgesamt steigen. Die Miete muss für einen Zeitraum von mindestens einem Jahr unverändert bleiben. Wenn der Vermieter die Miete erhöhen möchte, muss er dies mit einer schriftlichen Erhöhungserklärung und einem Verweis auf den Vergleichsindex tun.

Neben einer Mieterhöhung gemäß Staffel- oder Indexmietvertrag gibt es unter anderem zwei weitere Möglichkeiten einer Mieterhöhung:

- Anpassung an die **ortsübliche Vergleichsmiete**: Auch ohne Staffelmiete oder Indexmiete kann der Vermieter die Miete im Rahmen der gesetzlichen Bestimmungen erhöhen, indem er sie an die ortsübliche Vergleichsmiete anpasst. Dabei darf die Miete in Städten mit Mietpreisbremse nicht mehr als 10 Prozent über der ortsüblichen Vergleichsmiete liegen. Eine Erhöhung daran muss begründet, mit einer Vorlaufzeit angekündigt (per E-Mail oder Brief, drei Monate vorher) und angegeben werden, wie die Vergleichsmiete ermittelt wurde. Du hast das Recht, diese Erhöhung zu prüfen und gegebenenfalls Widerspruch einzulegen. Eine Erhöhung an die ortsübliche Vergleichsmiete ist ausgeschlossen, wenn eine Staffel- oder Indexmiete vereinbart wurde.
- Mieterhöhung nach **Modernisierung**: Wenn der Vermieter die Wohnung modernisiert, kann er einen Teil der Kosten auf die Miete umlegen. Eine solche Mietanpassung kann unabhängig von der Mieterhöhung auf die ortsübliche Vergleichsmiete umgesetzt werden. Das Gesetz erlaubt die Umlegung eines bestimmten Prozentsatzes der Modernisierungskosten auf die Mieter. Wichtig ist, dass diese Erhöhung nur für tatsächliche Verbesserungen, nicht aber für bloße Reparaturen oder Instandhaltungsmaßnahmen, gilt.

Wenn deine Miete erhöht wird, prüfe die Art der Mieterhöhung und deren Zulässigkeit. Bei einer Staffel- und einer Indexmiete sind weitere Mieterhöhungen zum Beispiel durch Modernisierung oder bis zur ortsüblichen Vergleichsmiete ausgeschlossen. Generell ist auch zu beachten, dass die Miete innerhalb von drei Jahren um nicht mehr als 20 Prozent ansteigen darf. In einigen Städten liegt diese Grenze – auch Kappungsgrenze genannt – bei 15 Prozent. Informiere dich, welcher Prozentsatz auf deine Stadt zutrifft. Bei einem Indexmietvertrag gilt übrigens die Kappungsgrenze nicht. Das bedeutet, dass die Miete – wenn die Lebenshaltungskosten in entsprechender Höhe steigen – innerhalb von drei Jahren mehr als 15 beziehungsweise 20 Prozent angehoben werden darf. Sollte dich dein Vermieter über eine Mieterhöhung informiert haben, hast du zwei Monate lang Zeit, um zuzustimmen, zu widersprechen oder zu kündigen. Einspruch einlegen oder eine zulässige Mieterhöhung ablehnen kannst du jedoch nicht. Alternativ kannst du von deinem Sonderkündigungsrecht Gebrauch machen und den Mietvertrag außerordentlich mit zweimonatiger Frist kündigen. Du siehst, es gibt viel zu beachten. Mieterhöhungen sind ein komplexes Thema. Wenn du dir unsicher bist, kannst du dir zum Beispiel auch Hilfe bei einem Mieterverein vor Ort oder der Verbraucherzentrale holen.

Zum Einzug muss dein Vermieter dir die Wohnung bezugsfertig übergeben. In der Regel findet die Wohnungsübergabe spätestens am Tag des vertraglich vereinbarten Mietbeginns statt. Wenn der Tag der Wohnungsübergabe gekommen ist, heißt es: Augen auf und genau hinschauen! Denn diese ist ein wichtiger Moment beim Einzug in eine neue Wohnung: Der Zustand der Wohnung wird detailliert dokumentiert, die Zählerstände für Strom, Wasser und Gas/Wärme festgehalten. Die Übergabe sollte bei Tageslicht stattfinden, damit du alle Mängel und Schäden gut erkennen kannst. Diese sollten dann im Übergabeprotokoll festgehalten werden, damit du später nachweisen kannst, dass diese bereits vor deinem Einzug vorhanden waren. Dies schützt dich zum Auszugszeitpunkt vor möglichen Forderungen. Zusätzlich zum Übergabeprotokoll ist es sinnvoll, Fotos von der Wohnung zu machen, insbesondere von festgestellten Mängeln und den Zählerständen.

Prüfe zum Beispiel, ob

- die Fenster und Türen richtig schließen,
- die Heizung einwandfrei funktioniert,
- eingebaute Elektrogeräte, Steckdosen und Lichtschalter funktionieren,
- Wasserhähne, Toilettenspülung und Dusche funktionieren (und nicht tropfen oder durchlaufen),
- Schäden an Fußböden oder Teppichen vorhanden sind,
- es Flecken oder Verfärbungen an Wänden gibt (möglicher Hinweis auf Schimmel),
- sich Sprünge oder Bohrlöcher in Wänden oder Fliesen befinden.

Es ist wichtig, dass du dieses Protokoll sorgfältig mit dem Vermieter durchgehst und erst unterschreibst, wenn alles korrekt vermerkt ist. Vergewissere dich auch, dass dir alle Schlüssel ausgehändigt werden und die Anzahl im Protokoll vermerkt ist.

Nebenkostenabrechnung

Die erste Nebenkostenabrechnung, die in meinem Briefkasten landete, war eine unschöne Überraschung. Trotz meiner monatlichen Vorauszahlungen forderte der Vermieter eine Nachzahlung, mit der ich nicht gerechnet hatte. Zu dem Zeitpunkt war ich gerade einmal 19 Jahre alt und wusste überhaupt nicht, worauf ich zu achten hatte. Ich machte den Fehler, die Abrechnung ungeprüft zu akzeptieren und den geforderten Betrag ohne weitere Rückfragen zu überweisen. Erst später wurde mir bewusst, wie wichtig es ist, jede Position der Nebenkostenabrechnung genau zu prüfen und bei Unklarheiten Rückfragen zu stellen. Denn manchmal werden Posten auf den Mieter umgelegt, die eigentlich gar nicht auf ihn umlegbar sind, oder Zählerstände werden fehlerhaft abgelesen. Damit dir so etwas nicht passiert, ist es essenziell, dass du als Mieter verstehst, wie sich die Nebenkosten zusammensetzen und wie sie abgerechnet werden.

Als Mieter zahlst du in der Regel monatlich eine Vorauszahlung, die auf einer Schätzung der zu erwartenden Nebenkosten basiert. Einmal im Jahr erfolgt dann die Nebenkostenabrechnung, in der die Vorauszahlungen mit den tatsächlich angefallenen Kosten abgeglichen werden. Ist die Vorauszahlung zu niedrig angesetzt, musst du eine Nachzahlung leisten; war sie zu hoch, erhältst du eine Rückerstattung. Die Abrechnung listet detailliert auf, welche Betriebskosten während des Jahres für deine Wohnung angefallen sind. Üblicherweise sind das Heizung, Wasserversorgung, Abwasser, Müllbeseitigung, Grundsteuer, Gebäudeversicherung, Hausmeister, Schornstein- oder Gebäudereinigung gemeinschaftlich genutzter Flächen. Diese Kosten werden teilweise auf alle Mieter des Hauses umgelegt, was bedeutet, dass du diese Kosten anteilig zahlen musst. Die nicht umlagefähigen Kosten sind jene, die der Vermieter dir in der Regel letztendlich über die Miete indirekt in Rechnung stellt.

Hier sind einige Tipps und typische Fehler, auf die du bei deiner Abrechnung achten solltest:

- Heizung und Wasserverbrauch sind die größten Posten in der Nebenkostenabrechnung. Diese sollten genau nach deinem tatsächlichen Verbrauch abgerechnet werden. Achte darauf, dass diese nicht geschätzt oder nach einer Formel berechnet wurden, das darf nur beispielsweise bei der Müllbeseitigung und den Reinigungen passieren.
- Vergleiche die in der Abrechnung angegebenen Zählerstände mit den Werten aus dem Übergabeprotokoll. Abweichungen können auf Fehler in der Erfassung hinweisen.
- Dein Vermieter darf nur Kosten auf dich umlegen, die auch umlagefähig sind. Prüfe, ob alle Positionen im Mietvertrag als umlagefähig vereinbart wurden. Du kannst der Abrechnung sonst widersprechen, wenn dort Kosten stehen, die dein Vermieter selbst tragen muss, wie Reparaturkosten, Kosten für die Hausverwaltung, Instandhaltungsrücklage, Mietkosten für Rauchmelder oder Feuerlöscher, Bank- und Kontoführungsgebühren sowie Beiträge für eine Mietausfall- oder Rechtsschutzversicherung.
- Solltest du im Laufe des Jahres eingezogen sein, darf der Vermieter die Kosten nur anteilig für die Monate berechnen, in denen du tatsächlich in der Wohnung gelebt hast.
- Jede Nebenkostenabrechnung basiert auf einem Verteilungsschlüssel, der die Verteilung auf die Mieter festlegt. Dieser Schlüssel ist im Mietvertrag festgehalten und kann zum Beispiel nach Wohnfläche oder Personenzahl differenziert sein. Stell sicher, dass der angewendete Schlüssel korrekt ist.
- Wenn sich dein Vermieter länger als zwölf Monate Zeit für die Nebenkostenabrechnung gelassen hat, darf er keine Nachzahlung von dir verlangen, muss dir aber Rückzahlungen weiterhin auszahlen.

Du hast auch das Recht, Einsicht in die Originalrechnungen und Belege zu nehmen, die der Nebenkostenabrechnung zugrunde liegen.

Das stellt sicher, dass die Abrechnung fair und korrekt ist. Sollte dir etwas unklar oder falsch erscheinen, zögere nicht, bei deinem Vermieter nachzufragen oder gegebenenfalls rechtlichen Rat einzuholen. Solltest du Unstimmigkeiten in der Abrechnung entdecken, darfst du innerhalb von zwölf Monaten Widerspruch einlegen. Fehler passieren – auch bei Nebenkostenabrechnungen. Je besser du informiert bist, desto wahrscheinlicher ist es, dass du mögliche Fehler entdeckst und deine Rechte als Mieter wahrnimmst. Achte auf Details, denn das kann dir einiges an Geld und Ärger ersparen.

JETZT ABHAKEN

Vor der Wohnungsübergabe

- [ ] Du kennst die Kaltmiete der Wohnung und alle anfallenden Nebenkosten.
- [ ] Du kennst die Laufzeit deines Mietvertrags sowie im Mietvertrag festgelegte Mieterhöhungen.
- [ ] Du hast den Mietvertrag sorgfältig gelesen und anschließend unterschrieben.
- [ ] Du hast die Mietkaution (max. drei Nettokaltmieten) überwiesen.
- [ ] Du hast einen Stromanbieter ausgewählt und den Vertrag abgeschlossen, inklusive Meldung des Zählerstands.

Bei der Wohnungsübergabe

- [ ] Du hast das Übergabeprotokoll auf Richtigkeit überprüft, alle Mängel der Wohnung eingetragen und die aktuellen Zählerstände von Strom, Wasser und Gas/Wärme notiert. Nachdem du die Schlüssel erhalten hast, unterschreibst du das Protokoll.
- [ ] Du hast Fotos von der Wohnung in ihrem Übergabezustand gemacht, insbesondere von den Mängeln, die im Übergabeprotokoll festgehalten wurden.
- [ ] Du hast eine passende Hausrat- und Haftpflichtversicherung abgeschlossen, um dich vor Schäden in der Wohnung oder an fremdem Eigentum abzusichern.

Nach der Wohnungsübergabe

- [x] Du hast dich zeitnah (meist stehen einem zwei Wochen zu) beim Einwohnermeldeamt oder Bürgeramt umgemeldet. Dafür legst du die Bescheinigung des Vermieters vor. Diese Registrierung bestätigt deine Wohnadresse offiziell und sorgt dafür, dass deine persönlichen Daten in den behördlichen Systemen auf den neuesten Stand gebracht werden.
- [x] Du hast eventuelle Nachsendeaufträge bei der Post eingerichtet, damit deine alte Post dich an deiner neuen Adresse erreicht.
- [x] Du richtest einen Dauerauftrag in Höhe der Warmmiete an deinen Vermieter ein und in Höhe der Stromvorauszahlung an deinen Stromanbieter – oder hast ein SEPA-Mandat ausgefüllt, sodass das Geld eingezogen werden kann. Falls deine Wohnung eine Gasetagenheizung hat, musst du ebenfalls mit einem Gasanbieter einen Vertrag abschließen.
- [x] Du hast überprüft, dass dein Name an Klingel und Briefkasten angebracht werden, damit deine Post zugestellt werden kann.
- [x] Du hast den Rundfunkbeitrag angemeldet und einen Internetvertrag abgeschlossen.
- [x] Du hast alle wichtigen Nummern (Hausmeister, Notfallhandwerker, Vermieter) für mögliche Problemfälle abgespeichert.
- [x] Du hast die Verantwortung für die ordnungsgemäße Pflege der Wohnung übernommen und meldest eventuelle Schäden sofort dem Vermieter.
- [x] Und als Letztes: Du hast deine Freunde und vielleicht auch bereits deine neuen Nachbarn zu deiner Einweihungsparty eingeladen.

Kaufen oder mieten?

Solltest du lieber kaufen oder mieten? Diese Frage beschäftigt fast jeden irgendwann im Laufe seines Lebens. Der Kauf eines Eigenheims – sei es nun Wohnung oder Haus – ist für die meisten Menschen eine der absolut größten finanziellen Entscheidungen. Viele glauben, dass es immer klüger ist, Eigentum zu besitzen, statt zur Miete zu wohnen. Oft hört man den Satz: »Ich kaufe lieber, denn dann zahle ich nicht meinem Vermieter das Geld, sondern zahle lieber meine eigene Immobilie ab.« Doch ist ein Kauf wirklich immer besser als das Wohnen zur Miete? Die Antwort darauf ist nicht so einfach, wie sie auf den ersten Blick erscheint. Der Gedanke klingt zunächst logisch: Warum Geld für Miete ausgeben, wenn man es stattdessen in den Kauf einer Immobilie investieren kann und am Ende etwas Eigenes besitzt? Diese Überlegung lässt jedoch einige wichtige Punkte außer Acht. Es kann sich rechnen, etwas Eigenes zu besitzen, doch in den meisten Fällen stehen Mieter finanziell besser da.

Zunächst lohnt es sich, einen genauen Blick auf die Kosten zu werfen. Wenn du denkst, der Kaufpreis der Immobilie sei die einzige große Summe, die du zahlen musst, liegst du falsch. Denn beim Immobilienkauf entstehen neben dem Kaufpreis sogenannte **Kaufnebenkosten**, unter anderem Grunderwerbsteuer, Notarkosten, Grundbuchkosten und gegebenenfalls Maklerprovisionen, die zusammen etwa 10 bis 15 Prozent des Kaufpreises ausmachen können:

- **Notarkosten:** Der Kaufvertrag muss notariell beglaubigt werden, was Kosten verursacht. Die Notarkosten betragen in der Regel etwa 1,5 Prozent des Kaufpreises.
- **Grundbucheintragung:** Die Eintragung der Immobilie auf deinen Namen ins Grundbuch ist ebenfalls kostenpflichtig. Die Gebühren für die Grundbucheintragung liegen bei etwa 0,5 Prozent des Kaufpreises.
- **Grunderwerbsteuer:** Diese Steuer fällt je nach Bundesland unterschiedlich aus, liegt aber in der Regel zwischen 3,5 bis 6,5 Prozent des Kaufpreises.
- **Maklergebühren:** Wenn du die Immobilie über einen Makler kaufst, können Maklerprovisionen anfallen, die je nach Region und Vereinbarung bis zu 7,14 Prozent des Kaufpreises ausmachen können. In Deutschland teilen sich in der Regel Käufer und Verkäufer die Provision.

Wenn du zum Beispiel eine Immobilie für 400 000 Euro kaufen möchtest, dann musst du zusätzlich 40 000 bis 60 000 Euro für die Kaufnebenkosten aufbringen, die sofort fällig sind. Und das Geld hat nicht jeder einfach so auf dem Konto liegen. Neben den einmaligen Kaufnebenkosten fallen auch laufende, oft unterschätzte Kosten an: Kosten für Reparaturen und Sanierungen, Grundsteuer, Versicherungen und Instandhaltung. Genauso wie ein Auto oder ein Handy mit der Zeit an Wert verliert, unterliegt auch der Gebäudeanteil einer Immobilie einem nutzungs- und zeitbedingten Wertverlust, der sogenannten **Abschreibung** – oder genauer: Absetzung für Abnutzung (AfA). Diesen Wertverlust kann man durch Instandhaltungsmaßnahmen teilweise oder ganz ausgleichen. Das bedeutet, dass du bei einem Eigenheim regelmäßige Kosten für Reparaturen und Sanierungen hast, um diesem Wertverlust entgegenzuwirken – nicht zu verwechseln mit Kosten für Modernisierungen oder Erweiterungen. Jetzt werden einige sagen: »Aber dafür zahle ich ja keine Miete und investiere stattdessen in mein eigenes Haus, das später mir gehört!« Dieser Gedanke übersieht unter anderem die Wertminderung, die das Eigenheim durch Abnutzung hat. Denn wenn Instandhaltungsmaßnahmen nicht durchgeführt werden, reduziert dieser Teil den Immobilienwert unter sonst gleichen Umständen. Wie hoch die zu erwartenden Instandhaltungskosten sind, lässt sich pauschal nicht sagen. Mit 1 Prozent des Gebäudezeitwertes sollte man hier mindestens rechnen. Bei einer Immobilie, die einen Gebäudeanteil von 200 000 Euro hat, wären das bei einer Instandhaltungsquote von 1 Prozent jährlich 2 000 Euro. Auf 20 Jahre gerechnet würden also 40 000 Euro Instandhaltungskosten anfallen. Natürlich ist es auch möglich, für zum Beispiel 20 Jahre weniger aufzuwenden, dann kann jedoch auch die physische Qualität und damit der Wohnnutzen der Immobilie merklich abnehmen. Ein Eigenheim kostet dich also jeden Monat Geld und bringt dir erst dann Geld ein, wenn du es irgendwann verkaufst – und auch nur dann, wenn du tatsächlich den gewünschten Preis dafür erzielst. Faktoren wie Lage, zukünftige Nachfrage und Zinsen zum Zeitpunkt des Verkaufs spielen dabei eine wichtige Rolle. Ein Hausverkauf kann zudem langwierig sein, da Immobilien nicht so schnell verkauft werden können wie Aktien oder ETFs, denn Immobilien sind **illiquide Vermögenswerte**. Das Geld, das du in die Immobilie steckst, ist zunächst gebunden. Hinzu kommt das **Klumpenrisiko**, das du eingehst, wenn du den Großteil deines Kapitals in einen einzigen Vermögenswert, das Eigenheim, steckst. Wenn die Lage oder der Marktwert des Objekts sich ungünstig entwickeln, kann das zu erheblichen finanziellen Verlusten führen. Das Argument, dass »Miete rausgeworfenes Geld« sei, greift also zu kurz. Denn auch im Eigenheim hast du fortlaufende Kosten, die du berücksichtigen musst. Aus den genannten Gründen ist es schlichtweg falsch, die monatliche Miete mit der monatlichen Abzahlung des Kredits für das Eigenheim zu vergleichen. Das wäre ein Vergleich zwischen Äpfeln und Birnen.

Vermögensverwalter Gerd Kommer zeigt in seinem Buch *Kaufen oder mieten?*, dass ein breit gestreutes Investment über Jahrzehnte oft eine bessere finanzielle Entscheidung sei, statt das Kapital in einer einzigen Immobilie zu binden. Er vergleicht in seinem Buch das Endvermögen von Eigenheimbesitzern und Mietern über einen 30-jährigen Betrachtungszeitraum und geht dabei davon aus, dass beiden dieselben Zahlungsströme unterstellt werden, also der Mieter, der eine identische Wohnung mietet, alles Geld, das ein Eigenheimbesitzer in seine Immobilie steckt, in ein Weltportfolio bestehend aus Aktien und Anleihen investiert – im Kapitel *Dein (erstes) ETF-Portfolio* gehe ich noch auf das Weltportfolio genauer ein. In dem Vergleich nimmt Kommer an, dass der Eigenheimbesitzer eine Immobilie zu 30 Prozent aus Eigen- und zu 70 Prozent aus Fremdkapital finanziert. Er zahlt nun 30 Jahre lang seinen Kredit ab und investiert in die notwendige Instandhaltung seiner Immobilie. Der Mieter hingegen investiert den Eigenkapitalanteil in ein Weltportfolio bestehend aus 60 Prozent Aktien und 40 Prozent Anleihen, zahlt jeden Monat seine Miete und investiert den Betrag, den er im Vergleich zum Eigenheimbesitzer jeden Monat übrighat, ebenfalls in sein Weltportfolio. In zehn Teilzeiträumen zwischen 1970 und 2020 lag der Mieter in sechs von zehn Fällen vorne, wobei im siebten Fall ein Unentschieden aufgrund geringer Unterschiede vorlag. Die drei von zehn Fälle, in denen der Eigenheimbesitzer vorne lag, bezogen sich alle auf die Zeiträume 2005 bis 2020, in denen deutsche Wohnimmobilien ungewöhnlich hohe Wertsteigerungen zu verbuchen hatten, aber Kreditzinsen ungewöhnlich niedrig waren. Miete kann also genauso attraktiv sein wie ein Kauf und war ökonomisch-historisch gesehen sogar häufig die finanziell attraktivere Alternative zum Eigenheim. Wenn du darauf bedacht bist, das meiste aus deinem Geld herauszuholen, ist die Miete wahrscheinlich die bessere Wahl.

Natürlich dreht sich das Leben nicht nur um finanzielle Aspekte. Für viele Menschen ist ein eigenes Zuhause ein Lebenstraum. Es gibt ihnen das Gefühl von Sicherheit und Unabhängigkeit. Dabei spielen finanzielle Aspekte oft eine eher untergeordnete Rolle. Zudem kannst du in deinem Eigenheim leichter und ohne Zustimmung Anpassungen nach deinen Vorstellungen vornehmen. Und auch für Familien kann ein Eigenheim langfristig sinnvoll sein, da du dir keine Sorgen um eine Kündigung des Mietvertrags machen musst. Die Entscheidung zum Kauf ist also eher emotionaler Natur und hat vielmehr mit deinem Lebensstil und deinen Vorlieben zu tun.

Für viele könnte die regelmäßige Abzahlung des Kredits für das Eigenheim dennoch ein Vorteil sein, da sie vom Kredit zum Sparen gezwungen sind, sozusagen ein Zwangssparvertrag mit der Bank. Und das 20 bis 30 Jahren lang. Diese Spardisziplin geht oft automatisch mit einem gewissen Konsumverzicht einher. Natürlich kann man auch am Kapitalmarkt automatisiert und ohne Selbstdisziplin sparen und investieren, beispielsweise mit einem Sparplan. Dennoch kann man diesen flexibel anpassen oder pausieren. Für diejenigen, die es nicht schaffen, regelmäßig Geld zur Seite zu legen, ist so ein Zwangssparvertrag sicherlich vorteilhaft. Die Kreditrate an die Bank kann man nicht einfach pausieren. Dennoch gibt es intelligentere Wege, sein Geld am Kapitalmarkt zu investieren, die in den meisten Fällen zu einem höheren Endvermögen führen.

Wenn du gerne flexibel bleibst und dich nicht auf einen Standort festlegen möchtest, bieten Mieten große Vorteile: Du kannst schnell den Wohnort wechseln, ohne dich um den Verkauf einer Immobilie kümmern oder an einen Ort binden zu müssen. Diese Bindung kann zu einem Problem werden, wenn sich deine Lebensumstände ändern – sei es durch einen Jobwechsel, familiäre Veränderungen oder den Wunsch nach einer anderen Stadt. Mieten bieten in solchen Fällen mehr Freiheit und Flexibilität, was in einer sich schnell verändernden Welt ein nicht zu unterschätzender Vorteil sein kann. Außerdem musst du dich nicht um Reparaturen und Renovierungen kümmern, was dir Zeit und Geld spart. Es kommt also am Ende ganz auf deine persönliche Situation an, und es gibt keine pauschale Antwort darauf, ob Kaufen oder Mieten besser ist. Wofür auch immer du dich am Ende entscheidest: Es ist wichtig, dass du dich wohlfühlst und dabei finanziell gut aufgestellt bist.

Ich mache es wie folgt: Ich investiere in ein breit gestreutes ETF-Portfolio und baue mir parallel ein Immobilien-Portfolio auf, bestehend aus Immobilien als Kapitalanlage. Diese Kombination erlaubt mir einen langfristigen Vermögensaufbau bei gleichzeitiger Flexibilität. Ich möchte irgendwann durch regelmäßige Ausschüttungen aus meinem ETF- und Immobilien-Portfolio einen stabilen Cashflow generieren, von dem ich einen Teil meiner monatlichen Mietkosten und weitere Kosten langfristig decken kann. Aktuell verspüre ich kein Bedürfnis nach einem Eigenheim. Erst, wenn mein Portfolio so weit aufgebaut ist, dass es ausreichend Erträge abwirft, würde ich über einen solchen Kauf nachdenken, aber derzeit habe ich andere Prioritäten im Leben, die mich mehr erfüllen und glücklicher machen. Für mich ist das Eigenheim keine Investition, da eine gute Investition von Beginn an einen positiven Cashflow generiert und einem kein Geld aus der Tasche zieht. Bei vermieteten Immobilien sind dies die monatlichen Mieteinnahmen, die du von deinen Mietern erhältst. Eine Immobilie als Kapitalanlage besitze ich bereits. Wie ich meine erste Immobilie als Kapitalanlage gefunden und gekauft habe und welche Herausforderungen auf diesem Weg auf mich zukamen, erfährst du im nächsten Kapitel.

Erste Immobilie als Kapitalanlage

Ich hatte mit 19 Jahren meinen ersten Termin beim Bankberater meiner Hausbank, denn ich wollte mich zu dem Zeitpunkt intensiver mit meinen Finanzen auseinandersetzen. Du erinnerst dich: Ich hatte von meinen Eltern zum 18. Geburtstag ein Depot geschenkt bekommen. Obwohl ich mir bereits viel Wissen selbst aneignet hatte, war ich neugierig, welche Möglichkeiten mir ein Bankberater aufzeigen könnte.

Ich kann mich noch genau an das Gespräch erinnern. Der Berater stellte mir viele Fragen, zum Beispiel zu meiner Risikobereitschaft und meinen langfristigen finanziellen Zielen. Es war klar, dass er ein möglichst genaues Bild von meiner finanziellen Situation und meinen Zukunftsplänen bekommen wollte. Eine der Fragen, die mir besonders im Gedächtnis geblieben ist, war: »Möchten Sie später einmal ein Eigenheim besitzen?« Schon damals war ich mir unsicher, ob ein Eigenheim wirklich das Richtige für mich war. Viele meiner Freunde und Bekannten strebten diesen Traum an, aber mir stellte sich eine andere Frage: Wäre es nicht sinnvoller, in vermietete Immobilien mit monatlichem Cashflow zu investieren, die gleichzeitig als Vermögenswert gelten, anstatt in ein Eigenheim, das laufend Geld kostet und eher als Verbindlichkeit betrachtet werden kann? Ich weiß noch genau, wie ich dem Bankberater antwortete: »Ich bin mir nicht sicher, ob ich später mal ein Eigenheim besitzen möchte. Ehrlich gesagt interessiere ich mich viel mehr dafür, Immobilien zu kaufen und sie zu vermieten.« Der Berater schaute mich verdutzt, aber auch leicht von oben herab an. Immerhin träumte doch fast jeder später mal davon, in einem Eigenheim zu leben. Wahrscheinlich dachte er, dass ich mit meinen 19 Jahren keine Ahnung von der Realität hatte und das nur in einem Buch gelesen hatte. Tatsächlich, das hatte ich. Dank dieses Buchs war mir diese Idee gekommen, und sie ließ mich nicht mehr los. Und zehn Jahre nach diesem Gespräch kaufte ich tatsächlich meine erste Immobilie als Kapitalanlage.

Immobilien haben mich schon lange fasziniert, und ich habe mich oft gefragt, warum so wenige in meinem Umfeld den Schritt zum Kauf und zur Vermietung gingen. In meiner Vorstellung war das Konzept einfach: »Man muss nur eine bezahlbare Wohnung finden, deren monatliche Mieteinnahmen die Kreditrate decken. Im besten Fall bleibt sogar etwas übrig – ein positiver Cashflow – und irgendwann gehört die Wohnung ganz mir. So schwer kann das doch nicht sein.« Ist das aber wirklich so einfach? Wenn ja, warum machen das dann nicht alle? Gibt es vielleicht doch einen Haken? Im Freundes- und Bekanntenkreis hörte ich immer wieder von Fällen der Mietnomaden, die eine Wohnung verwüstet hinterlassen und keine Miete gezahlt hatten, oder dass in der Wohnung stark geraucht wurde. Solche Horrorgeschichten halten viele von dieser Art der Investition ab. Andere wiederum in der Immobilienbranche verherrlichen das Investment in Immobilien gerne auch. Es wird oft so dargestellt, als sei der Kauf einer Immobilie ein garantierter Weg zum Wohlstand. Du hörst Geschichten von passivem Einkommen, das ohne großen Aufwand auf dein Konto fließe, während der Wert deiner Immobilie ständig steige. Es stimmt, dass Immobilien ein großartiges Investment sein können – aber nur, wenn du gut informiert und dir der Risiken bewusst bist. Du solltest verstehen, dass Immobilieninvestments weder schnelles Geld noch ein Garant für stetige Gewinne sind.

Im Gegensatz zu Aktien oder ETFs, wo du bereits mit kleinen Beträgen investieren kannst, erfordert der Kauf einer Immobilie ein deutlich höheres Anfangskapital. ETFs ermöglichen dir, bereits ab 1 Euro zu investieren, was zwar nicht ausreicht, um dein Vermögen bedeutend zu steigern, dir aber den Einstieg erleichtert. Immobilien hingegen benötigen einen erheblichen Kapitaleinsatz – allerdings musst du nicht den gesamten Kaufpreis sofort in bar auf dem Konto haben. Du kannst die Immobilie finanzieren, also einen Kredit aufnehmen, aber dafür verlangt die Bank Zinsen. Du zahlst die Immobilie dann über einen festgelegten Zeitraum, wieder wie beim Eigenheim zum Beispiel 20 oder 30 Jahre lang, ab. Die monatliche Rate an die Bank besteht aus zwei Komponenten: der Tilgung, also der eigentlichen Rückzahlung des Kredits, und den Zinsen, den Kosten für das geliehene Geld. Im besten Fall decken deine Mieteinnahmen diese monatlichen Kreditraten vollständig ab – du zahlst also nichts aus eigener Tasche. Damit bieten dir Immobilien eine einzigartige Möglichkeit, die andere Anlagen nicht bieten: den **Fremdkapitalhebel**. Dieser ermöglicht es dir, mit relativ wenig Eigenkapital eine viel größere Investition zu tätigen, da du den Großteil des Kaufpreises über einen Kredit finanzierst. Das bedeutet, dass du die Hebelwirkung des geliehenen Geldes für deine Rendite nutzt, die du mit reinem Eigenkapital nicht erreichen würdest. Durch diesen Hebel kann dein Vermögen schneller wachsen.

Ein Kredit für eine Immobilie wird dir von der Bank jedoch nicht einfach so gewährt. Du musst dafür klare Anforderungen erfüllen, wie:

- **Gehaltsnachweise:** Wenn du angestellt bist, möchte die Bank in der Regel die letzten drei Gehaltsabrechnungen sehen, um ein stabiles Einkommen sicherzustellen.
- **Selbstauskunft:** Du musst der Bank eine Übersicht deiner Vermögensverhältnisse geben, ähnlich wie wir es im Kapitel *Zeit für deinen Kassensturz* gemacht haben. Du erinnerst dich: Dein Nettover-

mögen ergibt sich aus deinen Vermögenswerten minus deinen Verbindlichkeiten.

- **Bonitätsprüfung:** Die Bank möchte sicherstellen, dass du kreditwürdig bist, du den Kredit somit vollständig und fristgerecht zurückzahlen kannst. Dafür überprüft sie zum Beispiel deine SCHUFA. Wie du deinen SCHUFA-Score einsehen und verbessern kannst, haben wir uns bereits im Kapitel *SCHUFA-Score* angeschaut. Wenn deiner schlecht ist, kann es sein, dass die Bank dir keinen Kredit gewährt.
- **Haushaltsrechnung:** Banken erstellen eine sogenannte Haushaltsrechnung, um zu überprüfen, wie viel Geld dir nach Abzug deiner Lebenshaltungskosten und bestehenden Kredite zur Verfügung steht. Hier werden alle regelmäßigen Ausgaben wie Miete, Strom, Versicherungen und Lebensmittel mit deinem Einkommen verglichen. Ein positiver Überschuss erhöht deine Chancen auf eine Kreditbewilligung.

Neben deiner finanziellen Situation prüft die Bank auch die Immobilie selbst. Sie möchte sicherstellen, dass der Kaufpreis dem tatsächlichen Wert entspricht. Dafür führt die Bank in der Regel eine Immobilienbewertung durch, und hier spielen zwei wesentliche Begriffe eine Rolle: der **Marktwert** und der **Verkehrswert**. Der Marktwert ergibt sich aus Angebot und Nachfrage sowie den aktuellen Marktbedingungen. Er ist der Preis, den ein Käufer bereit ist, für eine Immobilie zu zahlen, und den ein Verkäufer bereit ist, dafür zu akzeptieren. Der Verkehrswert, auch Sachwert genannt, ist objektiv: Er wird oft von einem Gutachter ermittelt und entspricht dem aktuellen Immobilienwert, berücksichtigt das Alter sowie die verarbeiteten Baumaterialien. Banken nutzen dafür verschiedene Verfahren. Liegen Kaufpreis und Verkehrswert nah beieinander, wird die Immobilie vermutlich zu einem fairen Preis angeboten. Liegt der Kaufpreis wesentlich höher als der Verkehrswert, wird vermutlich zu viel Geld für den objektiven Wert der Immobilie verlangt.

Auch dein **Eigenkapital** spielt eine entscheidende Rolle. Die Bank erwartet in der Regel, dass du einen Teil des Kaufpreises selbst aufbringst. Warum ist das so wichtig? Eigenkapital reduziert das Risiko für die Bank. Je mehr Eigenkapital du einbringst, desto sicherer wird die Finanzierung für die Bank, weil sie im Fall eines Zahlungsausfalls weniger Geld verlieren würde. Gib dein Eigenkapital aber nicht einfach so her, denn es dauert, bis du genug angespart hast, und vielleicht möchtest du ja auch noch eine weitere Immobilie kaufen. Immobilien sind also kapitalintensiv, und du benötigst ein gewisses Eigenkapital – außer bei einer sogenannten 110-Prozent-Finanzierung, bei der auch die Nebenkosten mitfinanziert werden. Das geht aber nicht immer, und das macht auch nicht jede Bank. Du merkst: Immobilien sind deutlich kapitalintensiver als Aktien oder ETFs. Dementsprechend sind Fehlentscheidungen bei Immobilien kostspieliger und könnten eventuell sogar den finanziellen Ruin bedeuten. Mit einem kleinen ETF-Investment ist es schon mal legitim, wenn einem der ein oder andere Fehler passiert. Daraus lernt man und wiederholt ihn nicht.

Anstelle von Eigenkapital kannst du zum Beispiel auch eine abbezahlte Immobilie beleihen und manche Banken lassen ein Wertpapierdepot als Sicherheit zu, jedoch können ETFs nicht zu 100 Prozent angerechnet werden. Ich habe bei meiner Finanzierung zum Beispiel einen Teil meines ETF-Depots eingebracht und beliehen. In dem Fall habe ich die Wertpapiere an meine Bank abgetreten, und es kann nach einer festgelegten Zeit wieder freigegeben werden. Dadurch konnte ich Eigenkapital einbringen, ohne echtes Eigenkapital, also Cash, dafür zu verwenden, und konnte gleichzeitig die Kreditzinsen senken.

Immobilien sind langfristige Investitionen. Du gehst mit der Aufnahme eines Kredits eine langfristige Verpflichtung gegenüber der Bank ein. Die monatliche Kreditrate muss gezahlt werden – egal, was passiert. Wenn der Mieter mal einen Monat zu spät oder gar nicht die Miete zahlt, dann kannst du das bei der Bank nicht einfach auch so machen, denn die Rate muss in jedem Fall gezahlt werden. Für solche Mietausfälle oder zeitweisen Leerstand sollte immer ein gewisser Puffer aufgebaut werden. Seit dem Kauf meiner Immobilie geht ein fixer monatlicher Betrag für die Rücklage, für Reparaturen in der Wohnung oder potenzielle Mietausfälle, auf ein separates Konto. Mein Notgroschen ist gut gefüllt, um auch trotz unvorhersehbarer Situationen liquide zu bleiben.

Immobilien als Kapitalanlage haben viele steuerliche Vorteile. Du kannst einige Kosten als Werbungskosten geltend machen, was dein zu versteuerndes Einkommen senkt und somit deine Steuerlast mindert. Neben Zinskosten deines Kredits, Reparatur- oder Fahrtkosten kannst du auch Kosten für die Abschreibung deiner Immobilie steuerlich geltend machen. Die Abschreibung erfolgt normalerweise über die vom Gesetzgeber vorgegebene Nutzungsdauer des Gebäudes – in den meisten Fällen 50 Jahre lang 2 Prozent im Jahr. Beispiel: Du kaufst eine Immobilie für 200 000 Euro, bei der 70 Prozent auf das Gebäude entfallen, dann könntest du 2 Prozent der Anschaffungskosten, also circa 3 000 Euro jedes Jahr, 50 Jahre lang, als Werbungskosten geltend machen. Grundsätzlich hast du die Möglichkeit, deine Immobilie schneller abzuschreiben, sofern du belegen kannst, dass die reale Abnutzung höher ist als die gesetzlich angenommene Abnutzung. Das kannst du mit einem Restnutzungsdauer-Gutachten machen. Wenn das zu dem Schluss kommt, dass die Restnutzungsdauer der Immobilie bei nur noch 35 Jahren liegt, könntest du in unserem Beispiel circa 4 300 Euro, also 1 300 Euro mehr, als Werbungskosten jedes Jahr ansetzen. Damit maximierst du deinen Cashflow. Das gilt im Übrigen nur für Immobilien als Kapitalanlage, nicht für ein Eigenheim. Für ein Eigenheim sind die Möglichkeiten, etwas steuerlich geltend zu machen, deutlich begrenzter.

Wie aber habe ich denn mit dem Ganzen losgelegt? Als Erstes habe ich Suchaufträge auf verschiedenen Portalen wie Immobilienscout24, Immowelt oder Kleinanzeigen erstellt. Bei den Suchaufträgen habe ich zum Beispiel angegeben, wie groß die Wohnung maximal sein soll, wie teuer sie maximal sein darf oder welche Energieeffizienzklasse die Immobilie mindestens haben sollte. Jede Immobilie, die mir dann angezeigt wurde, habe ich nach der Bierdeckelrechnung überprüft. Diese grobe Rechnung ersetzt nicht die spätere, detaillierte Rechnung, aber sie hilft, um schnell die Rentabilität einer Immobilie herauszufinden. Dafür teilst du die jährliche Kaltmiete durch den Kaufpreis der Wohnung und multiplizierst die Zahl mit 100. Eine Wohnung für 150 000 Euro mit einer jährlichen Kaltmiete von 5 000 Euro, erwirtschaftet eine **Bruttomietrendite** von 3,3 Prozent. Diese gibt an, wie viel Rendite du voraussichtlich durch die Nettokaltmiete auf den Kaufpreis pro Jahr erzielen wirst. Je höher die Bruttomietrendite, desto besser für dich. Wie viel Mietrendite eine gute Kapitalanlage ausmacht, hängt von deinen eigenen Erwartungen sowie vom Standort ab. Für mich ist eine Immobilie ab einer Bruttomietrendite von 5 Prozent interessant. Den Kehrwert dieser Rechnung, also der Kaufpreis geteilt durch die Nettokaltmiete, bezeichnet man als Einkaufsfaktor: Einer von 30, wie in unserem Beispiel oben, besagt, dass du mit der aktuellen Miete die Wohnung in 30 Jahren abbezahlen kannst. Für leerstehende Wohnungen habe ich auf Basis vergleichbarer Wohnungen in der Lage die jährlichen Mieteinnahmen geschätzt. Das heißt konkret: Ich bin alle Anzeigen auf den Portalen durchgegangen und habe die Bierdeckelrechnung durchgeführt. Ja, für jede einzelne. Zusätzlich habe ich mir den Quadratmeterpreis der Wohnung angeschaut und mit vergleichbaren Wohnungen in der Lage verglichen. Für jede als Investment infrage kommende Wohnung habe ich einen Besichtigungstermin ausgemacht. Lass mich dich vorwarnen: Immobilien sind zeitintensiv. Das kann man nicht mal eben nebenbei machen. Wenn du wirklich mit dem Thema durchstarten möchtest, dann muss der Fokus voll und ganz darauf liegen. Denn Theorie ist die eine Sache, die Praxis aber eine ganz andere. Nach 30, 40 Besichtigungen war ich definitiv schlauer als vorher. Makler und Eigentümer verraten dir so einiges über Teilungserklärungen, Quadratmeterpreise und Mietspiegel, Grundbücher, Wärmedämmungen, Böden, Fenster und Bäder – viele Infos, die du nicht im Exposé oder in den Unterlagen findest.

Die ersten Besichtigungen kosteten mich auf jeden Fall einiges an Überwindung. Ich hatte zum Beispiel eine Besichtigung, bei der ich schon von Anfang an gemerkt habe, dass der Makler mich nicht ernst nimmt. Das Gefühl gab er mir zumindest, denn er begrüßte mich mit den Worten: »Kommt noch jemand? Sie werden die Wohnung ja wohl nicht allein kaufen.« Wir gingen also durch jeden Raum, und ich löcherte ihn mit meinen Fragen, die ich mir vorher notiert hatte. Mit jedem Zimmer, das wir besichtigten, merkte er, dass ich doch gar nicht so wenig Ahnung hatte, wie er zu Anfang vielleicht gedacht hatte. Als ich ihn fragte, was es denn mit dem Wasserschaden in einer Souterrainwohnung der Eigentümergemeinschaft auf sich hatte, sagte er erstaunt: »Ach so, Sie haben sich die Protokolle der Eigentümerversammlungen wirklich durchgelesen?« Natürlich hatte ich das. Die letzten drei Protokolle der Eigentümerversammlungen zu lesen, ist ein Muss. Das gibt dir einen Einblick in die Stimmung in der Eigentümergemeinschaft, darin, welche Punkte auf der Agenda standen und welche Reparaturen oder Maßnahmen in Zukunft anfallen könnten. Als ich den Makler dann fragte, ob er mir doch bitte noch das vollständige Grundbuch zuschicken könnte, war er verwundert. »Das Grundbuch ist vollständig, was soll denn da fehlen?« Ich entgegnete ihm, dass die letzten drei Seiten, also Abteilung III mit der Eintragung der Grundpfandrechte fehlten. Er hatte alle Unterlagen dabei und schaute direkt nach. »Na, das gibt's ja nicht«, sagte er. »Sie haben Recht. Das ist mir ja noch gar nicht aufgefallen.« Solche Details übersieht man leicht, besonders als Anfänger – aber sie sind entscheidend und können dich vor bösen Überraschungen bewahren. Es liegt in deiner Verantwortung, alle Unterlagen gründlich zu prüfen. Das umfasst neben den Protokollen der letzten drei Eigentümerversammlungen und dem Grundbuch auch die Teilungserklärung, die Hausgeldabrechnung, den Wirtschaftsplan, den Energieausweis, die Wohnflächenberechnung, die Flurkarte, und, falls die Wohnung vermietet ist, den Mietvertrag.

Rückblickend habe ich bei meiner ersten Immobilie eine Menge gelernt und bin froh, dass ich den Schritt gegangen bin. Jedoch habe ich auch gemerkt, dass die Suche nach der passenden Immobilie und dessen Besitz auch einen operativen Aufwand erfordert – den man gerne unterschätzt. Schon das Durchstöbern der Immobilienportale, die Besichtigungen, die Prüfung der Unterlagen und der Kontakt mit Eigentümern und Maklern sind zeitintensiv. Das alles braucht Geduld und Durchhaltevermögen. Und sobald du eine Immobilie besitzt, musst du Mietverträge aufsetzen, die jährliche Nebenkostenabrechnung erstellen, sicherstellen, dass die Mieten pünktlich eingehen, oder dich um Reparaturen und Wartungen kümmern. Nicht zu vergessen die Auswahl der Mieter, denn sie zahlen dir die Miete, auf die dein ganzes Geschäftsmodell baut. Ohne zuverlässige Mieter würde nichts funktionieren. All diese Aufgaben erfordern Zeit und Energie, sie sollten sorgfältig erledigt werden. Bei einer einzigen Immobilie mag das alles noch überschaubar sein, aber sobald es mehrere sind, kann sich der Aufwand erheblich summieren. Je gewissenhafter du diese Aufgaben angehst, desto geringer ist das Risiko, dass etwas schiefgeht. Natürlich bist du nie gegen alle Risiken abgesichert – aber das ist in keiner Form der Geldanlage so. Mir persönlich machen diese Aufgaben tatsächlich

Spaß, und vielleicht habe ich dich ja ein bisschen dazu inspiriert, selbst über eine Immobilie als Kapitalanlage nachzudenken.

Dein (erster) Job

Dein erster Job ist ein bedeutender Schritt in deinem Leben – er markiert den Einstieg in die Arbeitswelt. Du verdienst dein eigenes Geld und kannst darüber frei entscheiden: Du kannst essen gehen, in Urlaub fahren, deine Wohnung einrichten oder einen Teil deines Einkommens zurücklegen. Doch gerade am Anfang gibt es viele Aspekte, die du im Auge behalten solltest, um das Beste aus deinem ersten Job und deinem Gehalt herauszuholen. Es werden sicherlich einige Fragen aufkommen wie: Kann ich mein Einstiegsgehalt überhaupt verhandeln? Wie viel bleibt von meinem Bruttogehalt übrig? Was bedeutet das Kleingedruckte auf meiner Gehaltsabrechnung? Und wie kann ich von den zusätzlichen Leistungen meines Arbeitgebers profitieren? Diesen Fragen werden wir uns in diesem Kapitel widmen.

Fordere, was dir zusteht

Wenn du dein erstes Jobangebot erhältst, musst du unbedingt wissen, wie viel Gehalt du realistisch erwarten kannst. Doch wie kannst du sicherstellen, dass du fair bezahlt wirst? Nur wenn du deinen Marktwert kennst, verkaufst du dich nicht unter Wert. Das Einstiegsgehalt variiert stark je nach Branche, Berufsfeld, Region und Unternehmen. Faktoren wie deine Qualifikationen, Studienabschlüsse, Praktika oder relevante Berufserfahrungen spielen dabei ebenfalls eine große Rolle. Im Folgenden einige Punkte, die dir bei dieser Einschätzung helfen können:

- **Deine Qualifikationen und Erfahrungen:** Je höher dein beruflicher Abschluss ist, desto höher kannst du bei der Verhandlung in der Regel auch dein gewünschtes Gehalt ansetzen. Ein Absolvent mit Master-Abschluss hat meist ein höheres Einstiegsgehalt als ein

Bachelor-Absolvent im selben Bereich. Auch bereits gesammelte Praxiserfahrung durch Nebenjobs oder Praktika kannst du in der Verhandlung hervorheben.

- **Branchenvergleich:** Es gibt große Unterschiede in den Gehältern je nach Branche. Ein Ingenieur oder IT-Spezialist wird zum Beispiel oft deutlich mehr verdienen als jemand im sozialen Bereich oder in kreativen Berufen. Bevor du in die Verhandlung gehst, solltest du wissen, was in deiner Branche und Region ein faires Einstiegsgehalt ist. Onlineplattformen wie Stepstone, Glassdoor oder Gehalt.de helfen hier beim Überblick.
- **Unternehmensgröße:** Große Konzerne zahlen in der Regel höhere Gehälter als kleine Start-ups. Das bedeutet nicht unbedingt, dass ein kleineres Unternehmen schlechter ist – oft gibt es in kleineren Firmen andere Vorteile wie flexiblere Arbeitszeiten, flache Hierarchien oder Beteiligungsmöglichkeiten am Unternehmen.
- **Regionale Unterschiede:** In Ballungsgebieten, zum Beispiel in Städten wie München, Frankfurt oder Hamburg, sind die Gehälter oft höher. In ländlichen Regionen oder kleineren Städten können die Gehälter niedriger sein, dafür aber auch die Kosten für Miete und Lebensunterhalt.

Gehaltsverhandlung – ja, du darfst!

Viele Berufseinsteiger sind sich unsicher darüber, ob sie ihr Einstiegsgehalt verhandeln dürfen oder wie viel sie fordern sollten. Selbst ohne Berufserfahrung darfst du und solltest du verhandeln. Schließlich bringst du Qualifikationen und Fähigkeiten mit, die deinem zukünftigen Arbeitgeber einen Mehrwert bieten. Stell dir vor, du führst ein Verkaufsgespräch und das Produkt, das du verkaufst, ist deine Arbeitskraft. Sie ist wertvoll, und das darfst du auch selbstbewusst kommunizieren. Falsche Bescheidenheit kann dazu führen, dass du dich unter Wert verkaufst. Dein Einstiegsgehalt spielt eine entscheidende Rolle, denn es bildet die Grundlage für deine spätere Gehaltsentwicklung im Unternehmen. Umso wichtiger ist es, gut vorbereitet in die Verhandlung zu gehen. Das bedeutet, dass du sowohl deine Stärken als auch deinen aktuellen Marktwert genau kennen solltest. Du hast einen Mindestpreis – genauso wie du dein neues Handy nicht zum Preis eines alten, gebrauchten Handys verkaufen würdest, solltest du auch deine Arbeitskraft nicht unter Wert anbieten.

In der Regel wird dein potenzieller Arbeitgeber die Gehaltsfrage von sich aus ansprechen, oft im zweiten Gespräch. Du musst es also nicht selbst thematisieren. Neben dem Einstiegsgehalt solltest du auch auf die langfristigen Perspektiven achten: Wie kann sich dein Gehalt im Laufe der Zeit entwickeln? Welche Aufstiegsmöglichkeiten und Gehaltsanpassungen werden dir geboten?

Hier sind einige Tipps für deine erste Gehaltsverhandlung:

- **Zeige dich selbstbewusst:** Selbst als Berufseinsteiger hast du Qualifikationen und Fähigkeiten, die dein potenzieller Arbeitgeber schätzt. Sei dir dieser Fähigkeiten bewusst und traue dich, dies auch zu kommunizieren. Eine selbstbewusste Haltung zeigt, dass du deinen Wert kennst und bereit bist, Verantwortung zu übernehmen.
- **Verhandle gegebenenfalls einen Bonus:** Viele Unternehmen bieten ihren Mitarbeitern einen Bonus als Belohnung für gute Leistungen oder als Teil eines Unternehmensgewinns an. Das kann eine attraktive Möglichkeit für zusätzliches Einkommen sein – aber Vorsicht: Nicht jeder Bonus ist garantiert, und die Bedingungen können stark variieren.
- **Konkrete Gehaltserhöhung:** Wenn dein Wunschgehalt zum Einstieg nicht direkt umgesetzt werden kann, könntest du nach einer Möglichkeit für Gehaltsstaffelungen fragen. Dabei wird konkret festgelegt, wann dein Gehalt um welchen Betrag ansteigen wird. Dies sollte unbedingt auch in deinem Arbeitsvertrag festgehalten werden. Wiederum einige Arbeitgeber ermöglichen zum Beispiel, das Gehalt nach dem ersten Jahr im Unternehmen erneut zu verhandeln.
- **Nicht nur das Gehalt zählt:** Sollte dein Wunschgehalt nicht im Rahmen des Unternehmensbudgets liegen, kannst du auch über andere Aspekte verhandeln, also Corporate Benefits (dazu mehr im nächsten Kapitel). Diese Zusatzleistungen können dein Gesamtpaket deutlich verbessern.

- **Überstunden und Arbeitszeit:** Achte darauf, wie Überstunden in deinem Vertrag geregelt werden. Sollten sie die Regel sein, sollte sich das auch in deinem Gehalt oder durch Freizeit ausgleichen.
- **Probezeit:** Diese ist eine wichtige Phase im Job, denn währenddessen kannst du sowohl deine Eignung für die Stelle als auch deine Zufriedenheit mit dem Gehalt und den Arbeitsbedingungen prüfen. Nach der Probezeit ist oft eine erneute Gehaltsverhandlung möglich, wenn du deine Leistung unter Beweis gestellt hast.

Und zuletzt noch ein wichtiger Tipp: In Verhandlungen spielt die erste genannte Zahl eine zentrale Rolle. Sie wird als Anker verwendet und beeinflusst den weiteren Verlauf der Gespräche – das nennt man den **Ankereffekt**. Dieser ist ein psychologisches Phänomen, das in Verhandlungen und Entscheidungsprozessen von großer Bedeutung ist. Er beschreibt die Tendenz von Menschen, sich bei Entscheidungen an der ersten erhaltenen Information – dem »Anker« – zu orientieren, selbst wenn diese Information nicht unbedingt vollständig oder korrekt ist. In Bezug auf Gehaltsverhandlungen bedeutet das: Sobald eine Gehaltszahl genannt wird, dient diese Zahl als Referenzpunkt für die weiteren Diskussionen. Alle nachfolgenden Zahlen und Angebote werden unbewusst mit diesem Anker verglichen. Wenn du in der Gehaltsverhandlung als Erstes 50 000 Euro als Gehaltsvorstellung nennst, wird dein Gegenüber diese Zahl als Ausgangspunkt nehmen. Selbst wenn du eigentlich bereit wärst, auch 45 000 Euro zu akzeptieren, wird dein potenzieller Arbeitgeber versuchen, das Angebot um die 50 000 Euro herum auszuhandeln, und vielleicht 48 000 Euro bieten. Wenn du jedoch zuerst ein Angebot von 40 000 Euro machst, wird diese Zahl zum Anker. Auch wenn du ursprünglich 50 000 Euro angestrebt hast, dürfte die Verhandlung nun in dem genannten Bereich kreisen. Der Ankereffekt funktioniert, weil das menschliche Gehirn oft dazu neigt, sich an den ersten erhaltenen Informationen zu orientieren, auch wenn diese willkürlich sein können. Deshalb ist es besonders wichtig, den ersten Anker in Gehaltsverhandlungen klug zu setzen – am besten höher, als du eigentlich bereit wärst, zu akzeptieren.

Das erste Angebot solltest du nicht sofort akzeptieren. Stattdessen bringe weitere Argumente an, die deinen Wert unterstreichen, und bleibe dabei freundlich und selbstbewusst – werde aber niemals überheblich. Es ist wichtig, den Verhandlungsspielraum auszutesten und zu erkennen, wann er ausgeschöpft ist. Du kannst dir für deine Eintscheidung auch immer ein wenig Bedenkzeit erbitten.

Dein Einstiegsgehalt ist genau das: ein Einstieg. Es spiegelt oft nicht den Wert wider, den du im Laufe deiner Karriere verdienen wirst. Es mag nicht das höchste Gehalt in deiner Karriere sein, aber es legt den Grundstein für deine zukünftige finanzielle Entwicklung. Mit den richtigen Argumenten und guter Vorbereitung kannst du dir von vornherein ein angemessenes Gehalt verhandeln. Denke immer daran: Deine Leistung ist der beste Grund für deinen Gehaltswunsch, und dein erstes Gehalt ist mehr als nur eine Zahl – es steht für deinen Wert und deinen Beitrag in der Arbeitswelt.

Die Extras nutzen

Neben dem eigentlichen Gehalt bieten viele Unternehmen ihren Mitarbeitenden zusätzliche Leistungen, sogenannte **Corporate Benefits**. Diese Zusatzleistungen können eine erhebliche Ergänzung zu deinem Gehalt darstellen und dir sowohl finanziell als auch in Bezug auf deine Lebensqualität Vorteile bringen. Von kostenfreien Fitnessstudio-Mitgliedschaften über Jobtickets bis hin zu Rabatten für bestimmte Produkte – es lohnt sich, die Angebote genau zu kennen und optimal zu nutzen. Manche dieser Benefits sind direkt mit finanziellen Vorteilen verbunden, andere zielen darauf ab, deine Work-Life-Balance zu verbessern oder deine Gesundheit und Zufriedenheit am Arbeitsplatz zu steigern. Corporate Benefits variieren je nach Branche, Unternehmensgröße und Standort. Hier sind einige der häufigsten Benefits:

Mobilität: Wenn Mitarbeitende die Kosten für den Weg zur Arbeit selbst zahlen müssen, reduziert ihnen das oft das Gehalt erheblich. Viele Unternehmen bieten ihren Mitarbeitenden daher ein Jobticket an, das entweder kostenlos oder stark vergünstigt ist, Fahrtkostenzuschüsse oder privat nutzbare Firmenwagen und Fahrräder. Dies kann eine enorme Ersparnis für deine täglichen Fahrtkosten bedeuten.

Sport und Fitness: Viele Unternehmen bieten kostenlose oder stark vergünstigte Gesundheitsprogramme an. Dazu gehören Fitnessstudio-Mitgliedschaften, Yoga-Kurse, Massagen oder Gesundheitschecks im Unternehmen. Auch ein subventioniertes Mittagessen in der Kantine kann Teil eines solchen Programms sein, um deine Gesundheit zu unterstützen und dir den Arbeitsalltag angenehmer zu machen.

Weiterbildung: Berufliche Weiterentwicklung ist vor allem als Berufseinsteiger ein zentrales Thema. Viele Unternehmen bieten ihren Mitarbeitenden die Möglichkeit, sich auch neben dem Arbeitsalltag weiterzubilden und unterstützen dies finanziell, sei es in Form von kostenlosen oder subventionierten Weiterbildungsangeboten, Sprachkursen, Fachfortbildungen oder Soft-Skill-Trainings. Zusätzlich hast du als Angestellter in vielen Bundesländern einen gesetzlichen Anspruch auf Bildungsurlaub. Dieser ermöglicht es dir, eine festgelegte Anzahl von Tagen im Jahr – meist fünf Tage – bezahlten Urlaub für anerkannte Weiterbildungsmaßnahmen in Anspruch zu nehmen. Diese Zeit kannst du dann für berufsbezogene oder auch politische Bildungsangebote nutzen.

Finanzielle Anreize: Finanzielle Anreize wie Boni, Verkaufsprovisionen oder Prämien zu Dienstjubiläen können Mitarbeitende dazu motivieren, ihre Leistung zu steigern, angestrebte Ziele zu erreichen oder länger im Unternehmen zu bleiben. Unternehmen können ihren Mitarbeitenden auch Gewinnbeteiligungen, Prämien oder den Kauf von Aktien am Unternehmen zu einem vergünstigten Preis anbieten.

Arbeitsumfeld: Ein paar Tage die Woche zu Hause zu arbeiten, ist für viele eine großartige Möglichkeit, ihre Produktivität und gleichzeitig ihr Wohlbefinden zu verbessern. Der Wegfall der Fahrt spart wertvolle Zeit und reduziert unnötigen Stress. Homeoffice und flexible Arbeitszeiten können die Freiheit geben, die Arbeit an den persönlichen Rhythmus anzupassen und in einer Umgebung zu erledigen, in der sich die Mitarbeitenden am wohlsten fühlen. Diese Flexibilität ist ein enormer Vorteil, besonders wenn man Wert auf eine gute Work-Life-Balance legt und Beruf und Familie miteinander vereinbaren möchte. Flexible Arbeitszeiten und Homeoffice werden seit der Coronapandemie mittlerweile bei vielen Unternehmen immer selbstverständlicher.

Auch Firmenhandy und -laptop, die privat genutzt werden dürfen, ein Parkplatz am Unternehmensstandort oder Teamevents werden von vielen Mitarbeitenden geschätzt. Unternehmen können zudem Restaurantgutscheine, digitale Essensmarken oder Zuschüsse für die Kantine ausstellen. Vielleicht sind sogar Hunde am Arbeitsplatz willkommen, oder es gibt Pausen- und Ruheräume. Auch finanzielle Unterstützung für die Kinderbetreuung können es Mitarbeitenden ermöglichen, Beruf und Familie besser miteinander zu vereinbaren.

Mitarbeiterrabatte: Einige Unternehmen haben Kooperationen mit anderen Unternehmen, durch die Mitarbeitende Rabatte auf Produkte oder Dienstleistungen erhalten. Das können Rabatte bei Elektronikketten, vergünstigte Reiseangebote oder Einkaufsgutscheine sein. Es lohnt sich, diese Angebote zu nutzen, um im Alltag Geld zu sparen. Beliebt sind auch Geschenke bei besonderen Anlässen wie Geburtstagen oder Dienstjubiläen.

Vermögenswirksame Leistungen, kurz VL, sind zusätzliche, freiwillige Zahlungen des Arbeitgebers, die Mitarbeitende zum Vermögensaufbau nutzen können. Am besten erkundigst du dich bei deinem Arbeitgeber, ob du einen Anspruch darauf hast. Die monatliche Höhe liegt meist zwischen 6 und 40 Euro. Aber es ist ein weitverbreiteter Irrtum, dass der Arbeitgeber maximal 40 Euro im Monat in den VL-Vertrag seiner Arbeitnehmer einzahlen kann, denn es gibt keinen Höchstbetrag für VL. Das Geld, das dein Arbeitgeber einzahlt, fließt direkt in einen deiner bereits bestehenden Verträge oder in einen neuen ein. Wenn du einen Vertrag über die Einzahlung der VL mit einem Anbieter geschlossen hast, erhältst du ein Formular, das dein Arbeitgeber unterschreiben muss, um zu bestätigen, dass er in deinen Vertrag einzahlt. In der Regel laufen VL-Verträge sieben Jahre lang. Davon wird sechs Jahre lang eingezahlt, während das siebte Jahr ein sogenanntes Ruhejahr ist. Nach den sieben Jahren kannst du frei über das Geld verfügen. Wenn du länger bei deinem Arbeitgeber bleibst, kannst du im sechsten Jahr bereits einen neuen VL-Vertrag beginnen. In der Regel wirst du auch von deinem Arbeitgeber darüber informiert, dass der bestehende Vertrag abläuft, und es wird dir ein neuer Vertrag angeboten. Die einzige Ausnahme ist der Bausparvertrag. Er hat eine längere Laufzeit, und hier muss meist sieben Jahre lang eingezahlt werden. Du kannst den Betrag, den dein Arbeitgeber einzahlt, übrigens aufstocken, jedoch nicht einfach so von deinem Konto in deinen VL-Vertrag. Denn das in den Vertrag eingezahlte Geld muss immer von deinem Arbeitgeber überwiesen werden. Du könntest ihn jedoch darum bitten, einen von dir festgelegten Betrag von deinem Nettogehalt abzuziehen und einzuzahlen. Wenn du eine bestimmte Einkommensgrenze nicht überschreitest, beteiligt sich auch der Staat an deinem VL-Vertrag, in Form einer staatlichen Förderung, der **Arbeitnehmersparzulage**. Diese kannst du mit deiner Steuererklärung beantragen. Da sich die Grenzen regelmäßig ändern, möchte ich hier auf eine Google-Suche nach den aktuellen Zahlen verweisen. Anzumerken ist zudem, dass nicht dein Bruttogehalt, sondern dein zu versteuerndes Einkommen zählt. Wie sich dein zu versteuerndes Einkommen berechnet, erfährst du im Kapitel *Deine (erste) Steuererklärung*. Die genaue Höhe deines zu versteuernden Einkommens findest du auf deinem letzten Steuerbescheid. Du hast vier Möglichkeiten die VL anzusparen: Tilgung einer laufenden Bankfinanzierung, VL-Bausparvertrag, VL-Fondssparplan und VL-Banksparplan. Staatliche Förderung, also die Arbeitnehmersparzulage, gibt es bei allen Anlageformen (außer bei Letzterer, da gibt es zusätzlich die Wohnungsbauprämie). Die Höhe der staatlichen Förderung variiert je nach Anlageform:

- *Tilgung einer laufenden Bankfinanzierung:* Wenn du bereits eine Immobilie gekauft hast und deinen Immobilienkredit abbezahlst, kannst du die VL direkt in die Abzahlung deines Kredits investieren. Dazu werden die VL-Zahlungen auf das Darlehenskonto überwiesen, was die Rückzahlungsdauer des Kredits verkürzt. Allerdings räumt nicht jede Bank diese Möglichkeit ein.
- *VL-Bausparvertrag:* Wenn du in der Zukunft ein Haus bauen oder kaufen möchtest, dann könntest du das Geld in einem VL-Bausparvertrag anlegen. Allzu große Renditen solltest du hierbei aber nicht erwarten. Der größte Vorteil liegt vor allem darin, dass du dir den aktuell (niedrigen) Zinssatz für einen späteren Baukredit sichern kannst.

Falls du nicht weißt, wie ein Bausparvertrag funktioniert, hier kurz und einfach erklärt: Ein Bausparvertrag besteht aus zwei Phasen, in der ersten sparst du, also dein Arbeitgeber zahlt regelmäßig die VL ein, und in der zweiten kannst du die Möglichkeit für einen Kredit zur Immobilienfinanzierung in Anspruch nehmen. Den Kredit musst du jedoch nicht nehmen, wenn du ihn nicht benötigst, sondern kannst dir das Geld auszahlen lassen. Dabei solltest du aber berücksichtigen, dass du Abschlusskosten für die Inanspruchnahme des Bausparvertrags gezahlt hast. Diese Gebühren sind dann für dich verloren, wenn du das Darlehen nicht nutzt.

- *VL-Fondssparplan:* Wenn du mehr Rendite möchtest, kannst du einen VL-Fondssparplan nutzen und den Betrag zum Beispiel in ETFs investieren. Ein VL-Fondssparplan bringt dir neben der hohen Rendite auch die höchstmögliche Förderung durch die Arbeitnehmersparzulage. Aufgrund der Kursschwankungen am Aktienmarkt steht der Auszahlbetrag nicht von Anfang an fest. Auch nicht jeder ETF ist für VL zugelassen, und nicht jedes Wertpapierdepot eignet sich für VL-Fondssparpläne. Erkundige dich am besten im Vorhinein, welche ETFs bespart werden können und bei welchem Depot VL-Fondssparpläne möglich sind.
- *VL-Banksparplan:* Vermögenswirksame Leistungen können über einen Banksparplan angelegt werden. Bei der Option gibt es keine Mindestlaufzeit, jedoch gibt es auch keine staatliche Förderung. Eingezahlt wird nur das, was der Arbeitgeber einzahlt plus deine zusätzliche Eigenleistung. Die Rendite hängt dann allein von den Zinsen ab.

Die vier Möglichkeiten unterscheiden sich hinsichtlich der Rendite, der Verfügbarkeit, der Risiken und der Kosten. In Bezug auf Rendite trägt wahrscheinlich der VL-Fondssparplan mit ETFs am meisten zum langfristigen Vermögensaufbau bei. Informiere dich am besten bei deinem Arbeitgeber, welche Möglichkeiten du hast, und vergleiche beim Abschluss eines Vertrags auch unbedingt die Konditionen verschiedener Anbieter.

Du siehst, es gibt viele verschiedene Arten von Corporate Benefits, die unterschiedlich von Unternehmen eingesetzt werden. Sie sind ein oft unterschätzter Bestandteil deines Arbeitsverhältnisses und können dir viele finanzielle und persönliche Vorteile bieten, die über dein Gehalt hinausgehen. Indem du diese Angebote geschickt nutzt, kannst du nicht nur Geld sparen, sondern auch deine Work-Life-Balance verbessern und deine berufliche Entwicklung vorantreiben. Wichtig ist, dass du dir auch holst, was dir zusteht.

Jetzt wird abgerechnet

Bevor du bei einem Unternehmen anfängst, verhandelt ihr dein Einstiegsgehalt. Die Höhe wird dann in deinem Arbeitsvertrag festgehalten. Dieser Betrag ist jedoch nicht der, der am Monatsende auf deinem Konto landet. Was genau wird abgezogen und in welcher Höhe?

Dein **Bruttogehalt** ist der Betrag, den du vertraglich als Gehalt vereinbart hast – also dein Gehalt, bevor Steuern und Sozialversicherungsbeiträge abgezogen werden. Es klingt oft nach viel Geld, aber das ist nicht der Betrag, den du am Ende auf deinem Konto siehst.

Dein **Nettogehalt** ist das Geld, das du tatsächlich auf dein Konto überwiesen bekommst. Es bleibt übrig, nachdem alle Abzüge wie Steuern und Sozialversicherungsbeiträge abgezogen wurden.

Die Lohnsteuer ist der größte Abzug bei deinem Gehalt und richtet sich nach deinem Einkommen: Je mehr du verdienst, desto höher ist auch dein prozentualer Steuerzahlanteil. Die Höhe der Lohnsteuer hängt von deiner Steuerklasse ab:

- **Steuerklasse I**: Für ledige, verwitwete, geschiedene oder dauernd getrennt lebende Arbeitnehmer ohne Kinder oder mit Kindern, die nicht im Haushalt leben.
- **Steuerklasse II:** Für Alleinerziehende mit mindestens einem Kind, das im Haushalt lebt.
- **Steuerklasse III:** Für verheiratete Arbeitnehmer, deren Ehepartner keinen Arbeitslohn bezieht oder in Steuerklasse V eingestuft ist. Diese Klasse hat die geringsten Abzüge.
- **Steuerklasse IV:** Für verheiratete Arbeitnehmer, bei denen beide Ehepartner Arbeitslohn beziehen. Diese Klasse ist oft sinnvoll, wenn beide ungefähr gleich viel verdienen.

- **Steuerklasse V:** Für verheiratete Arbeitnehmer, deren Ehepartner in Steuerklasse III ist. Diese Klasse hat höhere Abzüge.
- **Steuerklasse VI:** Für Arbeitnehmer mit mehreren Jobs, bei denen dies für den zweiten oder weiteren Job gilt.

Je nach deiner persönlichen Lebenssituation wird dir eine bestimmte Steuerklasse zugewiesen, die deine Lohnsteuer beeinflusst. Du musst jedoch nicht auf den ersten Euro, den du verdienst, bereits Steuern zahlen, sondern erst ab dem sogenannten **Grundfreibetrag**. Auf diesen hat jeder Bürger einen Anspruch, und er ist für alle gleich hoch, was das Existenzminimum sichert. Da der Freibetrag regelmäßig angepasst wird, informiere dich über die aktuelle Höhe. Zum generellen Verständnis: Wenn der Grundfreibetrag zum Beispiel 11 604 Euro beträgt, dann müsstest du erst ab dem 11 605. Euro Steuern zahlen.

Der **Solidaritätszuschlag**, oft einfach Soli genannt, war lange Zeit eine zusätzliche Abgabe zur Unterstützung des Wiederaufbaus in Ostdeutschland. Seit 2021 wird der Soli jedoch nur noch von sehr gut verdienenden Personen gezahlt. Falls du also am Anfang deiner Karriere stehst, wirst du diesen Zuschlag wahrscheinlich nicht zahlen müssen.

Die **Kirchensteuer** wird nur fällig, wenn du Mitglied einer steuerpflichtigen Religionsgemeinschaft bist, wie etwa der katholischen oder evangelischen Kirche. Der Steuersatz liegt bei 8 oder 9 Prozent der Lohnsteuer, je nach Bundesland. Wenn du keiner Kirche angehörst, wird diese Abgabe nicht von deinem Gehalt abgezogen.

Neben den Steuern gibt es auch verschiedene Sozialversicherungsbeiträge, die von deinem Bruttogehalt abgezogen werden. Diese sichern dich gegen bestimmte Lebensrisiken wie Krankheit, Arbeitslosigkeit oder Altersarmut ab. Bei den Versicherungen gibt es eine Deckelung: die **Beitragsbemessungsgrenze**. Das ist die Höchstgrenze, bis zu der Sozialversicherungsbeiträge von deinem Gehalt abgezogen werden. Das heißt: Jeder verdiente Euro oberhalb dieser Grenze wird nicht zur Berechnung der Versicherungsbeiträge hinzugezogen. Dabei gibt es unterschiedliche Beitragsbemessungsgrenzen für die einzelnen Sozialversicherungen. Eine Google-Suche verhilft dir zur Höhe der aktuellen Grenzen in deinem Bundesland. Hier die wichtigsten Sozialversicherungen:

- **Krankenversicherung:** Die (gesetzliche) Krankenversicherung ist eine Pflichtversicherung. Sie übernimmt die Kosten für medizinische Behandlungen. Den Beitragssatz zur gesetzlichen Krankenversicherung tragen Arbeitgeber und Arbeitnehmer jeweils zur Hälfte. Allerdings kann jede Krankenkasse Zusatzbeiträge nach eigenem Ermessen erheben. Diese musst du allein tragen.
- **Rentenversicherung:** Auch bei der (gesetzlichen) Rentenversicherung handelt es sich um eine Pflichtversicherung, die dir später im Ruhestand eine Rente auszahlt. Wie auch bei der Krankenversicherung teilen dein Arbeitgeber und du sich die Beiträge.
- **Arbeitslosenversicherung:** Diese (gesetzliche) Versicherung sichert dich im Falle einer Arbeitslosigkeit ab, ist wieder eine Pflichtversicherung und wieder zwischen deinem Arbeitgeber und dir aufgeteilt.
- **Pflegeversicherung:** Die (gesetzliche) Pflegeversicherung springt ein, wenn du im Alter pflegebedürftig wirst, und ist eine weitere Pflichtversicherung im Rahmen der Sozialversicherungen. Die Beiträge werden wieder zwischen deinem Arbeitgeber und dir geteilt. Kinderlose zahlen in einigen Bundesländern einen zusätzlichen Aufschlag.
- **Unfallversicherung:** Diese Versicherung deckt Arbeitsunfälle und Berufskrankheiten ab. Sie wird komplett vom Arbeitgeber übernommen und taucht deshalb nicht direkt auf deiner Gehaltsabrechnung auf.

Sobald du deinen ersten Job angefangen hast, bekommst du von deinem Arbeitgeber jeden Monat eine **Gehaltsabrechnung**, auch oft Lohnabrechnung oder Entgeltabrechnung. Auf deiner Gehaltsabrechnung siehst du, wie sich dein Gehalt zusammensetzt, welche Abzüge in welcher Höhe einbehalten wurden und wie viel du brutto und netto verdienst. Hebe sie am besten gut auf – manchmal brauchst du deine aktuelle Gehaltsabrechnung, beispielsweise bei einem Antrag auf einen Kredit für den Kauf einer Immobilie oder der Anmietung einer Wohnung. Auch für deine Steuererklärung benötigst du unter Umständen deine Gehaltsabrechnungen des vergangenen Jahres. Auf den ersten Blick mag die Gehaltsabrechnung etwas verwirrend sein, da sie viele Informationen und auch einige Fachbegriffe enthält. Es lohnt sich jedoch ein Blick auf deine Abrechnung, um sie zu verstehen und zu prüfen. So sieht eine Abrechnung beispielsweise aus:

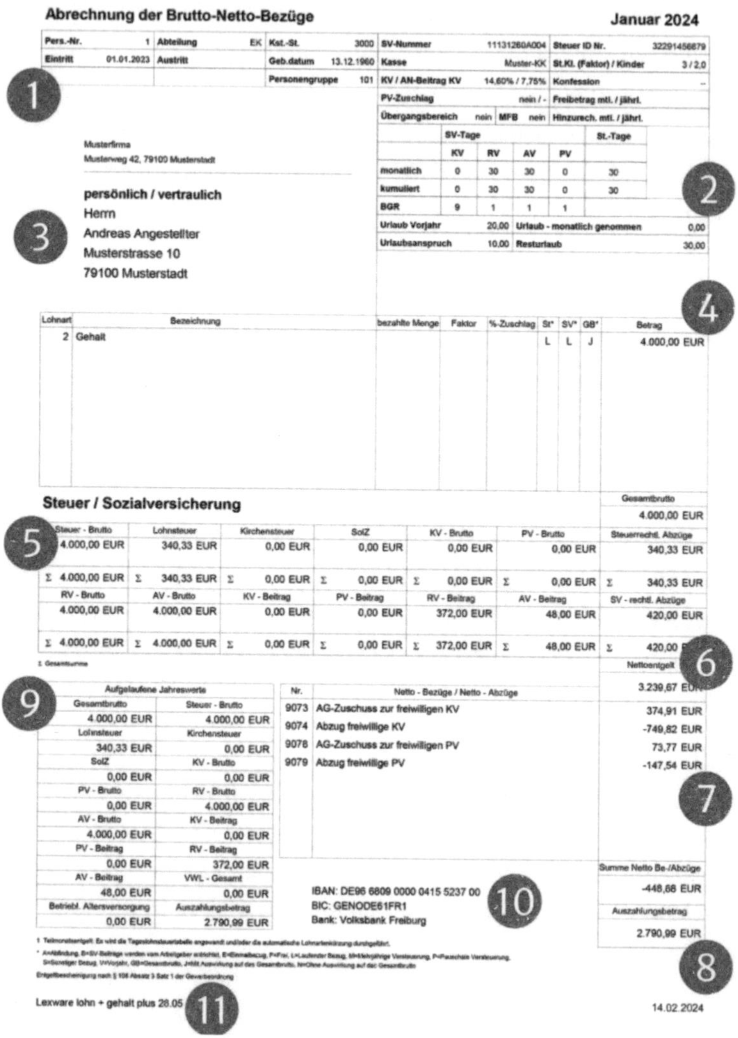

Abrechnung der Brutto-Netto-Bezüge — **Januar 2024**

Pers.-Nr.	1	Abteilung	EK	Kst.-St.	3000	SV-Nummer	11131260A004	Steuer ID Nr.	32291456879
Eintritt	01.01.2023	Austritt		Geb.datum	13.12.1960	Kasse	Muster-KK	St.Kl. (Faktor) / Kinder	3 / 2,0
				Personengruppe	101	KV / AN-Beitrag KV	14,60% / 7,75%	Konfession	--
						PV-Zuschlag	nein / -	Freibetrag mtl. / jährl.	
						Übergangsbereich nein	MFB nein	Hinzurech. mtl. / jährl.	

Musterfirma
Musterweg 42, 79100 Musterstadt

persönlich / vertraulich
Herrn
Andreas Angestellter
Musterstrasse 10
79100 Musterstadt

	SV-Tage KV	RV	AV	PV	St.-Tage
monatlich	0	30	30	0	30
kumuliert	0	30	30	0	30
BGR	9	1	1	1	

Urlaub Vorjahr	20,00	Urlaub - monatlich genommen	0,00
Urlaubsanspruch	10,00	Resturlaub	30,00

Lohnart	Bezeichnung	bezahlte Menge	Faktor	%-Zuschlag	St*	SV*	GB*	Betrag
2	Gehalt				L	L	J	4.000,00 EUR

Steuer / Sozialversicherung

Steuer - Brutto	Lohnsteuer	Kirchensteuer	SolZ	KV - Brutto	PV - Brutto	Steuerrechtl. Abzüge
4.000,00 EUR	340,33 EUR	0,00 EUR	0,00 EUR	0,00 EUR	0,00 EUR	340,33 EUR
Σ 4.000,00 EUR	Σ 340,33 EUR	Σ 0,00 EUR	Σ 0,00 EUR	Σ 0,00 EUR	Σ 0,00 EUR	Σ 340,33 EUR
RV - Brutto	AV - Brutto	KV - Beitrag	PV - Beitrag	RV - Beitrag	AV - Beitrag	SV - rechtl. Abzüge
4.000,00 EUR	4.000,00 EUR	0,00 EUR	0,00 EUR	372,00 EUR	48,00 EUR	420,00 EUR
Σ 4.000,00 EUR	Σ 4.000,00 EUR	Σ 0,00 EUR	Σ 0,00 EUR	Σ 372,00 EUR	Σ 48,00 EUR	Σ 420,00

Gesamtbrutto: 4.000,00 EUR

Σ Gesamtsumme

Nettoentgelt: 3.239,67 EUR

Aufgelaufene Jahreswerte	
Gesamtbrutto	Steuer - Brutto
4.000,00 EUR	4.000,00 EUR
Lohnsteuer	Kirchensteuer
340,33 EUR	0,00 EUR
SolZ	KV - Brutto
0,00 EUR	0,00 EUR
PV - Brutto	RV - Brutto
0,00 EUR	4.000,00 EUR
AV - Brutto	KV - Beitrag
4.000,00 EUR	0,00 EUR
PV - Beitrag	RV - Beitrag
0,00 EUR	372,00 EUR
AV - Beitrag	VWL - Gesamt
48,00 EUR	0,00 EUR
Betriebl. Altersversorgung	Auszahlungsbetrag
0,00 EUR	2.790,99 EUR

Nr.	Netto - Bezüge / Netto - Abzüge	
9073	AG-Zuschuss zur freiwilligen KV	374,91 EUR
9074	Abzug freiwillige KV	-749,82 EUR
9078	AG-Zuschuss zur freiwilligen PV	73,77 EUR
9079	Abzug freiwillige PV	-147,54 EUR

Summe Netto Be-/Abzüge: -448,68 EUR

IBAN: DE96 6809 0000 0415 5237 00
BIC: GENODE61FR1
Bank: Volksbank Freiburg

Auszahlungsbetrag: 2.790,99 EUR

1 Teilmonatsentgelt: Es wird die Tageslohnsteuertabelle angewandt und/oder die automatische Lohnartenkürzung durchgeführt.

* A=Abfindung, B=SV-Beiträge werden vom Arbeitgeber entrichtet, E=Einmalbezug, F=Frei, L=Laufender Bezug, M=Mehrjährige Versteuerung, P=Pauschale Versteuerung, S=Sonstiger Bezug, V=Vorjahr, GB=Gesamtbrutto, J=Mit Auswirkung auf das Gesamtbrutto, N=Ohne Auswirkung auf das Gesamtbrutto

Entgeltbescheinigung nach § 108 Absatz 3 Satz 1 der Gewerbeordnung

Lexware lohn + gehalt plus 28.05

14.02.2024

Gehaltsabrechnung Beispiel (Quelle: Lexware)[4]

Hier eine kurze Erklärung der enthaltenen Informationen unter den Ziffern 1 bis 11:

1. Personaldaten: Hier findest du deine personenbezogenen Daten, wie dein Eintrittsdatum ins Unternehmen, dein Geburtsdatum, den Namen deiner Krankenversicherung oder deine Steuerklasse.

2. Urlaub: Hier siehst du deinen aktuellen Stand des Urlaubsanspruchs, beispielsweise wie viel Urlaubsanspruch du hast und wie viel Resturlaub dir noch zusteht.

3. Anschrift: Hier stehen dein Name und deine Adresse sowie die deines Arbeitgebers.

4. Bruttobezug: Hier findest du deine Lohnart und dein monatliches Bruttogehalt. Bei Ersterem wird beispielsweise zwischen Lohn und Gehalt unterschieden: Während das Gehalt eine feste monatliche Summe ist, wird der Arbeitnehmer beim Lohn nach erbrachten Arbeitsstunden bezahlt. Abhängig von deinem Arbeitsvertrag kommen noch weitere Rechengrößen hinzu wie vermögenswirksame Leistungen (Arbeitgeberanteil), Urlaubs- oder Weihnachtsgeld, Sachbezüge (wie ein Firmenwagen), Abfindungen oder Bonuszahlungen.

5. Steuerliche und sozialversicherungsrechtliche Abzüge: Hier siehst du, wie viele Steuern und Sozialversicherungsabgaben von deinem Bruttolohn abgezogen werden. Du siehst genau, wie viel du zum Beispiel an Lohnsteuer, Kirchensteuer oder Krankenversicherung zahlst.

6. Nettoentgelt: Dein Nettogehalt ist der Betrag, der vom Bruttogehalt nach Abzug der gesetzlichen Abzüge übrigbleibt. Dieser ist nicht immer identisch mit dem Auszahlungsbetrag.

7. Nettobezüge/Nettoabzüge: Hier werden Zuschüsse vom Arbeitgeber und Abzüge aufgeführt, die den Auszahlungsbetrag mindern oder erhöhen.

8. Auszahlungsbetrag: Dieser Betrag landet tatsächlich jeden Monat auf deinem Konto.

9. Abgelaufene Jahreswerte: In dieser Auflistung siehst du die im laufenden Abrechnungsjahr bereits angefallenen Bruttowerte und Beträge der gesetzlichen Abzüge.

10. Bankverbindung: Unten ist die Bankverbindung aufgelistet, auf die dein Gehalt ausgezahlt wird.

11. Erläuterungen: Am Ende deiner Abrechnung findest du Erläuterungen zu den Abkürzungen und weitere Hinweise.

JETZT ABHAKEN

- ☑ Du weißt, was ein realistisches Einstiegsgehalt ist, und hast dich über Branchen, Unternehmensgrößen und regionale Unterschiede informiert.
- ☑ Du kennst deinen Marktwert und weißt, wie du dein Einstiegsgehalt erfolgreich verhandeln kannst.
- ☑ Du kennst die wichtigsten Corporate Benefits, wie Jobtickets, Weiterbildungsangebote und vermögenswirksame Leistungen, und weißt, wie du von ihnen profitieren kannst.
- ☑ Du weißt, wie der Ankereffekt bei Gehaltsverhandlungen funktioniert und wie du ihn für dich nutzen kannst.
- ☑ Du verstehst den Unterschied zwischen Brutto- und Nettogehalt und wie dein Nettogehalt durch Abzüge beeinflusst wird.
- ☑ Du verstehst, wie deine Gehaltsabrechnung aufgebaut ist und welche Abzüge du von deinem Bruttogehalt erwarten kannst.
- ☑ Du weißt, wie wichtig es ist, deine Gehaltsabrechnung auf Richtigkeit zu überprüfen, denn auch hier können Fehler passieren.
  - Sind dein Name, deine Adresse und deine Steuer-ID korrekt?
  - Stimmt die angegebene Krankenkasse, deine Konfession, die Freibeträge und ist dein Eintrittsdatum korrekt?
  - Ist dir die richtige Lohnsteuerklasse zugeordnet worden?
  - Falls du nach Stunden bezahlt wirst: Stimmen die in deiner Abrechnung angegebenen Arbeitsstunden mit den tatsächlich geleisteten überein?

- Sind die Angaben zum Urlaub korrekt?
- Stimmen die prozentualen Abzüge für die einzelnen Sozialversicherungen?
- Sind eventuelle vermögenswirksame Leistungen entsprechend berücksichtigt?
- Zu guter Letzt, was dir aber sicherlich direkt auffällt, wenn kein Gehalt auf deinem Konto landet: Stimmt deine Bankverbindung?

Deine (erste) Steuererklärung

Irgendwann erwischt es fast jeden: Die erste Steuererklärung steht an. Doch seien wir ehrlich – die wenigsten haben darauf wirklich Lust. Der Gedanke an Papierkram, komplizierte Formulare und die Unsicherheit, wie man das Thema überhaupt richtig angeht, schreckt viele ab. Kein Wunder bei Begriffen wie Werbungskosten, Pauschbeträge oder haushaltsnahe Aufwendungen. Aber keine Sorge, es ist wirklich nicht so schwer, wie es auf den ersten Blick scheint. Ich zeige dir in diesem Kapitel, worauf du achten musst, welche Tipps und Tricks dir helfen können und was du sonst noch alles rund um deine erste Steuererklärung wissen solltest.

Grundsätzlich ist es sinnvoll, dass du dich mit deiner Steuererklärung auseinandersetzt. Ein gewisses Grundwissen hilft dir dabei, deine erste Steuererklärung erfolgreich vorzubereiten und eigenständig abzugeben. Dafür musst du kein Experte sein. So wie du auch beim Investieren in ETFs kein Investmentbanker sein musst. Bevor wir uns in die Details stürzen, ein kurzer Hinweis: Die folgenden Tipps und Tricks basieren auf bestem Wissen und Gewissen und wurden in Zusammenarbeit mit einer Steuerkanzlei verfasst. Vielen Dank an dieser Stelle insbesondere an Justin. Dennoch erhebe ich keinen Anspruch auf Vollständigkeit. Mir ist auch wichtig zu betonen, dass jede Steuererklärung eine Einzelfallbetrachtung ist, daher lassen sich nicht alle Informationen auf jeden Fall übertragen. Wenn du dir unsicher bist, solltest du weiter recherchieren und Informationsquellen nutzen, die tiefer in die Thematik einsteigen. Alternativ kannst du den Lohnsteuerhilfeverein in deiner Nähe aufsuchen oder dir Hilfe bei einer Steuerkanzlei holen.

Was steht da eigentlich?

Die Steuererklärung ist im Grunde genommen eine Abrechnung, in der du dem Finanzamt mitteilst, wie viel Geld du im vergangenen Jahr verdient hast und welche Ausgaben du hattest. Bestimmte Ausgaben können deine Steuerlast mindern und zu einer Rückerstattung führen. Für viele ist die Steuererklärung deshalb eine Gelegenheit, sich einen Teil der gezahlten Steuern zurückzuholen.

Wie du bereits im vorangegangenen Kapitel gelernt hast, wird jeder Arbeitnehmer in eine der sechs Steuerklassen eingeordnet. Diese beeinflusst die Höhe der Lohnsteuer, die an das Finanzamt über deinen Arbeitgeber abgeführt wird. Sie ist im Prinzip eine Form der Einkommensteuer. Damit du nicht am Ende des Jahres einen großen Betrag auf einmal zahlen musst, führt der Arbeitgeber jeden Monat eine Lohnsteuer ab. Diese angeführte Lohnsteuer kann von der tatsächlichen Steuerschuld abweichen. Das heißt: Was zum Beispiel auf deiner Gehaltsabrechnung steht, ist nur ein Ausgangswert. An dieser Stelle setzt die Steuererklärung an. Diese ermittelt die tatsächliche Steuerschuld exakt, da du beispielsweise deine Sonderausgaben und Werbungskosten noch angeben kannst. Erst das, was am Ende übrigbleibt, unterliegt der Einkommensteuer, das sogenannte **zu versteuernde Einkommen.**

Die durchschnittliche Erstattung beträgt in Deutschland 1 063 Euro.[5] Dabei solltest du beachten, dass eine Erstattung nur infrage kommt, wenn du bereits Steuern gezahlt hast. Als Angestellter wird die Lohnsteuer für dich vom Arbeitgeber automatisch an das Finanzamt abgeführt. In einigen Fällen müssen Vorauszahlungen getätigt werden. Diese Steuer kannst du dir unter Umständen wiederholen. Wenn du allerdings nur einen Minijob hast, zahlst du keine Steuern und kannst dementsprechend auch keine Erstattung bekommen. Du kannst deine Steuererklärung auch ausfüllen und die sich daraus ergebende Berechnung durchsehen. So hast du eine klare Aussage, ob sich eine zukünftige Abgabe für dich lohnt oder nicht. Solange du nicht zur Abgabe verpflichtet bist, kannst du dann für dich entscheiden, ob du sie abgibst oder nicht. In folgenden Situationen könnte sich die Abgabe der Steuererklärung lohnen:

- Führst du über dein Arbeitsverhältnis Lohnsteuer ab, bleibst jedoch insgesamt unter dem Grundfreibetrag, bekommst du die abgeführte Lohnsteuer erstattet. In diesem Fall ist die Erstellung der Steuererklärung auch ziemlich einfach.
- Hast du Sonderausgaben wie Spenden oder Handwerkerleistungen gezahlt, kannst du diese steuermindernd angeben. Auch wenn du hohe Ausgaben im Rahmen deines Arbeitsverhältnisses hast, wie hohe Fahrtkosten, einen neuen Laptop für die Arbeit oder die Gebühren für ein Masterstudium, kann sich daraus eine Erstattung ergeben.

Jetzt fragst du dich sicherlich, wie es mit den Fristen für die Abgabe aussieht. Im Prinzip ist es so: Wenn du deine Steuererklärung zum ersten Mal abgibst, kannst du diese bis zu vier Jahre nachträglich einreichen. Als Beispiel: Deine Steuererklärung für das Jahr 2023 kannst du dann bis zum 31. Dezember 2027 abgeben. (Dies gilt jedoch nur, wenn du sie freiwillig machen kannst.) Generell muss die Steuererklärung unter der Annahme, dass du sie selbst erstellst, bis zum 31. Juli des jeweiligen Folgejahres eingereicht werden. Das bedeutet, die Frist für die Abgabe der Steuererklärung für 2025 ist der 31. Juli 2026. Bitte beachte dabei, dass es unterschiedliche Fristen für die Abgabe über einen Steuerberater (da gibt es mehr Zeit) und ohne Steuerberater gibt.

Eine Fristverlängerung ist eigentlich nicht vorgesehen, allerdings kannst du sie beim Finanzamt für Sonderfälle beantragen. Das erfordert keine bestimmte Form und keinen vorgegebenen Ausfüllbogen, sondern einfach eine E-Mail. Im Internet gibt es dafür Musteranschreiben. Beachte, dass das Finanzamt nach eigenem Ermessen entscheiden kann und du eine überzeugende Begründung brauchst, warum du die Frist nicht einhalten kannst, beispielsweise wegen eines unvorhergesehenen Krankenhausaufenthalts. Es hilft bei der Fristeinhaltung, wenn du bereits im Laufe des Jahres deine Unterlagen vorbereitest und an einem Ort sortiert sammelst. Welche Unterlagen das genau sein können, erfährst du im nächsten Abschnitt *Hol dir, was dir zusteht*.

Es gibt einen Trugschluss, der immer wieder zu Verwirrung führt: Hast du deine Steuererklärung freiwillig abgegeben, musst du im Folgejahr nicht zwingend wieder eine abgeben. Das kannst du grundsätzlich selbst entscheiden. Hast du also einmal freiwillig eine Steuererklärung abgegeben, bist du danach nicht jedes Jahr dazu verpflichtet. Allerdings gibt es Personen, die es müssen: beispielsweise Personen mit Vermietungseinkünften oder Einkünften aus einer Gewinneinkunftsart, wie Einkünfte aus Gewerbebetrieben, selbstständiger Arbeit sowie Land- und Forstwirtschaft. Da bei diesen Einkünften keine Lohnsteuer abgeführt wird und das Finanzamt somit deine genauen Einkünfte nicht kennen kann, muss in solchen Fällen am Ende des Jahres angegeben werden, wie viel verdient wurde. Das geschieht über die Steuererklärung. Wenn du beispielsweise als Einzelunternehmer einen Autohandel führst oder als selbstständiger Autor tätig bist, musst du eine Einkommensteuererklärung abgeben. Das gilt allerdings nur, wenn der Gewinn aus diesen Einkünften in dem Jahr mehr als 410 Euro beträgt (Stand: 2024). Du bist ebenfalls dazu verpflichtet, eine Steuererklärung abzugeben, wenn du:

- zwei oder mehr Arbeitgeber gleichzeitig hast,
- Lebenspartnerschaften mit Steuerklassen 3/5 oder 4/4 mit Faktor hast,
- Lohnersatzleistungen (zum Beispiel Eltern-, Kranken-, Kurzarbeitergeld) von mehr als 410 Euro erhältst.

Als Tipp: Du kannst einen Test mit Fragen bei verschiedenen Onlineanbietern machen, der dir anschließend verrät, ob du verpflichtet bist oder nicht.

Hol dir, was dir zusteht

Gewisse Kosten lassen sich in deiner Steuererklärung angeben, sodass deine Steuerlast gemindert wird: Du setzt die Kosten von der Steuer ab. Bevor wir jetzt aber in die Thematik einsteigen und ich dir zeige, wie du dir holst, was dir zusteht, möchte ich kurz auf den Unterschied zwischen »abschreiben« und »absetzen« eingehen. Diese Wörter werden oft fälschlicherweise synonym verwendet, es gibt jedoch einen entscheidenden Unterschied.

Kosten in der Steuererklärung abzuschreiben, bedeutet, dass Kosten über einen längeren Zeitraum verteilt steuerlich geltend gemacht werden. Typischerweise handelt es sich hierbei um Anschaffungs- oder Herstellungskosten von Vermögenswerten mit langfristiger Nutzung, wie Immobilien oder Maschinen. Diese Kosten werden nicht sofort in voller Höhe angesetzt, sondern über die sogenannte Nutzungsdauer des Gegenstands verteilt. Erinnere dich an das Kapitel *Die (erste) Wohnung*. Der Kaufpreis einer Immobilie kann nicht sofort in voller Höhe angesetzt werden, und für Immobilien bedeutet das in der Regel eine Abschreibungsdauer von 50 Jahren mit einem Abschreibungssatz von 2 Prozent jährlich. Du kannst also jedes Jahr nur einen Teil der Kosten abschreiben, bis die gesamte Anschaffungssumme über den Zeitraum abgeschrieben wurde.

Im Gegensatz dazu steht das Absetzen von Ausgaben in der Steuererklärung, die in voller Höhe im Jahr ihrer Entstehung steuerlich geltend gemacht werden können. Hierunter fallen laufende Kosten ohne bleibenden Wert, wie Reparaturen, Instandhaltungskosten oder Verwaltungsausgaben. Diese kannst du sofort in dem Jahr absetzen, in dem sie angefallen sind, und sie mindern direkt dein zu versteuerndes Einkommen.

Es ist auch ein häufiger Irrglaube, dass beides automatisch eine Erstattung der vollen Kosten bedeuten würde. Tatsächlich mindern sowohl Abschreibungen als auch Absetzungen nur das zu versteuernde Einkommen, das die Bemessungsgrundlage für die Steuerberechnung bildet. Du zahlst also weniger Steuern, aber der abgesetzte oder abgeschriebene Betrag wird nicht eins zu eins von der Steuer abgezogen.

Aber natürlich kannst du nicht einfach alle deine Ausgaben in deiner Steuererklärung angeben. Es wird zwischen den folgenden Kostenarten unterschieden:

- Werbungskosten,

- Sonderausgaben,
- Haushaltsnahe Aufwendungen,
- Außergewöhnliche Belastungen.

Wir gehen nun eine Kostenart nach der anderen mit Beispielen durch, damit du dir etwas unter diesen Begriffen vorstellen kannst. Bedenke, dass ich hier allgemeine Beschreibungen mit Beispielen anführe. Gegebenenfalls ist eine einzelfallbezogene Bewertung notwendig, um entscheiden zu können, ob etwas ansetzbar ist oder nicht.

Werbungskosten stehen im Zusammenhang mit deiner Erwerbstätigkeit. Bist du beispielsweise ein angestellter Vertriebsleiter, sind alle Kosten, die du aufwendest, um den Beruf zu erlangen, ihn beizubehalten und auszuführen, ansetzbar. Es muss ein unmittelbarer Zusammenhang zum Beruf stehen. Das können sein: Arbeitsmittel wie ein Laptop, Headset oder Handy, Fahrtkosten, Homeoffice-Pauschale oder Beiträge für Gewerkschaften. Dabei solltest du beachten, dass es für die Anlage N (bei Nichtselbständiger Arbeit) einen Pauschbetrag von 1230 Euro (Stand: 2024) gibt. Das heißt, dass sich ein Ansatz von Kosten nicht lohnt, solange du darunter bleibst, weil er eh abgezogen wird. Das soll den Verwaltungsaufwand reduzieren. Du musst bei geringeren Beträgen keine Belege sammeln und das Finanzamt muss auch nichts prüfen.

Sonderausgaben sind bestimmte Ausgaben, die du von deinem zu versteuernden Einkommen abziehen kannst, weil der Staat dich in einigen Bereichen unterstützen will. Beispiele für Sonderausgaben sind Spenden, Kirchensteuer oder die Kosten für deine Altersvorsorge. Wenn du also zum Beispiel eine private Rentenversicherung hast oder an gemeinnützige Organisationen spendest, kannst du diese Ausgaben in deiner Steuererklärung angeben. Das kann deine Steuerlast reduzieren.

Haushaltsnahe Aufwendungen sind Kosten für Dienstleistungen, die direkt bei dir zu Hause erledigt werden. Das kann der Handwerker sein, der deine Heizung repariert, oder die Reinigungskraft, die dir im Haushalt hilft. Der Staat gibt dir einen Teil dieser Kosten zurück, weil du Arbeitsplätze förderst und legal abrechnest.

Außergewöhnliche Belastungen sind Ausgaben, die dir unverschuldet entstehen und die nicht jeder hat – deswegen außergewöhnlich. Dazu zählen zum Beispiel bestimmte Krankheitskosten und Pflegekosten. Wenn du für so etwas aufkommen musst, belasten diese Ausgaben dein finanzielles Leben außergewöhnlich stark. Beispielsweise kannst du Medikamente, für die du ein Rezept vom Arzt erhalten hast und deren Kosten nicht von der Krankenkasse übernommen werden, ansetzen. Das gilt auch für Brillen, Arztkosten, notwendige Operationen und Ähnliches. Es gibt Behindertenpauschbeträge, deren Höhe abhängig vom Behinderungsgrad sind. Allerdings musst du bei den außergewöhnlichen Belastungen beachten, dass es eine zumutbare Belastung gibt. Diese ist abhängig von der Höhe deiner Einkünfte. Also: Je mehr du verdienst, desto mehr wird dir zugemutet, selbst stemmen zu können.

Wir halten fest: Deine Steuererklärung stellt deine steuerpflichtigen Einkünfte sowie deine dazugehörigen Kosten gegenüber, um eine Steuerlast zu ermitteln. Mögliche ansetzbare Ausgaben sind wir gerade durchgegangen. Nun musst du im Laufe des Jahres die entsprechenden Unterlagen sammeln, um die Angaben überhaupt machen und belegen zu können. Für deine **Einkünfte aus deiner Angestelltentätigkeit** benötigst du beispielsweise deine Lohnsteuerbescheinigungen. Dabei ist der Abruf deiner Lohndaten vom Finanzamt möglich, sodass du in deiner Steuererklärung die Einnahmen nicht extra eintragen musst. Dazu gleich mehr.

Hast du **Vermietungseinkünfte**, musst du deine Mietverträge vorliegen haben und alle damit im Zusammenhang stehenden Ausgaben sammeln, beispielsweise für Handwerker, Steuerberatungskosten, Zinsen oder Anschaffungskosten für die Abschreibung. Für Einkünfte aus Kapitalvermögen, wie Zinserträge, Dividenden oder Aktienveräußerungen, stellt dir deine Bank einmal im Jahr eine entsprechende Jahressteuerbescheinigung zur Verfügung. Diese enthält eine Auflistung zu den ausgeschütteten Kapitalerträgen, Verkaufsgewinnen oder Vorabpauschalen. Die nachfolgende Abbildung zeigt eine beispielhafte Jahressteuerbescheinigung.

Wie du siehst, steht bei jeder Position der Bescheinigung, in welche Zeile der Anlage KAP in der Einkommensteuererklärung die Zahlen einzutragen sind. Also ist das gar nicht so schwer!

Steuerbescheinigung

☒ Bescheinigung für alle Privatkonten und / oder -depots

Für

werden

☒ für das Kalenderjahr 2023 folgende Angaben bescheinigt:

Höhe der Kapitalerträge Zeile 7 Anlage KAP nach Berücksichtigung der teilweisen Steuerfreistellung im Sinne des § 20 Abs. 1 Nr. 6 Satz 9 EStG (ohne Kapitalerträge aus Lebensversicherungen im Sinne des § 20 Abs. 1 Nr. 6 Satz 2 EStG)	0,00
davon: Gewinn aus Aktienveräußerungen im Sinne des § 20 Abs. 2 Satz 1 Nr. 1 EStG Zeile 8 Anlage KAP	0,00
davon: Einkünfte aus Stillhalterprämien im Sinne des §20 Abs. 1 Nr. 11 EStG und Gewinne aus Termingeschäften im Sinne des §20 Abs 2 Satz 1 Nr. 3 EStG Zeile 9 Anlage KAP	0,00
davon: Gewinne aus der Veräußerung bestandsgeschützter Alt-Anteile im Sinne des § 56 Abs. 6 Satz 1 Nr. 2 InvStG[1] (nach Teilfreistellung) Zeile 10 Anlage KAP [1] Die ausgewiesenen Gewinne sind nach § 56 Abs. 6 Satz 1 Nr. 2 InvStG steuerfrei, soweit die insgesamt ab dem 1. Januar 2018 eingetretenen und durch Veräußerung realisierten Wertveränderungen den persönlichen Freibetrag von 100.000 EUR nicht übersteigen. Die Steuerfreiheit kann nur im Rahmen der Einkommensteuerveranlagung geltend gemacht werden.	0,00
Ersatzbemessungsgrundlage im Sinne des § 43a Abs. 2 Satz 7, 10, 13 und 14 EStG nach Teilfreistellung und im Sinne des § 56 Abs. 3 Satz 4 InvStG Enthalten in den bescheinigten Kapitalerträgen Zeile 11 Anlage KAP	0,00
Höhe des nicht ausgeglichenen Verlustes **ohne** Verlust aus der Veräußerung von Aktien Zeile 12 Anlage KAP	
Höhe des nicht ausgeglichenen Verlustes aus der Veräußerung von Aktien im Sinne des § 20 Abs. 2 Satz 1 Nr. 1 EStG Zeile 13 Anlage KAP	
Höhe des Verlustes im Sinne des § 20 Abs. 6 Satz 5 EStG Zeile 14 Anlage KAP	
Höhe des Verlustes im Sinne des § 20 Abs. 6 Satz 6 EStG Zeile 15 Anlage KAP	
Höhe des in Anspruch genommenen Sparer-Pauschbetrages Zeile 16 oder 17 Anlage KAP	0,00

Steuerbescheinigung Beispiel

Im Rahmen der Kapitaleinkünfte sind die Kryptowährungen nicht zu vergessen. Wenn du welche besitzt und handelst, sind Einkünfte hieraus unter Umständen anzugeben. Auch hier stellen viele Anbieter am Ende des Jahres eine Übersicht über die Gewinne zur Verfügung. Diese sind in der Steuererklärung anzugeben. Gegebenenfalls sind Gewinne aus Veräußerungen von Kryptowährungen steuerfrei, wenn zwischen Einkaufszeitpunkt und Verkaufszeitpunkt mehr als ein Jahr vergangen ist (Stand: 2024).

Die Ausgaben, die sich steuerlich auswirken können, wie Spenden, Handwerkerleistungen, Medikamente sowie Werbungskosten, haben wir bereits behandelt. Sofern die Belege in Papierform vorliegen, solltest du diese bereits laufend im Jahr in einem Ordner oder in einer

Mappe sortiert ablegen. Wenn du die Rechnungen in digitaler Form bekommst, solltest du auf deinem Laptop oder PC einen Ordner für die Steuererklärung anlegen. Je mehr Belege du hast, desto geordneter sollten diese abgelegt werden. Dabei kannst du zum Beispiel nach Jahr sortieren und gegebenenfalls zusätzlich nach den einzelnen Kategorien wie Werbungskosten, Haushaltsnahe Dienstleistungen und so weiter. Du wirst froh sein, wenn du im Folgejahr an deiner Steuererklärung sitzt und alles optimal vorbereitet ist. Denn im Nachhinein alles rauszusuchen, ist ärgerlich und macht definitiv keinen Spaß!

So viel zur Theorie, jetzt geht's ans Eingemachte. Sicherlich möchtest du nun erfahren, wie man eine Steuererklärung überhaupt erstellt. Grundsätzlich stellt dir die Finanzverwaltung das Tool Elster für die digitale Einkommensteuererklärung zur Verfügung. Elster ist kostenfrei. Dort kannst du dir einen Account erstellen. Momentan werden verschiedene Möglichkeiten zur Anmeldung angeboten: Der Login über die App ElsterSecure, bei der du einen QR-Code mit deinem Smartphone einscannen musst, funktioniert super und ist praktisch.

Mein Tipp für alle angestellten Arbeitnehmer: Du kannst unter »Formulare & Leistungen« deine »Bescheinigungen verwalten« und den Abruf deiner Lohnsteuerdaten einstellen. Damit ist der Abruf der vom Arbeitgeber übermittelten Daten automatisch eingetragen. Das erspart dir eine Menge Zeit, da dein Lohn, deine abgeführten Steuern, deine abgeführten Sozialabgaben und gegebenenfalls Kirchensteuern automatisch eingetragen werden.

Wenn du nun mit der Bearbeitung deines Formulars für die Steuererklärung beginnst, wählst du unter »Formulare & Leistungen« in der Einkommensteuer in der Regel die »unbeschränkte Steuerpflicht« aus, da dein Wohnsitz höchstwahrscheinlich in Deutschland liegt. Hier musst du jetzt die für dich relevanten Formulare ausfüllen. Am besten schaust du dich einmal in dem Programm um. In der Regel sind der Hauptvordruck, die Anlage N (Nichtselbständige Arbeit), Anlage KAP (Kapitaleinkünfte, wenn du investierst), Sonderausgaben und der Vorsorgeaufwand auszufüllen. Der Vorsorgeaufwand erfasst insbesondere deine Beiträge zu Versicherungen. Als angestellter Arbeitnehmer werden diese Daten durch den Abruf der Lohnsteuerdaten automatisch eingetragen. In der Regel ist damit der höchstmögliche Betrag ausgeschöpft. Je nach deiner eigenen Situation können dann auch die Anlage Kind, Anlage V (Vermietung), Anlage Haushaltsnahe Beschäftigungsverhältnisse, Dienstleistungen und Handwerkerleistungen, Anlage SO (Sonstige Einkünfte, wie Veräußerungen von Kryptowährungen) relevant sein. In den Anlagen steht jeweils, was unter diese Anlagen fällt. Dementsprechend ist es sinnvoll, dass du dich einmal durchklickst, um einen Überblick zu bekommen.

Ich würde dir empfehlen, auch immer wieder zu überprüfen, welche Auswirkungen deine Eingaben auf die Steuerlast haben. So erkennst du auch, ob sich der Ansatz der Kosten lohnt oder sich gar nicht mehr auswirkt. Das machst du bei Elster im blauen Reiter »Prüfen« oben links. Du kannst hier beliebig zwischen den Reitern hin- und herwechseln, ohne dass etwas passiert. Erst wenn du unter »Versenden« das Ganze abschließt, lässt sich vorerst nichts mehr ändern.

Falls du nicht mit Elster direkt arbeiten möchtest, kannst du dir die zahlreichen Anbieter wie WISO Steuern, Taxfix, smartsteuer, taxfix, Steuerbot und viele mehr anschauen, die dich bei der Erstellung der Steuererklärung unterstützen. Schau dich da gerne im Internet um. Wenn du bereit bist, das Geld auszugeben und nach einer einfachen und effektiven Lösung suchst, um eine Unterstützung bei der Erstellung der Steuererklärung zu erhalten, kannst du diese Angebote nutzen. Elster ist zwar kostenfrei, aber du musst dich selbst zurechtfinden. Die genannten Anbieter versuchen, dir dabei unter die Arme zu greifen und es möglichst simpel zu gestalten. Sofern du eine Erstattung bekommst, sollten deine Kosten natürlich mindestens gedeckt sein, damit sich die Abgabe lohnt. Das gilt nur, wenn du freiwillig abgibst.

Schließlich kannst du deine Steuererklärung von einem Steuerberater oder mithilfe eines Lohnsteuerhilfevereins erstellen lassen. Dabei entstehen für dich die höchsten Kosten. Du kannst allerdings alle Fragen mit deinem Steuerberater abstimmen und musst dich nach der Einreichung der Unterlagen um fast nichts mehr kümmern.

Ich würde dir raten, es mal allein mit Elster zu versuchen. Du hast nichts zu verlieren und Elster ist kostenlos. Je mehr Unterlagen und verschiedene Einkunftsarten und Ausgaben bei dir vorliegen, also mit zunehmender Komplexität, lohnt sich ein unterstützendes Programm oder sogar die Hilfe durch einen Lohnsteuerhilfeverein oder von einem Steuerberater.

JETZT ABHAKEN

- ☐ Du hast dir einen Überblick über deine steuerlich relevanten Ausgaben verschafft.
- ☐ Du hast alle Belege für Werbungskosten und Sonderausgaben gesammelt und sie sortiert in Papierform oder digital abgelegt.
- ☐ Du kennst die verschiedenen Kostenarten, die in der Steuererklärung relevant sind: Werbungskosten, Sonderausgaben, haushaltsnahe Aufwendungen, außergewöhnliche Belastungen.
- ☐ Du kennst den Unterschied zwischen Abschreibungen und sofort absetzbaren Kosten und weißt, welche Kosten du in deiner Steuererklärung ansetzen kannst.
- ☐ Du hast die aktuelle Frist für das aktuelle Jahr für die Abgabe der Steuererklärung im Blick.
- ☐ Du weißt, dass du bei der Abgabe über einen Steuerberater eine längere Frist hast.
- ☐ Du weißt, dass eine Fristverlängerung beim Finanzamt eigentlich nicht vorgesehen ist, aber in besonderen Fällen mit einer guten Begründung beantragt werden kann.
- ☐ Du weißt, dass du die Steuererklärung freiwillig bis zu vier Jahre rückwirkend abgeben kannst, sofern du nicht zur Abgabe verpflichtet bist.
- ☐ Du hast dir einen Account bei Elster erstellt, um deine Steuererklärung digital einzureichen, wenn du deine Steuererklärung selbst erledigen möchtest.
- ☐ Wenn du deine Steuererklärung nicht selbst erledigen möchtest, hast du dich zum Beispiel für eine Steuererklärungs-Software, einen Steuerberater oder einen Lohnsteuerhilfeverein entschieden.
- ☐ Du weißt, dass du bei freiwilliger Abgabe nicht verpflichtet bist, im nächsten Jahr wieder eine Steuererklärung abzugeben, wenn du einmal eine abgegeben hast.

Sicher, sicherer, Versicherung

Das Leben ist voller Risiken – und deshalb gibt es heutzutage vermeintlichen Schutz für alle Lebenslagen. Eine Krebs-Versicherung, eine Hochzeit-Rücktrittsversicherung oder eine Handyversicherung: Es gibt kaum etwas, das sich nicht irgendwie versichern lässt. Aber mal ehrlich, ist das alles notwendig?

Eine Versicherung sichert ein finanzielles Risiko ab, welches du entweder nicht selbst tragen kannst oder möchtest. Als Gegenleistung zahlst du einen gewissen Beitrag an die Versicherung. Allerdings ergibt nicht jede Versicherung wirklich Sinn. Welche sind unverzichtbar? Und wo kannst du getrost darauf verzichten? Das erfährst du in diesem Kapitel.

Risiken klug absichern

Für fast jedes Risiko gibt es eine passende Versicherung. Aber macht es wirklich Sinn, sich gegen alles abzusichern? Wohl kaum. Viel wichtiger ist, Risiken klug abzusichern und gezielt zu entscheiden, welche Versicherungen wirklich notwendig sind – und auf welche du verzichten kannst. Denn nur weil etwas versicherbar ist, heißt das nicht, dass es sinnvoll ist. Eine Versicherung macht immer dann Sinn, wenn du dich vor einem Risiko schützt, dessen finanzielle Folgen du nicht selbst tragen kannst – oder möchtest. Wenn du jetzt allerdings googelst: »Welche Versicherungen brauche ich wirklich?«, wirst du merken, dass nicht immer dieselben genannt werden. Was für den einen wichtig ist, kann für jemand anderen unnötig sein. Die Entscheidung, welche Versicherung für dich sinnvoll ist, hängt stark von deiner individuellen Lebenssituation, deinen finanziellen Möglichkeiten und deinem persönlichen Risikobewusstsein ab. Trotzdem gibt es einige Grundfragen, die dir bei der Entscheidungsfindung helfen können:

1. **Kann ich das versicherte Risiko selbst tragen?** Hier geht es darum, ob du im Ernstfall die finanziellen Folgen eines Schadens selbst stemmen könntest. Wenn es sich um einen größeren Schaden handelt, wie einen Haftpflichtschaden, bei dem du für Verletzungen

oder Sachschäden an Dritten verantwortlich gemacht wirst, können die Kosten enorm sein. In solchen Fällen solltest du eine Versicherung in Betracht ziehen, da es deine finanziellen Möglichkeiten übersteigen könnte. Wenn der mögliche Schaden jedoch überschaubar ist, wie zum Beispiel bei einer Handyversicherung, kannst du das Risiko oft selbst mithilfe eines Notgroschens tragen.

2. **Möchte ich das versicherte Risiko selbst tragen?** Selbst wenn du die finanziellen Folgen eines Schadens tragen könntest, bleibt die Frage, ob du das *möchtest*. Bei kleineren Risiken wie einem kaputten Elektrogerät könntest du dich entscheiden, die Reparatur oder den Ersatz selbst zu zahlen. Doch was ist mit einem langfristigen Einkommensausfall aufgrund einer Krankheit oder eines Unfalls? Solche Risiken könnten dein Leben nachhaltig beeinträchtigen. Hier ergibt der Abschluss einer Versicherung oft mehr Sinn, um die finanzielle Belastung abzugeben.

Da jeder Mensch unterschiedliche Lebenssituationen und finanzielle Spielräume hat, werden auch die Empfehlungen für sinnvolle Versicherungen variieren. Diese zwei Fragen helfen dir bei der Entscheidungsfindung.

JETZT BIST DU DRAN

Brauchst du die Versicherung wirklich? So findest du es heraus, denn mit diesen Fragen kannst du gezielt entscheiden, welche Versicherungen für dich sinnvoll sein können:

1. *Kannst* du das finanzielle Risiko, das die Versicherung abdecken würde, selbst tragen?
   - Ja. → Gehe zu 2.
   - Nein. → Eine Versicherung ist wahrscheinlich sinnvoll.
2. *Möchtest* du das finanzielle Risiko selbst tragen?
   - Ja. → Eine Versicherung ist wahrscheinlich nicht notwendig.
   - Nein. → Eine Versicherung ist wahrscheinlich sinnvoll.

Jetzt werfen wir einen Blick auf zwei Versicherungen, die sich für die meisten Menschen als sinnvoll herausstellen:

Die private Haftpflichtversicherung – ein absolutes Muss, wenn auch keine gesetzliche Pflicht – ist wahrscheinlich eine der wichtigsten Versicherungen, die du abschließen solltest. Sie schützt dich, wenn du einem Dritten Schaden zufügst – sei es ein Sachschaden oder, noch schlimmer, ein Personenschaden. Die finanziellen Folgen solcher Schäden können schnell in die Höhe gehen, und ohne Versicherung müsstest du im schlimmsten Fall ein Leben lang für die Kosten aufkommen. Eine private Haftpflichtversicherung deckt solche Risiken ab und kostet in der Regel nur wenige Euro im Monat. Sie ist ein absolutes Muss, da sie ein existenzbedrohendes Risiko abdeckt. Achte auf folgende Bausteine in deiner Haftpflicht-Police:

- *Versicherungssumme:* Wähle eine möglichst hohe Versicherungssumme. Nach dem Gesetz haftest du für alle Schäden, die du jemand anderem schuldhaft zugefügt hast – und zwar in unbegrenzter Höhe. Daher sollte auch die Deckung deines Vertrages sehr hoch sein, denn den Rest musst du sonst aus deinem Privatvermögen zahlen.
- *Forderungsausfalldeckung:* Sie funktioniert wie eine umgekehrte Haftpflichtversicherung. Du bekommst eine Entschädigung, wenn du von einer anderen Person geschädigt wirst, diese jedoch weder eine eigene Haftpflichtversicherung hat noch den Schaden aus dem Privatvermögen begleichen kann. In diesem Fall springt deine Versicherung ein.
- *Deliktunfähige Kinder:* Kinder unter 7 Jahren (beziehungsweise im Straßenverkehr unter 10 Jahren) gelten als deliktunfähig. Das heißt, sie haften nicht für von ihnen verursachte Schäden. Eltern haften in solchen Fällen nur, wenn sie ihre Aufsichtspflicht verletzen. Ist das nicht der Fall, bleibt der Schaden unersetzt – was besonders unangenehm ist, wenn es sich um Schäden bei Freunden oder Bekannten handelt. Mit der Deckung für deliktunfähige Kinder übernimmt die Versicherung die Kosten auch in diesen Fällen.

Die Berufsunfähigkeitsversicherung – dein Schutz vor einem Einkommensausfall! Was ist dein wertvollster Besitz? Dein Auto, dein Haus oder vielleicht ein besonderes Schmuckstück? Falsch – es ist deine Arbeitskraft. Sie ist das, was dir ermöglicht, deinen Lebensstandard zu halten, Rechnungen zu bezahlen und für die Zukunft vorzusorgen. Doch was passiert, wenn du diese Arbeitskraft plötzlich verlierst?

Die Berufsunfähigkeitsversicherung (kurz: BU) ist besonders wichtig für alle, die auf ihr Einkommen angewiesen sind – also praktisch alle. Wenn du aufgrund von Krankheit oder eines Unfalls deinen Beruf nicht mehr ausüben kannst, fällt dein Einkommen weg. Viele Menschen glauben fälschlicherweise, dass dann der Staat einspringe. Doch das ist leider ein gefährlicher Irrtum. Die gesetzliche Erwerbsminderungsrente greift nur dann, wenn du wirklich *gar keinen* Job mehr ausüben kannst statt nur nicht deinen aktuellen Beruf. Das bedeutet, selbst wenn du beispielsweise als Handwerker aufgrund eines Unfalls nicht mehr arbeiten kannst, aber theoretisch noch in einem Bürojob tätig sein könntest, entfällt dieser Rentenanspruch. Zudem ist die Höhe der Erwerbsminderungsrente meist viel zu gering, um deinen bisherigen Lebensstandard zu sichern – sie reicht oft nur für die Grundsicherung. Hier kommt die private Berufsunfähigkeitsversicherung ins Spiel. Die BU zahlt dir eine monatliche Rente, wenn du zu mindestens 50 Prozent deinen Beruf für voraussichtlich mindestens 6 Monate nicht mehr ausüben kannst (dies ist die übliche Definition von Berufsunfähigkeit in den Versicherungsbedingungen). Hierbei zählt dein aktueller Beruf – das bedeutet, wenn du beispielsweise als Ingenieur nicht mehr arbeiten kannst, aber theoretisch noch einen anderen Beruf ausüben könntest, bist du trotzdem abgesichert. Vielleicht denkst du: »Ich arbeite im Büro, mir kann ja nichts passieren.« Doch auch vermeintlich ungefährliche Büroarbeit schützt nicht vor einer Berufsunfähigkeit. Tatsächlich sind Menschen, die im Büro arbeiten, eine der am meisten gefährdeten Gruppen: Burn-out, Depressionen und andere psychische Erkrankungen gehören zu den häufigsten Gründen für die Berufsunfähigkeit. Der Beitrag für eine BU kann im Vergleich zu anderen Versicherungen relativ hoch sein, doch dieser Schutz ist so existenziell, dass du hier nicht sparen solltest. Je jünger und gesünder du bist, desto günstiger sind die Beiträge – deshalb ist es sinnvoll, die Versicherung möglichst früh abzuschließen. Mit zunehmendem Alter oder wenn bereits gesundheitliche Probleme aufgetreten sind, steigen die Beiträge deutlich an oder du wirst sogar abgelehnt.

Je nach deiner persönlichen Situation könntest du die folgenden Versicherungen brauchen:

Die Hausratversicherung – Schutz für deinen Besitz, denn dein Zuhause ist oft voller wertvoller Gegenstände: Möbel, Elektrogeräte, Kleidung und vieles mehr. Die Hausratversicherung schützt dein Hab und Gut vor Schäden durch Feuer, Leitungswasser, Einbruch oder Sturm. Sie ist besonders beim Besitz hochwertiger Elektronik, Möbel oder anderer teurer Gegenstände sinnvoll. Die Kosten, meist im niedrigen zweistelligen Bereich pro Monat, sind im Vergleich zu den potenziellen Schäden oft gering, und sie kann dir im Ernstfall eine erhebliche finanzielle Last abnehmen. Die Kosten hängen von verschiedenen Faktoren ab, wie der Größe deiner Wohnung, dem Wert deines Besitzes und der Lage deiner Immobilie.

Die Risikolebensversicherung – Schutz für deine Liebsten: Wenn du eine Familie hast, dann kann auch eine Risikolebensversicherung sinnvoll sein. Sie dient dazu, deine Angehörigen im Falle deines Todes vor finanziellen Engpässen zu bewahren. Besonders sinnvoll ist sie für Menschen, die finanzielle Verantwortung für andere tragen, wie etwa Familien mit Kindern oder Ehepartner, aber auch für Menschen, die Schulden, wie zum Beispiel eine Immobilienfinanzierung, absichern möchten. Wenn es in der Familie beispielsweise nur einen Hauptverdiener gibt und die Familie auf das Einkommen angewiesen ist, sichert die Risikolebensversicherung die Angehörigen ab, falls der Hauptverdiener unerwartet stirbt. Sie zahlt im Todesfall des Versicherten eine vorher festgelegte Kapitalsumme an die begünstigten Personen, zum Beispiel den Ehepartner, die Kinder oder andere Hinterbliebene. Diese Summe kann dann genutzt werden, um laufende Kosten zu decken, Kredite abzuzahlen oder den Lebensstandard der Familie zu sichern. Der große Vorteil dieser Versicherung ist, dass sie eine hohe Absicherung zu vergleichsweise geringen Beiträgen bietet.

Die Auslandsreisekrankenversicherung – Schutz auf Reisen: Eine Reise ins Ausland soll Freude und Entspannung bringen, doch was passiert, wenn du während deines Urlaubs oder Auslandsaufenthalts plötzlich krank wirst oder einen Unfall hast? Genau hier greift die Auslandsreisekrankenversicherung. Sie stellt sicher, dass du im Ausland nicht auf den Kosten für medizinische Behandlungen sitzen bleibst – denn deine gesetzliche Krankenversicherung deckt diese oft nur eingeschränkt oder gar nicht ab. Insbesondere in Ländern außerhalb Europas, wie den USA, Kanada oder Thailand, solltest du dich nicht nur auf die gesetzliche Krankenversicherung verlassen. In vielen Ländern außerhalb der EU gibt es oft nur eine Behandlung gegen Vorkasse, was bedeutet, dass du die Kosten für medizinische Leistungen zunächst selbst tragen musst. In Ländern mit hohen Behandlungskosten, wie den USA oder Kanada, kann das schnell zu erheblichen finanziellen Belastungen führen. Wenn du also oft oder vor allem lange verreist, solltest du eine Auslandskrankenreiseversicherung in Betracht ziehen.

Die Wohngebäudeversicherung – Schutz für deine Immobilie: Die Wohngebäudeversicherung schützt deine Immobilie vor Schäden durch Feuer, Sturm, Leitungswasser und andere unvorhersehbare Ereignisse. Sie übernimmt die Kosten für Reparaturen oder den Wiederaufbau des Gebäudes, falls es beschädigt oder zerstört wird, so stehst du daher nicht vor einem finanziellen Ruin.

Die Rechtsschutzversicherung – Schutz bei rechtlichen Konflikten: Gerichtsprozesse und Anwälte können schnell teuer werden, besonders Fälle mit langer Dauer oder durch mehrere Instanzen. Die Rechtsschutzversicherung schützt dich vor den hohen Kosten, die bei einem Rechtsstreit durch Anwälte, Gerichtskosten, Gutachter und eventuelle Schadensersatzzahlungen entstehen können. Die Versicherung deckt verschiedene Bereiche ab, wie Streitigkeiten im Verkehrsrecht, Arbeitsrecht, Mietrecht oder auch im Privatleben. In der Regel gibt es eine Wartezeit von drei Monaten, bevor die Rechtsschutzversicherung nach Abschluss auch greift, der Rechtsstreit sollte also nicht schon anstehen oder laufen.

Daneben gibt es Versicherungen, die du haben musst, weil sie gesetzlich vorgeschrieben sind. Dazu zählt einmal die **Krankenversicherung**. Alle, die in Deutschland wohnen, müssen krankenversichert sein. Das ist auch sinnvoll, denn die Kosten für eine medizinische Behandlung können schnell in die Höhe schießen.

Wenn du ein Kraftfahrzeug (Kfz), zum Beispiel ein Auto oder ein Motorrad besitzt, kommst du um die **Kfz-Haftpflichtversicherung** nicht herum. Diese ist in Deutschland verpflichtend, um dich vor den finanziellen Folgen eines selbst verursachten Unfalls zu schützen. Ohne diese Versicherung wird dein Fahrzeug gar nicht erst zugelassen. Optional ist eine Vollkasko- oder Teilkasko-Versicherung, die du zusätzlich abschließen kannst.

Eine **Hundehaftpflichtversicherung** schützt dich, wenn dein Hund einem Dritten einen Schaden zufügt – sei es Biss, Sachschaden oder verursachter Unfall. In Deutschland gibt es in einigen Bundesländern, wie Berlin, Hamburg oder Niedersachsen, eine gesetzliche Versicherungspflicht für alle Hundehalter. In allen anderen Bundesländern – mit Ausnahme Mecklenburg-Vorpommerns – gibt es eine Versicherungspflicht für bestimmte Hunderassen, oft als Listenhunde bezeichnet. Das bedeutet: Abhängig von deinem Wohnort und deiner Hunderasse kann die Hundehaftpflichtversicherung für dich Pflicht sein (zudem wird dir dein Vermieter rückmelden, ob er die Vorlage einer solchen Versicherung von dir verlangt).

Es gibt noch drei weitere Versicherungen, die zwar Pflicht sind, aber nur einen kleinen Teil der Bevölkerung betreffen:

- Wenn man in Deutschland eine Drohne besitzt und außerhalb der eigenen vier Wände fliegen lassen möchte, muss man eine **Drohnenhaftpflichtversicherung** abschließen. In einigen Fällen ist diese Absicherung bereits in einer privaten Haftpflichtversicherung enthalten, es lohnt sich also, bestehende Verträge zu prüfen.
- Wenn man in Deutschland auf die Jagd geht, benötigt man eine **Jagdhaftpflichtversicherung**. Diese ist gesetzlich vorgeschrieben und deckt sowohl Personen- als auch Sachschäden ab, die durch die Ausübung der Jagd entstehen können, durch Waffen, Hunde oder

andere jagdbezogene Aktivitäten. Ohne diese Versicherung erhältst du keine Jagderlaubnis.

- Bestimmte Berufsgruppen, wie zum Beispiel Versicherungsmakler, Steuerberater, Rechtsanwälte oder Wirtschaftsprüfer, sind gesetzlich zum Abschluss einer **Vermögensschadenhaftpflichtversicherung** verpflichtet. Diese schützt vor finanziellen Schäden durch Beratungsfehler oder berufliches Fehlverhalten. Sie ist gesetzlich vorgeschrieben, um sicherzustellen, dass Klienten im Falle eines Schadens ausreichend abgesichert sind.

Ein regelmäßiger Blick auf deine Versicherungen lohnt sich immer, du solltest dich fragen: Brauche ich die Versicherung wirklich? Oft schließt man Versicherungen ab und vergisst, sie später zu überprüfen. Doch Lebensumstände ändern sich – vielleicht brauchst du einige Versicherungen gar nicht mehr oder kannst mithilfe eines Onlinepreisvergleichs deutlich sparen. Versicherungen wie die private Haftpflicht oder die Kfz-Versicherung lassen sich problemlos im Internet abschließen, aber bei komplizierteren Themen wie der Rechtsschutz- oder Berufsunfähigkeitsversicherung kann ein Berater sinnvoll sein, um sie an deine persönlichen Bedürfnisse und Lebensumstände anzupassen.

Mein Tipp: Nimm dir regelmäßig Zeit, um deine Versicherungen zu checken und existenzbedrohende Risiken richtig zu versichern. Es fühlt sich gut an, zu wissen, dass du genau die richtige Absicherung hast, ohne unnötig viel zu zahlen.

Diese kannst du dir sparen

Bei kleinen, überschaubaren Risiken wie einem kaputten Handy oder einer defekten Waschmaschine brauchst du in der Regel keine teure Versicherung. Solche Kosten kannst du oft auch ohne gut selbst tragen, mit einem Notgroschen. Im Folgenden findest du drei Versicherungen, auf die du getrost verzichten kannst, um unnötige Kosten zu vermeiden:

- **Handyversicherung**: Sie klingt verlockend, denn ein kaputtes oder verlorenes Handy kann teuer werden. Doch oft sind diese Versicherungen mit hohen Kosten verbunden, haben viele Ausschlüsse und zahlen im Ernstfall nicht so viel wie erhofft, denn es werden häufig nur bestimmte Schadensarten abgedeckt oder es sind Selbstbeteiligungen enthalten. Auch Versicherungen für Fahrräder, Laptops oder Brillen lohnen sich in der Regel nur bei wirklich teuren Anschaffungen, wobei Fahrräder in der Regel über eine Hausratversicherung versichert sind.

- **Reisegepäckversicherung:** Auch diese Versicherung ist meist unnötig, da der Verlust deines Gepäcks keine existenzielle Bedrohung für dich darstellt. Wenn du dir Sorgen um den Verlust oder Schaden an deinem Gepäck machst, reicht oft schon die Absicherung über deine Kreditkarte oder die allgemeine Reiseversicherung, die häufig diese Fälle mit abdeckt.
- **Glasversicherung**: Eine Versicherung nur für den Fall, dass dir eine Scheibe zu Bruch geht? Klingt unnötig, ist es auch. Ein Glastisch, ein Ceranfeld oder eine Vitrine sind meist nicht so teuer, dass sich die Kosten für eine Versicherung lohnen würden. Auch ein beschädigtes Fenster in einer Mietwohnung verursacht in der Regel keine so hohen Ausgaben, dass dafür eine zusätzliche Versicherung notwendig wäre. Bevor du dich für eine Glasversicherung entscheidest, solltest du abwägen, wie wahrscheinlich ein Glasbruch ist und ob größere Risiken möglicherweise schon durch eine andere Versicherung (wie die Hausrat) abgedeckt sind.

JETZT ABHAKEN

- [ ] Du weißt, dass Versicherungen finanzielle Risiken abdecken, die du nicht selbst tragen kannst oder möchtest.
- [ ] Du weißt, dass nicht jede Versicherung notwendig ist und du genau prüfen solltest, ob sie für dich relevant ist.
- [ ] Du verstehst, dass es Versicherungen gibt, die nicht gesetzlich vorgeschrieben, aber sinnvoll sind, wie die private Haftpflicht- oder die Berufsunfähigkeitsversicherung, da sie deine finanzielle Existenz im Notfall absichern.
- [ ] Du hast dir vor dem Abschluss einer Versicherung die Unterlagen samt Bedingungen aushändigen lassen und gründlich gelesen.

- [ ] Du hast dir das Produktinformationsblatt angeschaut und kennst das versicherte Risiko, die Prämienhöhe, Ausschlüsse, Obliegenheiten, Laufzeit und Beendigungsmöglichkeiten.
- [ ] Du hast dir Vergleichsangebote angeschaut und dich für den besten Tarif entschieden oder dir von einem unabhängigen Berater Hilfe geholt.
- [ ] Du weißt, dass du regelmäßig deine bestehenden Versicherungen überprüfen solltest, um sicherzustellen, dass sie noch zu deiner aktuellen Lebenssituation passen.

Irgendwann erwischts alle – die Altersvorsorge

Das Erste, woran ich beim Thema Rente lange gedacht habe, war: »Das ist doch noch so weit weg. Damit muss ich mich jetzt noch nicht beschäftigen!« Ich hatte das Gefühl, dass mir eine Menge Zeit blieb und es gerade wichtigere Dinge gäbe, um die ich mich kümmern müsste: Sei es die nächste Reise, die Steuererklärung oder einfach der Alltag. Die Rente war für mich ein Thema irgendwo in ferner Zukunft, etwas, das mein »Zukunfts-Ich« regeln könnte, wenn es dann so weit sei. Vielleicht kommt dir auch einer dieser Sätze bekannt vor:

- »Ich habe ein bisschen gespart, das wird schon reichen.«
- »Ich bin noch jung, da bleibt mir später genug Zeit, um für die Rente vorzusorgen.«
- »Mein Partner hat ein gutes Einkommen, also muss ich mir keine Sorgen um meine Absicherung machen.«
- »Ich verdiene genug, ich brauche mir über die Rente keine Gedanken zu machen.«
- »Ich werde später sowieso erben, daher muss ich jetzt nicht vorsorgen.«
- »Meine Kinder werden mich später schon unterstützen, wenn es nötig ist.«

- »Die gesetzliche Rente wird schon reichen, um meinen Lebensstandard zu halten.«

Es ist leicht, sich auf den vermeintlichen finanziellen Rückhalt anderer zu verlassen – seien es Partner, zukünftige Erbschaften oder die gesetzliche Rente. Diese Annahmen klingen vielleicht beruhigend, doch sie sind gefährlich, denn Ehen können geschieden werden, Eltern verbrauchen ihr Geld womöglich selbst, Jobs können gekündigt oder du krank werden. Daher solltest du dich nicht auf solche vermeintlichen Sicherheiten verlassen – die Realität kann unvorhersehbar sein.

Mal davon abgesehen davon, lädt das Thema Altersvorsorge auch nicht gerade dazu ein, sich damit zu beschäftigen. Das Thema ist trocken, abstrakt und komplex, wenn man sich damit zum ersten Mal auseinandersetzt. Zudem fehlt es oft an unmittelbarer Dringlichkeit, da die Zeit für viele noch weit weg ist. Und während wir mit Freunden oder Familie gerne über Urlaubspläne, Karriereziele oder die neusten Trends sprechen, kommt die Altersvorsorge eher selten zur Sprache. Immerhin erinnert uns das Thema auch daran, dass wir irgendwann älter werden, was viele von uns lieber verdrängen. Und unliebsame To-dos schieben wir ohnehin gerne vor uns her. Die Auswirkungen der Prokrastination alltäglicher Dinge hält sich jedoch noch in Grenzen, was beim Thema Altersvorsorge anders aussieht: Wenn du es nicht früh genug angehst, kann das böse enden. Was ich damit meine? Lass uns dazu die drei Säulen der Altersvorsorge in Deutschland anschauen.

Das Drei-Säulen-System

Die erste Säule der Altersvorsorge ist die gesetzliche Rentenversicherung. Sie bildet das Fundament der Altersvorsorge. Während des Berufslebens zahlen die meisten Arbeitnehmer regelmäßig (Pflicht-)Beiträge in die Rentenkasse ein. Dafür bekommen die Beitragszahler im Alter, beim Tod eines Angehörigen oder bei Erwerbsminderung eine gesetzliche Rente ausgezahlt. Deren Höhe hängt unter anderem davon ab, wie lange man in die Rentenkasse eingezahlt und was man verdient hat. Die gesetzliche Rentenversicherung wird durch das

Umlageverfahren finanziert. Dabei decken die aktuellen Einnahmen die laufenden Rentenzahlungen. Heutige Beitragszahler finanzieren heutige Rentner und werden, wenn sie selbst in Rente gehen, von der nachkommenden Generation finanziert. Das heißt: Die eingehenden Beiträge werden unmittelbar für die Finanzierung der Ausgaben verwendet und nicht für künftige Renten angespart. Aufgrund des demografischen Wandels und der steigenden Lebenserwartung gerät dieses System zunehmend unter Druck, da immer weniger Beitragszahler immer mehr Rentner finanzieren müssen. Folglich wird die erste Säule der Altersvorsorge allein nicht für den Erhalt des eigenen Lebensstandards ausreichen, und die zweite und dritte Säule gewinnen zunehmend an Bedeutung.

Die zweite Säule der Altersvorsorge ist die betriebliche Altersvorsorge, kurz bAV. Damit kannst du dir eine Zusatzrente über den Arbeitgeber ansparen. Es gibt verschiedene gesetzlich definierte Wege, wie Arbeitgeber die bAV durchführen können. Dabei bestimmt der Arbeitgeber die Anlageform und organisiert ihre Durchführung für seine Arbeitnehmer, die entweder unmittelbar über den Arbeitgeber selbst oder über einen der im Gesetz genannten vorgeschriebenen Versorgungsträger erfolgt. Es gibt fünf Durchführungswege: Direktversicherung, Pensionskasse, Pensionsfonds, Direktzusage und Unterstützungskasse. Der Arbeitgeber kann entweder die Kosten komplett selbst tragen, als sogenannte arbeitgeberfinanzierte bAV. Dies lohnt sich in jedem Fall für dich. Daneben gibt es die Möglichkeit, bei der du als Arbeitnehmer einen Teil deines Gehalts in ein Vorsorgeprodukt einzahlst. Da die Beiträge für die bAV von deinem Bruttogehalt abgezogen werden, reduziert sich dein zu versteuerndes Gehalt und du zahlst weniger Steuern und Sozialabgaben. Bei Renteneintritt hingegen fallen auf die ausgezahlte Betriebsrente Steuern und Sozialabgaben an. Dieses Modell nennt man **Entgeltumwandlung**. Zudem beteiligt sich der Arbeitgeber mit Zuschüssen beim Ansparen für deine Betriebsrente. Arbeitgeber müssen bei bAV-Verträgen die Beiträge von Versicherten mit 15 Prozent bezuschussen, solange sie durch die Entgeltumwandlung Sozialversicherungsbeiträge einsparen. Dieser Arbeitgeberzuschuss fällt nur bei Durchführung der bAV über einen Pensionsfonds, eine Pensionskasse oder eine Direktversicherung an. Erkundige dich bei deinem Arbeitgeber, welchen Durchführungsweg er für seine Arbeitnehmer anbietet. Überprüfe auch unbedingt vor Abschluss, ob sich die bAV für dich lohnt. Wenn dein Arbeitgeber die Einzahlung in die bAV komplett für dich übernimmt, dann ergibt diese Möglichkeit in der Regel Sinn für dich, denn schließlich erhältst du eine Betriebsrente, ohne dass du selbst dafür etwas eingezahlt hast. Die bAV lohnt sich eher nicht, wenn der Arbeitgeber weniger als 20 Prozent übernimmt, oder aber, wenn du häufig den Job wechselst oder eine Selbstständigkeit planst. Es ist zwar möglich, den Vertrag bei einem Jobwechsel privat weiterzuführen oder zum neuen Arbeitgeber mitzunehmen, dies gestaltet sich in der Praxis jedoch nicht immer so einfach.

Die dritte Säule der Altersvorsorge ist die private Altersvorsorge. Sie meint das Anlegen von deinem privaten Kapital zur Alterssicherung. Es ist also die Säule, um die du dich selbst kümmern musst. Als Faustformel zur Minimalhöhe deiner Beiträge zur privaten Altersvorsorge gilt: pro Monat etwa 15 Prozent des Nettoeinkommens. Wie du monatlich automatisiert sparst und investierst, haben wir uns bereits im Abschnitt *Dein Budget* angeschaut. Bei der privaten Altersvorsorge stehen dir vielfältige Möglichkeiten zur Verfügung. Neben Immobilien, ETFs oder einer privaten Rentenversicherung zählen dazu die Riester-Rente oder Rürup- beziehungsweise Basisrente. In diesem Buch fokussieren wir uns auf die private Vorsorge mit ETFs.

Ein ausgewogener Mix aus den drei Säulen der Altersvorsorge sichert deinen Lebensstandard im Alter. Das Drei-Säulen-Modell der Altersvorsorge kannst du dir wie einen Hocker mit drei Beinen vorstellen. Jedes Bein steht für eine Säule der Altersvorsorge. Wenn du dich nur auf die gesetzliche Rentenversicherung verlassen würdest, hätte dein Hocker nur ein Bein – instabil, unsicher und äußerst schwierig in der Nutzung. Um sicherzustellen, dass dein finanzieller Hocker im Alter stabil bleibt, ist es wichtig, alle drei Beine fest zu etablieren. Kümmere dich deshalb frühzeitig auch um weitere Säulen der Altersvorsorge, denn nur die staatliche Unterstützung wird dich im Alter nicht auffangen und womöglich nicht reichen, um deinen späteren Lebensstandard zu decken.

Deine Rentenlücke

Auch wenn das Thema Rente für dich noch in weiter Ferne liegt, ist es ratsam, bereits jetzt einen Vorsorgeplan für das Alter zu entwickeln. Um Altersarmut zu vermeiden, solltest du deine Rentenlücke kennen. Sie bezeichnet die Differenz deiner voraussichtlichen Nettorente und deiner Wunschrente, welche du schließen solltest, wenn du im Rentenalter deinen jetzigen Lebensstandard halten möchtest. Selbst die Deutsche Rentenversicherung weist darauf hin, dass bei den meisten Menschen eine Lücke zwischen der tatsächlichen Rentenzahlung und dem tatsächlichen Bedarf entstehen wird. Sie empfiehlt daher, unbedingt auch privat vorzusorgen, unter anderem durch Investitionen in ETFs. Altersvorsorge ist daher keine zu prokrastinierende Aufgabe, sondern eine Verantwortung, die du von Anfang an ernst nehmen solltest, weil jede kleine, frühzeitige Investition später einen großen Unterschied machen kann.

Zur Berechnung deiner Rentenlücke ermittelst du zunächst deine voraussichtliche Rente. Hierzu kannst du die Renteninformation der Deutschen Rentenversicherung zur Hand nehmen. Diese wird dir jedes Jahr zugeschickt, sofern du 27 Jahre alt bist und mindestens fünf Jahre lang Beiträge eingezahlt hast. Mittlerweile kannst du strukturiert deine Rentenansprüche (aus gesetzlicher, betrieblicher und privater Vorsorge) auch mithilfe der Digitalen Rentenübersicht einsehen: www.rentenuebersicht.de. Der Zugang erfordert allerdings eine vorherige Identifizierung.

Deine gesetzliche Rente hängt vor allem von der Höhe der Beiträge ab, die im Laufe deines Erwerbslebens von dir, deinem Arbeitgeber oder eventuell weiteren Stellen eingezahlt werden. In der Renteninformation findest du die Summe aller Beiträge, die bereits eingezahlt wurden. Deine beitragspflichtigen Jahresverdienste werden dann in sogenannte Entgeltpunkte umgerechnet. Diese sind die Grundlage für die Berechnung deiner späteren Rente. Wenn du beispielsweise ein Jahr lang genauso viel wie der Durchschnitt aller Arbeitnehmer verdient hast, dann erhältst du einen Entgeltpunkt, einen sogenannten Rentenpunkt. Wenn du mehr oder weniger verdienst, erhältst du, bis zur Beitragsbemessungsgrenze, entsprechend mehr oder weniger Punkte. 2024 betrug das vorläufige Durchschnittsentgelt aller Versicherten 45 358 Euro. Wenn du also 45 358 Euro im Jahr 2024 verdient hast, dann hättest du einen Entgeltpunkt erhalten. Wenn du hingegen im gleichen Jahr nur 22 000 Euro verdient hättest, dann hättest du 0,4850 Entgeltpunkte erhalten, und wenn du 65 000 Euro verdient hättest, dann entspräche das 1,4330 Entgeltpunkten. Die Multiplikation der Entgeltpunkte mit dem aktuellen Rentenwert ergibt dann deine Rente.

In der Renteninformation siehst du, wie viele Entgeltpunkte du bereits gesammelt hast. Dabei werden nicht nur deine Beitragszeiten, sondern in der Regel auch alle weiteren bekannten Versicherungszeiten mitberücksichtigt, wie Anrechnungs- (zum Beispiel bei Arbeitslosigkeit oder Krankheit), Kindererziehungs- oder Zurechnungszeiten (bei Erwerbsminderung oder vorzeitigem Tod). Konkret heißt das, dass auch Zeiten ohne eigene Beitragszahlung berücksichtigt werden und zu einem höheren Rentenanspruch führen. Wenn du zum Beispiel ein Kind erziehst, weiß dein Rentenversicherungsträger zunächst nichts davon, du musst also selbst aktiv werden und dich melden. Krankenkassen und die Agentur für Arbeit melden Zeiten der Arbeitsunfähigkeit und Arbeitslosigkeit an die Rentenversicherung. Ob du berufstätig, arbeitslos oder krank bist – im Laufe deines Lebens sammeln sich verschiedene rentenrechtliche Zeiten an. Die Deutsche Rentenversicherung speichert diese Zeiten in deinem persönlichen Versicherungskonto. Dein vollständiges Versicherungskonto bildet die Grundlage dafür, dass du später die dir zustehende Rente erhältst.

Ein Tipp noch von mir: Wenn du das erste Mal deine Renteninformation erhältst, solltest du prüfen, ob deine Daten bei der Rentenversicherung richtig und vollständig sind. Mit deiner ersten Renteninformation bekommst du auch einen persönlichen »Kontoauszug«, deinen sogenannten Versicherungsverlauf, zugeschickt. Dieser enthält alle für deine Rente potenziell bedeutsamen Zeiten. Sind deine Versicherungszeiten vollständig? Fehlt etwas? Sollte eine Versicherungszeit fehlen oder falsch erfasst worden sein, kannst du das deiner Rentenversicherung mitteilen. Ich empfehle, dies nicht erst kurz vor der Rente zu tun. Je kürzer die Zeiten zurückliegen, desto einfacher wird es sein, Nachweise und Unterlagen zu beschaffen. Frage deinen Rentenversicherungsträger nach den Vordrucken für eine Kontenklärung. Du kannst deinen Antrag auch bequem über die Onlinedienste der deutschen Rentenversicherung stellen.

Lass uns jetzt schauen, welche Angabe du wo in der Renteninformation findest. Dazu schauen wir uns eine Beispiel-Renteninformation an.

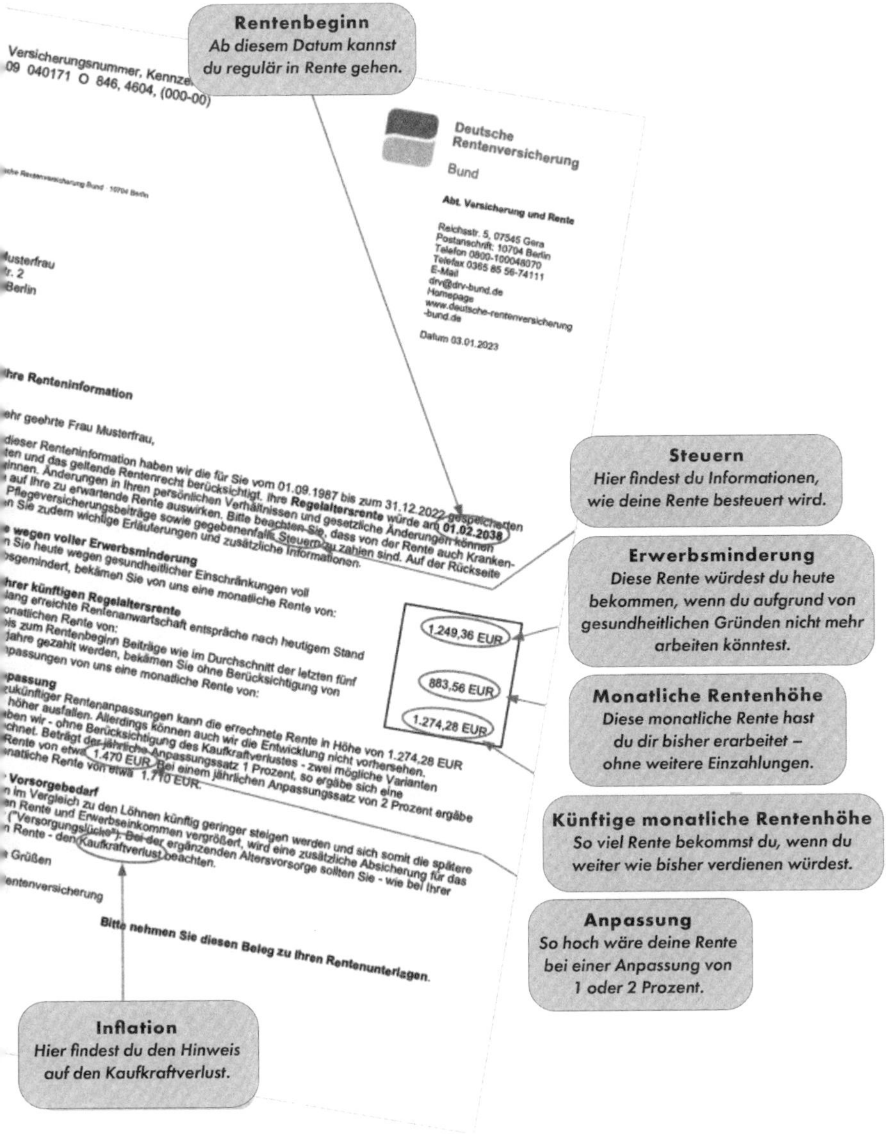

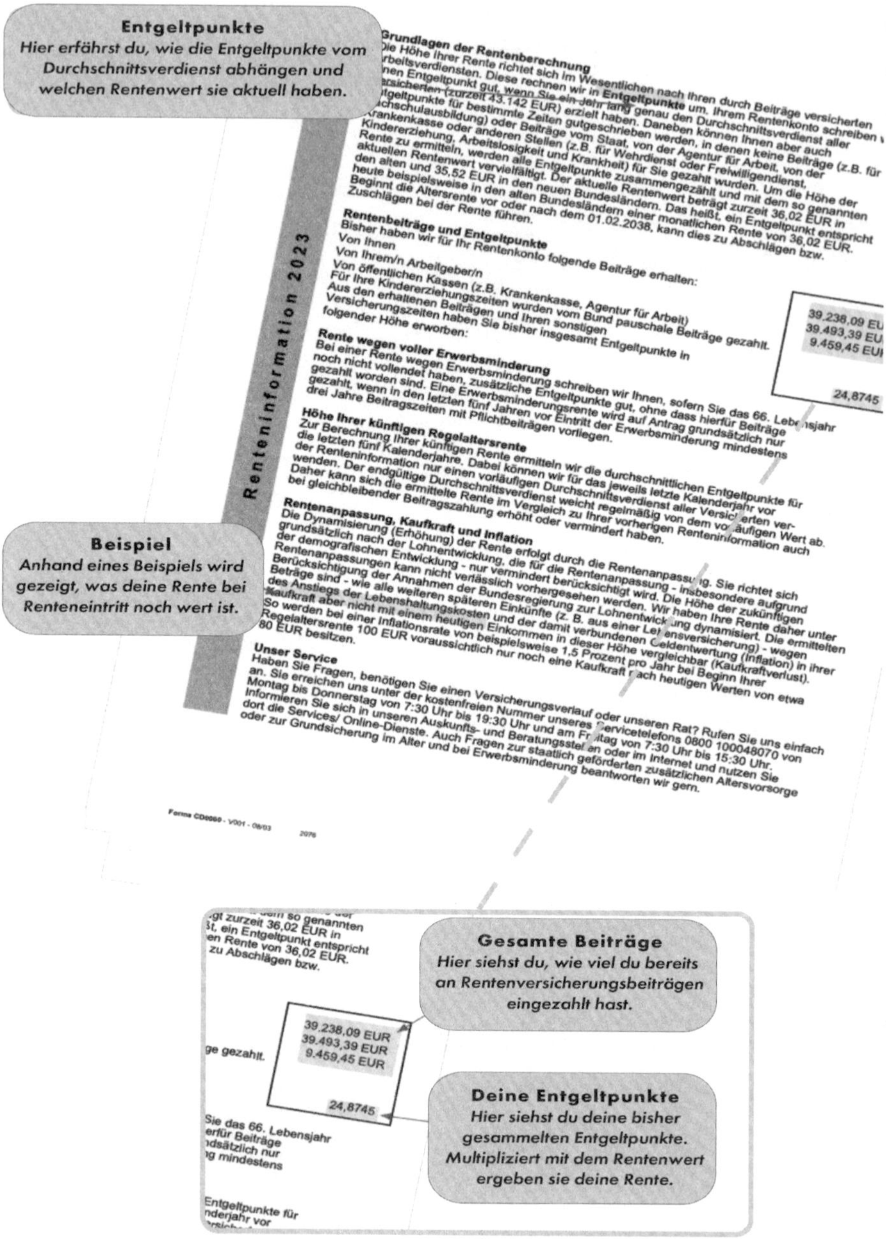

Die Renteninformation – wo findest du was?[6]

JETZT BIST DU DRAN

Die Berechnung der Rentenlücke erfolgt in drei Schritten:

1. Deine voraussichtliche Rente

Beachte, dass die angegebenen Beträge in der Renteninformation brutto sind, wovon Steuern sowie Kranken- und Pflegeversicherung abgezogen werden. In der Renteninformation findest du deine zu erwartende monatliche Bruttorente unter »Künftige monatliche Rentenhöhe«. In dieser Berechnung haben wir pauschal 20 Prozent Abzüge angenommen, um eine grobe Schätzung der künftigen monatlichen Rente zu geben. Der tatsächliche Abzug kann jedoch individuell abweichen, da er von Faktoren wie deinem persönlichen Steuersatz, der Höhe deiner Bruttorente und möglichen weiteren Einkünften abhängt. Falls du bereits private oder betriebliche Altersvorsorge betreibst, solltest du diese in deine Berechnung einbeziehen.

Wie hoch wird deine Rente voraussichtlich ausfallen?

....

2. Deine Wunschrente

Anschließend bestimmst du die Höhe deiner Wunschrente für den Ruhestand. Hierbei muss unbedingt auch die Inflation berücksichtigt werden, indem du deren jährliche Rate von etwa 2 Prozent einplanst. Als Faustregel kannst du dir merken: Deine Rente wird sich bei einer Inflation von 2 Prozent pro Jahr innerhalb von 35 Jahren etwa halbieren. Du kannst dir dann also nur noch halb so viel leisten.

Wie hoch soll deine Wunschrente sein?

....

3. Deine Rentenlücke

Die Differenz zwischen deiner voraussichtlichen Rente und deiner Wunschrente stellt deine zu schließende Rentenlücke dar.

Wie hoch ist deine Rentenlücke?

....

Deine Sparrate

Da du nun die Höhe deiner Rentenlücke weißt, gilt es nun, herauszufinden, wie viel du monatlich zum Schließen dieser Lücke sparen und investieren musst. Dies ist abhängig davon, wie alt du wirst und wie du dein Geld anlegst. Um deine Sparrate zu berechnen, kannst du zum Beispiel einen Vorsorgerechner (https://www.zinsen-berechnen.de/vorsorgerechner) nutzen.

Wie viel musst du dafür ab heute monatlich zurücklegen?

....

RECHENBEISPIEL

Die Berechnung ist nicht einfach, und ich kann mir vorstellen, dass du gerade noch einige Fragen hast. Lass uns also eine Beispielberechnung durchgehen. Angenommen, du bist 30 Jahre alt und möchtest mit 67 Jahren in Rente gehen, du hast also 37 Jahre an Erwerbstätigkeit, um deine Lücke zu schließen.

1. Deine voraussichtliche Rente

Laut deiner Renteninformation beträgt deine künftige monatliche Rente 3 000 Euro im Monat. Davon werden noch Steuern und Sozialabgaben abgezogen, wir ziehen pauschal 20 Prozent ab: Das ergibt netto 2 400 Euro im Monat. Das klingt auf den ersten Blick gar nicht so wenig, jedoch muss man bedenken, dass diese 2 400 Euro bei einer Inflation von 2 Prozent nach 37 Jahren nur noch ungefähr halb so viel wert sein werden. 1200 Euro monatliche Rente bei heutiger Kaufkraft klingt dann doch nicht mehr so viel.

Wie hoch wird deine Rente voraussichtlich ausfallen?

2 400 Euro

2. Deine Wunschrente

Deine Wunschrente beträgt monatlich 2 000 Euro (heutige Kaufkraft). Unter Berücksichtigung der Inflation von 2 Prozent betragen diese (heutige Kaufkraft) in 37 Jahren circa 4 000 Euro (zukünftige Kaufkraft).

Wie hoch soll deine Wunschrente sein?

4 000 Euro (zukünftige Kaufkraft)

3. Deine Rentenlücke

Deine Rentenlücke beträgt also 1600 Euro im Monat (4 000–2 400).

Wie hoch ist deine Rentenlücke?

1600 Euro

Deine Sparrate

Zur Berechnung der Sparrate nutzen wir den Vorsorgerechner von www.zinsen-berechnen.de. Wichtig: Wähle rechts unter »Was berechnen?« die »Sparrate berechnen« aus. Als Erstes trägst du deine Wunschrente, also die 1600 Euro, bei der Entnahmerate ein. Angenommen du wirst 100 Jahre alt, das heißt, du wirst 33 Jahre lang (von 67 bis 100) in Rente sein: deine Rentendauer. Wir nehmen durchschnittlich 5 Prozent Rendite pro Jahr für die Ansparphase an. Für die Entnahmephase, also ab 67 Jahren, gehen wir von einer geringeren jährlichen Rendite von 3 Prozent aus. Diese ist in der Entnahmephase geringer als in der Ansparphase, da man tendenziell das Anlagerisiko im Portfolio im Alter reduziert. Das Ergebnis: Um ab 67 Jahren jeden Monat 1600 Euro entnehmen zu können, müsstest du 37 Jahre lang jeden Monat 323 Euro sparen, beispielsweise in einen ETF-Sparplan.

Wie viel musst du dafür ab heute monatlich zurücklegen?

323 Euro

Wenn wir jetzt noch die Inflation ab Renteneintritt mit 67 berücksichtigen – also bei *Entnahmedynamik* 2 Prozent eintragen –, würde die monatliche Sparrate auf 429 Euro ansteigen. Um die Inflation auszugleichen, müsstest du also circa 100 Euro mehr im Monat zurücklegen.

Was in der Berechnung noch nicht berücksichtigt ist, ist die Tatsache, dass dein Gehalt im Laufe deines Berufslebens in der Regel steigt. Die künftige Rente in der Renteninformation wird jedoch auf Basis deines aktuellen Einkommens berechnet, als würdest du bis zum Renteneintritt genauso viel verdienen wie jetzt. Wenn dein Gehalt mit der Zeit steigt, wird auch deine spätere Rente entsprechend höher ausfallen. Wenn wir jetzt also unter *Anspardynamik* 2 Prozent eintragen, dein Gehalt also den Kaufkraftverlust jedes Jahr ausgleicht, dann landen wir wieder bei einer Sparrate von circa 326 Euro im Monat.

Mit diesen Berechnungen erhältst du eine klare Vorstellung davon, wie viel Geld du monatlich sparen musst, um deinen gewohnten Lebensstandard im Alter aufrechtzuerhalten. Je früher du damit startest, desto mehr Zeit hast du, deine Rentenlücke zu schließen und desto eher profitierst du vom Zinseszinseffekt. Was das ist und wie du ihn bei deinem Vermögensaufbau nutzen kannst, erfährst du im Abschnitt *Nur durch Sparen wirst du nicht reich.*

JETZT ABHAKEN

- ☐ Du verstehst, dass du dich nicht auf vermeintliche Sicherheiten wie den Partner, Erbschaften oder die gesetzliche Rente allein verlassen solltest.
- ☐ Du verstehst, dass die Altersvorsorge in Deutschland auf drei Säulen basiert: gesetzliche Rente, betriebliche Altersvorsorge und private Altersvorsorge.
- ☐ Du weißt, dass die gesetzliche Rentenversicherung (erste Säule) nicht ausreichen wird, um deinen Lebensstandard im Alter zu halten.
- ☐ Du weißt, dass die betriebliche Altersvorsorge (zweite Säule) über den Arbeitgeber unterstützt wird, aber nicht immer lohnenswert ist – abhängig von den Bedingungen deines Arbeitgebers.
- ☐ Du weißt, dass du selbst für die private Altersvorsorge (dritte Säule) verantwortlich bist und dass hier verschiedene Optionen, wie ETFs oder Immobilien, zur Verfügung stehen.
- ☐ Du hast deine Rentenlücke berechnet und kennst deine monatliche Sparrate, um die Lücke zu schließen.
- ☐ Du hast deine Renteninformation zur Hand genommen, sofern du mindestens fünf Jahre lang in die gesetzliche Rentenversicherung eingezahlt hast und schon 27 Jahre alt bist.

4

Jetzt wird es ernst – dein erstes INVESTMENT

Meine erste Investition war aufregend – und rückblickend ziemlich naiv. Ich startete, wie du jetzt vielleicht nicht erwartet hättest, mit dem Kauf von Einzelaktien. ETFs hatte ich zu der Zeit leider noch gar nicht auf dem Schirm. Zwar waren ETFs zu der Zeit nicht neu, aber sie hatten längst nicht ihren heutigen Bekanntheitsgrad. Meine erste Aktie war von Apple. Wieso? Weil ich irgendwo gelesen hatte, dass man sich in seinem Alltag umschauen solle, welche Produkte von welchen Marken man benutzt. Das ergab Sinn – also kaufte ich Apple-Aktien. Ob es andere, fundierte Gründe für den Aktienkauf gab oder ich mir die fundamentalen Kennzahlen des Unternehmens angeschaut habe? Nein, ganz und gar nicht. Blauäugig und ohne großes Hintergrundwissen habe ich einfach mit einer Marktorder gekauft. Ich dachte: »Apple-Produkte sind super, also wird es eine gute Investition sein.« Mir war das Risiko einer Investition nicht bewusst. Ich verstand aber immerhin, dass ich mit diesem Kauf zur Miteigentümerin des Unternehmens wurde. Die Vorstellung, dass mir ein winziger Teil von Apple gehörte, fand ich irgendwie cool. Das war der Hauptgrund für mein Investment.

Zu der Zeit waren Investitionen noch nicht so unkompliziert wie heute. Man konnte noch nicht mithilfe von Neobrokern günstig Aktien kaufen: Jede Transaktion kostete 10 Euro, was für einen Anfänger wie mich viel Geld war. Daher konnte ich nicht einfach mit kleinen Beträgen anfangen, weil ein Großteil sofort für die Ordergebühren draufgegangen wäre. Mir blieb also keine Wahl: Ich entschied mich, fast mein gesamtes Erspartes – 1000 Euro – in die Aktie zu investieren. In meinem Kopf war das eine einfache Rechnung: »Was soll schon passieren? Apple ist ein bekanntes Unternehmen, da konnte der Aktienkurs ja nur nach oben gehen.«

Rückblickend war das alles andere als klug, denn was ich damals nicht verstand: Eine Aktie geht nicht immer nach oben. Selbst erfolgreiche Unternehmen können kurzfristige Kursverluste erleben – und das hat oft nicht einmal etwas mit der Unternehmensperformance zu tun. Es gibt viele Gründe, warum der Kurs einer Aktie fällt, obwohl es dem Unternehmen gut geht: Wirtschaftliche Unsicherheiten, geopolitische Spannungen, Zinsänderungen oder einfach nur das Verhalten anderer Anleger können die Aktienmärkte beeinflussen. Zu der Zeit schaute ich noch mehrmals täglich in mein Depot. Ich war förmlich besessen von den Kursbewegungen – und sie machten mich nervös. Es war ein Auf und Ab, ich fühlte mich, als müsste ich jederzeit eingreifen. Ich wusste nicht, dass diese Schwankungen normal waren, dass man als Anleger Geduld brauchte. Stattdessen machte es mich kirre, und ich konnte teilweise nachts vor Sorgen nicht gut schlafen.

Wie steht es heute um meine Apple-Aktie? Ich muss zugeben, dass ich das Depot eine Weile aus den Augen verloren hatte. Aktuell ist meine Position über 1000 Prozent im Plus. Der Wert hat sich mehr als verzehnfacht. Ich weiß jedoch inzwischen: Das war reines Glück. Ich hätte genauso gut einen Großteil meines Ersparten verlieren können. So aber war es ein guter Einstieg in das Investieren, obwohl ich zwei essenzielle Dinge damals komplett missachtet habe: Stecke niemals (fast) dein gesamtes Erspartes in eine einzige Aktie, und verstehe, in was du investierst. Ich wusste zwar, dass Apple groß und erfolgreich war, aber ich hatte keine Ahnung von den Risiken, die mit einer Investition in Einzelaktien einhergehen. Das würde ich heute nicht mehr so machen.

Heutzutage ist der Einstieg an der Börse viel einfacher und flexibler. Du kannst bereits mit geringen Beträgen beginnen, weil die Ordergebühren minimal sind. Das heißt, man kann sich bei einem kleinen Betrag auch mal einen Fehler erlauben, ohne sofort große Verluste hinnehmen zu müssen. Auch wenn die Apple-Aktie immer noch in meinem Depot liegt und für mich einen symbolischen Wert hat – immerhin erinnert sie mich an mein erstes Investment –, habe ich mittlerweile eine andere Strategie für den Großteil meines Vermögens gewählt. Heute setze ich auf ein passives Weltportfolio, das aus ETFs besteht und wissenschaftlich fundierten Prinzipien folgt. Eine passive Anlagestrategie mit ETFs ist nicht nur effizienter, sondern sie spart auch Zeit, die ich für Wichtigeres wie caminvesta nutzen kann. Durch meine ETF-Sparpläne baue ich langfristig Vermögen auf und sichere mir gleichzeitig die gewünschte Freiheit und Unabhängigkeit. Und das Beste daran: Diese Strategie funktioniert nicht nur für mich, sondern ist vermutlich für den Großteil der Privatanleger am klügsten.

In diesem Kapitel werden wir dein erstes Investment planen und umsetzen. Du wirst erfahren, wie du langfristig Vermögen aufbaust, wie du dich für die richtige Anlagestrategie entscheidest und wie du deine ersten ETF-Investments Schritt für Schritt angehen kannst. Keine Sorge, das Investieren ist wirklich nicht so schwer, wie du vielleicht bisher dachtest. Wenn du das Buch aufmerksam liest, die Grundlagen verstehst und umsetzt, dann führt zwangsläufig kein Weg an deinem Vermögensaufbau vorbei – und das bereits mit kleinen Beträgen. Meiner Meinung nach gibt es keine entspanntere und einfach verständlichere Anlageform als ETFs, die jeder nutzen kann. Das sind große Worte, lass mich dir auf den nächsten Seiten beweisen, warum sie wahr sind und wie du sie in die Praxis umsetzen kannst.

(Richtig viel) Vermögen aufbauen

Investitionen sind wie ein gepflanzter Samen, bei dem man darauf wartet, dass er zu einem großen Baum heranwächst – nicht von heute auf morgen, sondern über lange Zeit. Du legst heute etwas Geld beiseite und mit der Zeit kann es sich vermehren, ohne dass du aktiv daran arbeiten musst. Investieren bedeutet, Kapital einzusetzen, um mehr daraus zu machen – sprich, mehr Geld zu verdienen, als du ursprünglich investiert hast. Als Investor steckst du dein Geld in Vermögenswerte wie Aktien oder ETFs für langfristige Gewinne. Warum ist das so genial? Weil Investieren dir die Möglichkeit gibt, dein Geld für dich arbeiten zu lassen und langfristig passives Einkommen zu generieren. Anders als bei herkömmlicher Arbeit, wo du für deine geleisteten Stunden bezahlt wirst, kannst du durch kluge Investitionen eine unabhängige Einkommensquelle schaffen, beispielsweise durch Zinsen, Dividenden und Kursgewinne. Diese zusätzliche Einkommensquelle kann dir finanzielle Freiheit und Unabhängigkeit verschaffen.

Nur durch Sparen wirst du nicht reich

Hast du dich schon einmal gefragt, wie lange es dauern würde, dein vorhandenes Kapital zu verdoppeln? Vielleicht denkst du, dass das unmöglich sei oder nur mit harter Arbeit erreicht werden könne. Tatsächlich kann sich dein Geld dank kluger Investitionen fast von allein verdoppeln. Schauen wir uns das mal anhand der **72er-Regel** an. Diese Faustformel aus der Zinsrechnung gibt näherungsweise an, wie lange es dauert, bis sich Kapital bei einer Investition verdoppelt. Dafür teilst du 72 durch die jährliche Rendite deiner Investition. Bei einer jährlichen Rendite von 7 Prozent würde das bedeuten: 72/7 = 10,29 Jahre. Das heißt, in etwa zehn Jahren hätte sich dein Kapital verdoppelt – ohne zusätzliche Arbeit deinerseits.

Was passiert aber, wenn du für dein Geld keine Rendite bekommst, sondern es einfach auf deinem Girokonto oder unter deinem Kopfkissen liegen lässt? Es verliert mit der Zeit an Wert. Der Grund hierfür ist die Inflation. Sie ist unsichtbar, und das macht sie so gefährlich. In manchen Jahren ist sie hoch, in anderen eher niedrig. Im Durchschnitt betrug die jährliche Inflationsrate seit 1990 ungefähr 2 Prozent, was dem Ziel der Europäischen Zentralbank entspricht. Wenn du bei dieser Rate 10 000 Euro unverzinst auf deinem Konto liegen lässt, hast du nach 30 Jahren zwar immer noch 10 000 Euro auf dem Konto – die sind aber nur noch 5 521 Euro wert. Woran macht man das fest? An der Kaufkraft. Mit den 10 000 Euro kannst du dir in 30 Jahren nur noch Produkte im Wert von 5 521 Euro leisten. Du bist schlichtweg ärmer geworden, obwohl du noch genauso viel Geld auf dem Konto hast. Es reicht also nicht, Geld nur zu sparen – vielmehr macht einen das ärmer statt reicher. Daher ist es absolut entscheidend, dass du für deine langfristigen Ersparnisse eine Rendite erwirtschaftest.

Wenn du die 10 000 Euro hingegen investiert hättest, dann hätte sich das Geld bei einer jährlichen Rendite von 7 Prozent nach 30 Jahren mehr als versiebenfacht (76 123 Euro). Wenn wir die Inflation noch mitberücksichtigen, kommen wir auf eine reale Rendite von 5 Prozent. Das Geld hätte sich in dieser Zeit immer noch mehr als vervierfacht (43 219 Euro). Wenn du wissen möchtest, wie viel Rendite du mit einer Anlage tatsächlich erzielst, dann solltest du immer die reale Rendite

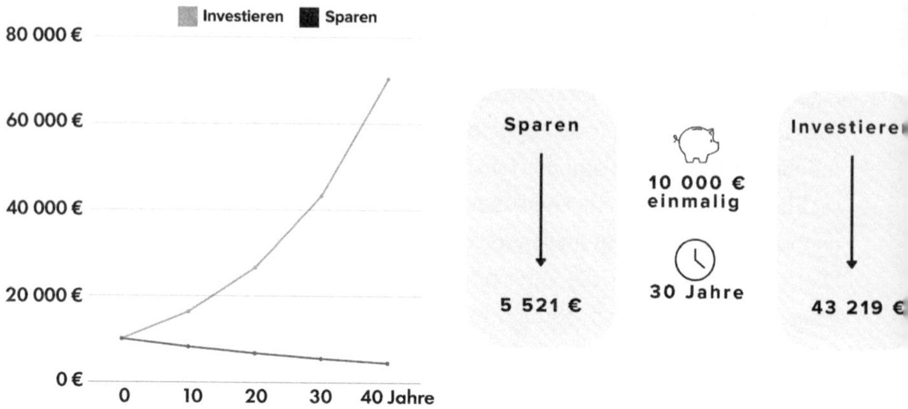

Sparen versus Investieren

nutzen. Merke dir: Die **reale Rendite** ist die inflationsbereinigte Rendite, während die **nominale Rendite** die Inflation nicht abzieht.

Dank des **Zinseszinseffekts** wächst dein Vermögen exponentiell, wenn du jedes Jahr eine Rendite erzielst. Dabei ist nicht nur das investierte Geld wichtig, sondern auch die Zeit, die dein Geld für dich arbeitet. Denn du legst einen gewissen Anfangsbetrag an und bekommst jedes Jahr feste Zinsen darauf. Diese werden zusammen mit deinem Anfangsbetrag jedes Jahr erneut angelegt. Dadurch bekommst du Zinsen auf deine Zinsen: Zinseszinsen. Das passiert aber nur, wenn du die Zinsen direkt wieder anlegst. Dein Geld fängt also an, von allein zu wachsen – sogar ohne, dass du jeden Monat mehr Geld dazugeben musst. Je länger du dabeibleibst, desto stärker wirkt der Zinseszinseffekt. Schauen wir uns die Funktionsweise des Zinseszinseffekts anhand des obigen Beispiels an. Sagen wir also wieder, du startest mit 10 000 Euro und legst sie 30 Jahre lang mit einem jährlichen Zinssatz von 5 Prozent an. Im ersten Jahr bekommst du 500 Euro Zinsen. Im nächsten Jahr wird dann nicht nur dein Anfangsbetrag in Höhe von 10 000 Euro verzinst, sondern dein Anfangsbetrag plus Zinsen, also 10 500 Euro. Dieser Zinsbetrag beträgt im zweiten Jahr 525 Euro und wird wieder reinvestiert: Du hast im zweiten Jahr 25 Euro Zinseszinsen verdient. Nach 10 Jahren wächst dein Kapital auf 16 289 Euro und nach 20 Jahren auf 26 533 Euro an. Nach 30 Jahren werden aus den 10 000 Euro über 40 000 Euro, es hat sich somit mehr als vervierfacht.

Der Zinseszinseffekt ist ein enorm wirkungsvoller Hebel beim Aufbau von Vermögen, weshalb ihn Albert Einstein auch das »achte Weltwunder« nannte. Wenn du Disziplin und Durchhaltevermögen mitbringst, kannst du den Zinseszinseffekt clever nutzen und dein Geld für dich arbeiten lassen. Im Internet kannst du dir mithilfe von Zinseszinsrechnern, zum Beispiel auf www.zinsen-berechnen.de, ausrechnen, welche monatliche Sparrate zu welcher Gesamtrendite führt. Spiele gerne ein bisschen mit den Zahlen herum und schaue, was eine Erhöhung deiner monatlichen Sparrate für deinen Vermögensaufbau bedeuten würde. Ich mache das tatsächlich regelmäßig, um mich zu motivieren, meine Sparrate zu erhöhen. Wenn ich sehe, was für eine große Auswirkung selbst eine kleine Erhöhung meiner Sparrate auf mein Gesamtvermögen langfristig bedeutet, bin ich gleich viel mehr dazu geneigt, auf die ein oder andere unnötige Ausgabe zu verzichten.

Wenn du dein Geld gewinnbringend anlegen möchtest, solltest du dir überlegen, in welche Assetklassen du investierst, in welche Kategorie der möglichen Vermögenswerte. Dabei werden Produkte mit ähnlichen Merkmalen, wie Gold und Silber, in einer Assetklasse zusammengefasst. Das heißt, jede Assetklasse hat eigene Merkmale und individuelle Rendite-Risiko-Profile. Hier sind die wichtigsten Assetklassen, die du kennen solltest:

- Die erste Assetklasse bilden die **Sichteinlagen**. Unter diese Assetklasse fallen beispielsweise das Girokonto, Tages- und Festgeld, das Sparbuch oder Bargeld. Sie bietet Sicherheit und Flexibilität, bringt aber tendenziell niedrigere Renditen mit sich. Sichteinlagen sind die risikoärmste Assetklasse und eignen sich gut als Ergänzung zu Anlagen, die in ihrem Wert schwanken, wie Aktien oder ETFs. Allein mit Sichteinlagen wirst du höchstwahrscheinlich langfristig nicht die Inflation schlagen können. Denn deine Zinsen müssten langfristig über der Inflationsrate liegen, um mit Zinsen Vermögen aufzubauen. Genauer gesagt: Die Zinsen müssten langfristig über der durchschnittlichen Inflationsrate von 2 Prozent liegen. Wenn die Zinsen, die du beispielsweise auf dem Tagesgeld- oder Festgeldkonto erhältst, geringer sind als die Inflationsrate, dann machst du real mit deiner Anlage einen Verlust. Somit hast du zwar dank der Zinsen mehr Geld auf dem Konto, kannst dir von dem Geld jedoch weniger kaufen. Dein Ziel für echten Vermögensaufbau sollte sein, die Inflation langfristig zu schlagen – und zwar um einige Prozentpunkte im Jahr. Das führt uns zur nächsten Assetklasse.

- **Aktien** sind Anteile an einem Unternehmen. Wenn du eine Aktie kaufst, besitzt du also ein kleines Stück von diesem Unternehmen. Du wirst zum Miteigentümer dieses Unternehmens. Damit gehen auch Rechte einher wie das Mitspracherecht auf der Hauptversammlung bei unterschiedlichen Entscheidungen wie bei der Festlegung der Dividendenhöhe. Dein Geld wächst, wenn das Unternehmen erfolgreich ist. Das Unternehmen kann dich in Form von Dividenden an seinem Gewinn beteiligen und du kannst Gewinne machen, wenn du die Aktie zu einem höheren Kurs verkaufst, als du sie ursprünglich gekauft hast. Umgekehrt hast du aber auch das Risiko, dass der Kurs der Aktie fällt. Wenn du dann verkaufst, würdest du einen Verlust machen. Genauso verhält es sich bei Aktien-ETFs, denn auch da können sie kurzfristig stark schwanken, bieten aber den Vorteil, dass du mit ihnen in viele verschiedene Aktien investierst und somit das Risiko minimierst.
- Dann gibt es noch **Anleihen**, also Schuldscheine von Unternehmen oder Staaten. Wenn du eine Anleihe kaufst, leihst du dem Emittenten, zum Beispiel einem Unternehmen oder einem Staat, für eine gewisse Laufzeit Geld und erhältst dafür Zinsen. Sie funktionieren wie ein Kredit. Du kannst Anleihen an der Börse kaufen und auch deren Kurse können schwanken, aber meist geringer als die von Aktien. Die sogenannte Bonität einer Anleihe zeigt das Ausfallrisiko des Emittenten an und wird von Ratingagenturen anhand eines Notensystems bewertet. Je besser die Bonität, desto sicherer ist logischerweise auch die Anlage – aber desto niedriger sind auch die Zinsen. Je schlechter die Bonität des Emittenten, desto höher auch die Zinsen, da das Risiko größer ist, das Geld am Ende nicht zu-

rückzubekommen. Aaa oder AAA (wie bei deutschen Staatsanleihen) steht für die beste Bonität, also das geringste Ausfallrisiko.

- Es gibt natürlich auch noch die bereits oft erwähnten **Immobilien**. Du kannst auf verschiedene Arten in Immobilien investieren, entweder durch den Kauf einer physischen Immobilie oder von Anteilen an einem Immobilien-ETF oder offenen oder geschlossenen Immobilienfonds. Du kannst zum Beispiel in physische Immobilien wie Wohnungen, Büros oder auch Grundstücke investieren. Gewinn machst du mit Immobilien, indem du sie vermietest oder nach Wertsteigerung verkaufst. Immobilien sind bekannt für ihre stabilen Renditen, können aber auch viel Kapital erfordern und benötigen meist eine längere Haltedauer.
- Eine weitere Assetklasse sind **Rohstoffe**. Direkte Investitionen in Rohstoffe sind eher ungewöhnlich – Gold stellt da die Ausnahme dar. In die übrigen Rohstoffe wie Öl, Gas, Kupfer oder Baumwolle kannst du mittels Rohstoff-ETFs oder Rohstoff-ETCs (Exchange Traded Commodities – börsengehandelte Rohstoffe) investieren. ETCs bilden die Wertentwicklung einer einzelnen Rohstoffklasse ab und ermöglichen dadurch die Direktinvestition in physische Rohstoffe. Beachte aber: Auch Rohstoffe sind Wertschwankungen ausgesetzt.
- Und als Letztes: **Alternative Investments** wie Kryptowährungen, Crowdinvesting, Sneaker oder Luxusuhren. Hierbei handelt es sich um schwer handelbare oder hochspekulative Investments. Wenn dich diese Investments interessieren, solltest du diese zumindest auf einen kleinen Teil deines Gesamtvermögens beschränken.

Du siehst, es gibt vielfältige Wege Geld anzulegen und Vermögen zu bilden. Um die richtige Entscheidung für deine Investments zu treffen, musst du unbedingt verstehen, dass jede Assetklasse ihr eigenes Rendite-Risiko-Profil hat. Während Sichteinlagen als sicher gelten und geringe Renditen bieten, können Aktien hohe Renditen erzielen, sind aber auch mit höheren Risiken verbunden. Anleihen und Immobilien bieten eine gewisse Stabilität, während Rohstoffe und alternative Investments oft stärkeren Schwankungen unterliegen.

Ohne Risiko keine Rendite?

Nachdem du nun die verschiedenen Assetklassen kennen gelernt hast, schauen wir uns jetzt die beiden Schlüsselbegriffe des Investierens an: Risiko und Rendite. Diese spielen bei den verschiedenen Assetklassen eine große Rolle.

Risiko bezieht sich auf die Unsicherheit, wie sich deine Investitionen entwickeln werden. Wie klug auch immer du investierst, es gibt immer eine gewisse Unvorhersehbarkeit. Ein höheres Risiko kann zu höheren Renditen führen, aber es bedeutet auch, dass du Verluste erleiden könntest. Dein Ziel ist es, die Risiken zu verstehen und zu managen.

Rendite ist das, worum es uns beim Investieren wirklich geht – die Belohnung, der Gewinn für das Eingehen von Risiken. Je höher die Rendite, desto besser, oder? Aber hier kommt der Haken: Eine höhere Rendite geht, wie gesagt, oft mit einem höheren Risiko einher. Die Kunst liegt also in der richtigen Balance zwischen Risiko und Rendite. Wie viel Risiko würdest du für die gewünschte Rendite eingehen? Übrigens gilt das nicht umgekehrt. Ein immer höheres Risiko bedeutet nicht immer eine höhere Rendite.

Wie so oft im Leben kann man nicht alles gleichzeitig haben. Beim Investieren kannst du keine hohe Rendite bei gleichzeitig geringem Risiko haben. Um Risiko und Rendite besser zu verstehen und dir bei der besten Strategie für dein persönliches Anlageprofil zu helfen, schauen wir uns das magische Dreieck der Geldanlage an. Es besteht aus drei Komponenten: Rendite, Sicherheit und Verfügbarkeit. Diese drei Anlageziele können nicht gleichzeitig erfüllt werden. In der Realität sind höchstens zwei Anlageziele für ein Produkt gleichzeitig erreichbar. Je näher du einem der Anlageziele kommst, desto weiter entfernst du dich von den anderen: Je mehr Rendite du möchtest, desto geringer ist die Sicherheit der Anlage.

Je länger der Anlagehorizont ist, desto mehr kannst du es dir leisten, auf Anlageformen zu setzen, deren tendenziell höhere Rendite mit eingeschränkter Sicherheit und Verfügbarkeit »bezahlt« werden muss. Hohe Verfügbarkeit hingegen muss meist mit einer geringeren Rendite bezahlt werden. Grundsätzlich haben alle Anlagepro-

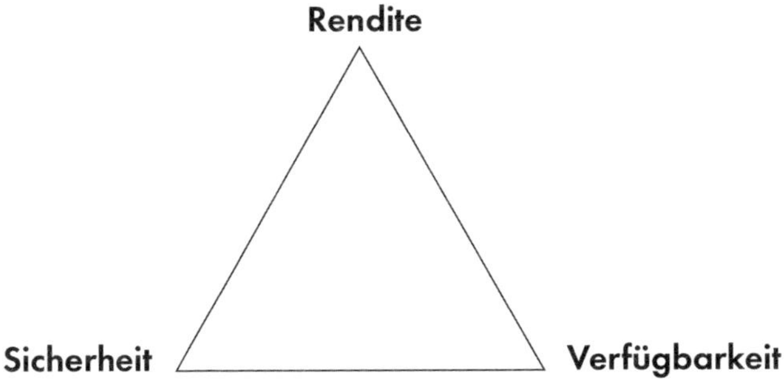

Magisches Dreieck der Geldanlage

dukte ein gewisses Verlustrisiko, aber einige haben ein höheres Verlustrisiko als andere. Es hängt von deiner Risikobereitschaft und deinen Zielen ab, bei welchem der drei Komponenten ein Kompromiss in Kauf genommen werden soll. Investieren bedeutet immer, Risiko und Rendite gegeneinander abzuwägen. Es geht darum, herauszufinden, welche Rendite du anstrebst und wie viel Risiko du dafür eingehen würdest.

Welche Assetklasse bietet welche Komponenten des magischen Dreiecks

Sicherheit und Verfügbarkeit hast du mit Sichteinlagen wie Bargeld oder mit einem Giro- oder Tagesgeldkonto, denn an das Geld kommst du jederzeit ran. Festgeld bietet ebenfalls Sicherheit, jedoch mit eingeschränkter Verfügbarkeit, da das Geld während der Laufzeit gebunden ist.

Rendite und Verfügbarkeit hast du zum Beispiel bei Aktien und ETFs. Sie sind jederzeit an der Börse handelbar – wenn im Worst-Case auch mit Verlust, aber je mehr Zeit du mitbringst und je länger du breit gestreut investierst, desto größer ist die Wahrscheinlichkeit, dass du auch eine gute Rendite erwirtschaftest.

Sicherheit und Rendite hast du mit Staatsanleihen oder Immobilien. Infolge eines guten Ratings profitieren Staatsanleihen meist von höherer Sicherheit, darunter leidet jedoch die Rendite. Je höher die Rendite, desto niedriger also die Sicherheit. Da Anleihen jederzeit vor Ablauf an der Börse verkauft werden können, bieten sie auch eine gewisse Verfügbarkeit. Allerdings schwankt ihr Kurs. Immobilien hingegen kombinieren Sicherheit mit der Möglichkeit, stabile Einnahmen aus Vermietung oder Wertsteigerung beim Verkauf zu erzielen.

Das magische Dreieck der Geldanlage zeigt dir, dass jede Entscheidung Kompromisse erfordert – es ist nicht möglich, alle drei Ziele gleichzeitig zu maximieren. Der Schlüssel liegt hier in deinem individuellen Ansatz: deinen finanziellen Zielen, deiner Risikobereitschaft und deinem Investitionshorizont, um dementsprechend dein Geld auf verschiedene Anlageformen zu verteilen. Außerdem kannst du bestimmte Risiken minimieren und teilweise sogar eliminieren. Schauen wir uns die verschiedenen Risiken am Aktienmarkt mal genauer an.

Es gibt da einmal das **Timing-Risiko**, also wenn du kurz vor einem Aktien-Crash am Hochpunkt investierst und die Aktien zu einem hohen Kurs kaufst. Ein Beispiel: Du hast direkt vor der Finanzkrise 2008 in den Markt investiert, kurz bevor die Kurse massiv einbrachen. Dein Investment hat dann innerhalb kurzer Zeit stark an Wert verloren, und es hat möglicherweise Jahre gedauert, bis die Verluste wieder ausgeglichen sind. Das Risiko besteht also darin, zum falschen Zeitpunkt eine große Summe zu investieren, aber du kannst es minimieren, indem du langfristig investierst und dir einen Sparplan einrichtest (dazu mehr im Abschnitt *Erfolgreich in ETFs investieren*).

Dann gibt es das **Einzelwertrisiko**. Das gehst du ein, wenn du in einzelne Aktienwerte investierst. Hier liegt das Risiko darin, dass der Wert eines einzelnen Unternehmens stark fallen oder das Unternehmen sogar insolvent gehen kann – erinnerst du dich an mein erstes Investment in Apple-Aktien? Ich hatte mein Geld in nur einen einzigen Wert investiert, hatte aber Glück. Ein anderes Negativbeispiel ist die Pleite von Wirecard im Jahr 2020 – Anleger, die viel Geld in diese eine Aktie investiert hatten, erlitten massive Verluste.

Dann gibt es das **Branchenrisiko**, dem du dich aussetzt, wenn du in einzelne Branchen investierst. Ein gutes Beispiel hierfür ist die Corona-Pandemie und ihre Auswirkungen auf die Fluggesellschaften.

Währenddessen brach der Flugverkehr weltweit ein, und Fluggesellschaften wie Lufthansa oder American Airlines verzeichneten erhebliche Verluste. Wenn dein Portfolio stark in die Luftfahrtbranche investiert gewesen wäre, hättest du deutliche Verluste erlitten. Andere Branchen, wie die Tech-Industrie, erholten sich jedoch schneller oder profitierten sogar von der Krise.

Das **regionale Risiko** entsteht, wenn du in einzelne Regionen investierst. Ein Beispiel für das regionale Risiko ist der russische Aktienmarkt im Jahr 2022 nach dem Einmarsch Russlands in die Ukraine. Hättest du stark in russische Unternehmen investiert, wären deine Investitionen aufgrund der westlichen Sanktionen, des drastischen Rückgangs der Aktienkurse und der Abkopplung des russischen Marktes von internationalen Finanzsystemen stark beeinträchtigt worden.

Und zuletzt gibt es noch das **Marktrisiko**. Das betrifft alle Investoren und ist unvermeidbar. Es tritt auf, weil der Aktienmarkt insgesamt Schwankungen unterliegt, die durch verschiedene Faktoren wie Zinspolitik, Konjunkturzyklen oder geopolitische Ereignisse beeinflusst werden können. Das Marktrisiko kannst du nicht eliminieren – und das ist okay. Denn Marktrisiken nimmst du in Kauf, um langfristig Renditen zu erzielen. Ohne Risiko gibt es keine Rendite. Schwankungen im Markt sind normal, und kurzfristige Verluste sollten dich nicht verunsichern, solange du eine langfristige Anlagestrategie verfolgst.

Merke dir: Alle Risiken, bis auf das Marktrisiko, kannst du eliminieren, indem du in möglichst viele Aktien, in möglichst viele Branchen und Regionen sowie über einen möglichst langen Zeitraum investierst. Das heißt, du investierst prognosefrei, triffst also keine Vorhersage darüber, welche Branche, welches Land oder welche Region in Zukunft besser laufen wird als der Markt. Diese breite Streuung, die du durch die breite Investition in den Aktienmarkt erreichst, nennt man auch **Diversifikation**. Du erhältst somit die Marktrendite, abzüglich der Kosten für die Investition, und bist auch den Marktschwankungen vollumfänglich ausgesetzt. Daher kommt der Ausdruck »den Markt kaufen«. Dies kannst du durch Investitionen in ETFs (Exchange Traded Funds), die die Weltwirtschaft abbilden, tun.

Langfristiges, passives Investieren bedeutet übrigens nicht, dass du auf Rendite verzichtest – im Gegenteil. Indem du in breit gestreute Indizes investierst, profitierst du von der langfristigen Wachstumsrate der Weltwirtschaft. Das erfordert weniger aktive Entscheidungen und weniger Stress. Du lässt den Markt für dich arbeiten und fokussierst dich auf deine eigenen Ziele. Denn Investieren ist kein Rate- oder Glücksspiel, sondern eine Strategie, die auf wissenschaftlichen Erkenntnissen basiert.

Im Gegensatz dazu stehen Spekulationen und die Hoffnung auf schnellen Reichtum. Spekulation wäre zum Beispiel die Auswahl einzelner Aktien in der Hoffnung, dass sie künftig steigen. Ein aktiver Investor gibt sich mit der Marktrendite nicht zufrieden und glaubt, dass es möglich sei, den Markt systematisch zu schlagen. Er versucht also, auf Basis einer bestimmten Anlagestrategie eine sogenannte Überrendite zu erzielen: zum Beispiel indem er eine Aktie kauft, von der er glaubt, dass sie unterbewertet ist und sie zukünftig besser laufen wird als der Markt, das ist das sogenannte **Stock Picking**. Oder indem der aktive Investor versucht, eine Aktie zu einem günstigen Kurs zu kaufen, um sie dann kurz vor dem vermuteten Höhepunkt wieder zu verkaufen, sogenanntes **Market Timing**.

Aktives Investieren ist zwangsläufig immer eine Form von Stock Picking, Market Timing oder eine Mischung aus beidem. Die Vorstellung dahinter ist folgende: Aktive Investoren kaufen Wertpapiere oder ganze Marktsegmente, welche die restlichen Marktteilnehmer vermeintlich vorübergehend über- oder unterbewertet haben. Sobald die restlichen Marktteilnehmer ihren Irrtum erkannt und korrigiert haben, kann der aktive Investor einen Gewinn erzielen. Dieses aktive Investieren birgt die Gefahr von Fehlentscheidungen und höheren Kosten. Unzählige wissenschaftliche Studien haben belegt, dass die Mehrheit der aktiven Investoren, sei es Anleger in Einzelaktien[7] oder aktiv gemanagte Aktienfonds[8], den Markt langfristig nicht schlagen können. Hohe Gebühren und Steuern mindern oft die erzielte Rendite. Um solche Spekulation durch aktives Investieren geht es in diesem Buch nicht, und darauf solltest du auch nicht den Hauptteil deines Vermögens und deiner Altersvorsorge setzen. Sondern du lernst hier vielmehr, wie du nachhaltig auf Basis von wissenschaftlichen Erkenntnissen investierst statt auf gut Glück oder Hoffnung. Versuche also nicht, den Markt zu schlagen – was oft mit hohen Kosten und Risiken verbunden ist –, sondern investiere klug den Hauptteil deines Geldes in den Markt.

Asset Allocation

Nachdem du nun weißt, dass sich passives Investieren hervorragend für den langfristigen Vermögensaufbau eignet, gehen wir noch einmal zurück zu den verschiedenen Assetklassen. Erinnere dich an das magische Dreieck: Mit einer einzigen Assetklasse kannst du nicht alle Ziele erreichen. Du kannst jedoch deine Anlagen verteilen, um dann doch etwas von allem zu bekommen: Rendite, Sicherheit und Verfügbarkeit. In diesem Kapitel geht es um die prozentuale Aufteilung deines Portfolios in risikoreiche und risikoarme Teile, die zu dir und deinem Leben passen. Der erste Baustein ist der **Sicherheitsbaustein**. Dieser besteht aus sicheren Anlagen wie Bargeld, Tagesgeld, Festgeld oder Staatsanleihen mit hoher Bonität. Diese Anlagen dienen dazu, dein Kapital zu erhalten und Schwankungen im risikoreichen Teil deines Portfolios auszugleichen. Sie bieten jedoch in der Regel geringe bis keine Renditen. Beachte, dass der Notgroschen nicht zu diesem Teil gehört – dieser sollte separat gehalten werden, um jederzeit verfügbar zu sein. Der zweite Baustein ist der **Renditebaustein**. Darunter fallen risikoreiche Anlagen wie Aktien oder ETFs. Dieser Teil deines Portfolios ist für die langfristige Wertsteigerung deines Kapitals verantwortlich. Auch wenn er Schwankungen unterliegt, ist der Renditebaustein unverzichtbar, wenn du über die Zeit eine positive Rendite erzielen möchtest.

Merke dir: Der risikoreiche Portfolioteil ist als »Renditemotor« für die Erzeugung der Rendite deines Geldes zuständig, während der risikoarme (»risikofreie«) Portfolioteil als »Sicherheitsanker« dient. Das Verhältnis zwischen diesen beiden Bausteinen, also den verschiedenen Assetklassen, nennt man Asset Allocation. Dieses Verhältnis kannst du selbst mit deiner Risikobereitschaft bestimmen.

Um eine zu dir passende Aufteilung zwischen risikoarmen und risikoreichen Anlagen vorzunehmen, muss man die Risikotypen kennen. Dabei möchte ich ausdrücklich betonen, dass es hierbei nicht um eine Beurteilung geht, welcher Risikotyp besser oder schlechter ist. Jeder hat unterschiedliche Präferenzen und Ziele, und es ist nur wichtig, eine zu dir passende Strategie zu finden. Grob lässt sich zwischen den drei Risikotypen risikoavers, ausgewogen und risikofreudig unterscheiden.

Wenn du **risikoavers** bist, legst du großen Wert auf Kapitalerhalt und Sicherheit. Du möchtest mögliche Verluste minimieren und bevorzugst daher eher konservative Anlagestrategien. Du bist bereit, potenziell höhere Renditen zugunsten von Stabilität und Sicherheit aufzugeben. Wer bei starkem Kursabfall nachts nicht mehr gut schlafen kann, kann auch ganz auf die Anlage in Aktien verzichten. Das ist in Zeiten von Niedrig- oder Nullzinsen jedoch besonders riskant, denn wenn du auf lange Sicht dein Kapital erhalten und vermehren möchtest, kommst du in der Regel an einem kleinen Anteil von risikoreicheren Anlagen nicht vorbei.

Als **ausgewogener** Risikotyp bist du hingegen bereit, ein gewisses Maß an Risiko für langfristiges Wachstum einzugehen. Du suchst nach einem ausgewogenen Verhältnis zwischen Rendite und Risiko, bevorzugst eine diversifizierte Anlagestrategie zur Risikostreuung.

Wenn du **risikofreudig** bist, bist du bereit, höhere Risiken einzugehen, um potenziell höhere Renditen zu erzielen. Du bist für langfristiges Wachstum bereit, kurzfristige Schwankungen auszuhalten. In einem solchen Portfolio stecken überwiegend risikoreiche Anlagen und wenig risikoarme Anlagen.

Und jetzt die allentscheidende Frage: Welcher Risikotyp bist du? Es gibt verschiedene Möglichkeiten, deinen eigenen Risikotyp zu bestimmen. Du könntest dir erstmal selbst die Frage stellen, mit welchem Typen du dich am meisten identifizierst und wohlfühlst. Wie viel Risiko möchtest du eingehen? Wie hoch ist deine **Risikobereitschaft**? Wie gut kannst du mit Unsicherheiten und Kursschwankungen umgehen? Kannst du nachts gut schlafen, wenn dein Depot plötzlich mal nur noch halb so viel wert ist? Und auf der anderen Seite: Wie viel Risiko kannst du dir überhaupt leisten? Das ist deine sogenannte **Risikotragfähigkeit**. Nicht jeder Mensch kann ein hohes Risiko tragen. Wer zum Beispiel auf Einnahmen aus seinen Investments, wie regelmäßige Zahlungen, angewiesen ist, setzt mehr auf Sicherheit als auf Rendite. Andere, die schon viel Geld beiseitegelegt haben und die Zusatzeinnahmen nicht für den Lebensunterhalt benötigen, können entsprechend ein etwas höheres Risiko tragen. Überlege dir, wie viel Vermögen du bereits besitzt, wie sicher dein Job ist, wie viel du verdienst oder ob du sonstige Verpflichtungen hast (zum Beispiel Eigenheim oder Kinder). Du solltest hier auch nicht deine persönliche Lebenssituation vergessen. Wie viel Zeit bringst du mit? Wann könntest du dein Geld brauchen? Je nachdem, je länger dein **Anlagehorizont** ist, desto höher kann dein Risiko sein. Grundsätzlich gilt: Je jünger du bist, desto mehr Risiko könntest du dir in der Regel leisten, da du mehr Zeit hast, um Krisen durchzustehen. Wirst du älter, könntest du den risikoarmen Teil Schritt für Schritt hochfahren und dein Risiko senken.

Es gibt keine pauschale Antwort darauf, welche Anlagestrategie zu dir passt. Die Definition der persönlichen Anlagestrategie ist individuell. Um deine Risikobereitschaft besser zu verstehen, kannst du den nachfolgenden Risikofragebogen nutzen. Basierend auf deinen Antworten erhältst du eine erste Einschätzung.

JETZT BIST DU DRAN

Dieser Risikofragebogen kann dir dabei helfen, deinen Risikotypen zu bestimmen. Sei dabei ehrlich und selbstreflektiert. Wähle jeweils die zutreffendste Antwort.

Wie wichtig ist es dir, dass dein investiertes Geld sicher angelegt ist?

- Sehr wichtig, ich möchte mein Geld sicher anlegen. (1 Punkt)
- Wichtig, aber ich kann auch geringe potenzielle Verluste tolerieren. (2 Punkte)
- Nicht so wichtig, ich bin für langfristig höhere Renditen bereit, kurzfristig potenzielle Verluste in Kauf zu nehmen. (3 Punkte)

Wie reagierst du, wenn deine Investition kurzfristig 30 Prozent an Wert verliert?

- Ich verkaufe sofort alle meine Anteile, um Verluste zu minimieren. (1 Punkt)
- Ich werde schon nervös, aber warte ab und beobachte die Entwicklung. (2 Punkte)
- Ich sehe das als Chance, um zu einem niedrigen Kurs nachzukaufen. (3 Punkte)

Wie lange möchtest du dein Geld investieren?

- Weniger als 3 Jahre. (1 Punkt)
- 3 bis 10 Jahre. (2 Punkte)
- Mehr als 10 Jahre. (3 Punkte)

Was ist dir wichtiger?

- Mir ist es wichtiger, kein Geld zu verlieren, als mein Geld zu vermehren. (1 Punkt)
- Mir ist es wichtiger, mein Geld zu vermehren, auch wenn das Risiko größer ist. (3 Punkte)

Wie gut kannst du mit Unsicherheiten und Kursschwankungen umgehen?

- Sehr schlecht, ich möchte möglichst wenig Risiko eingehen. (1 Punkt)
- Schwankungen verunsichern mich schon etwas. (2 Punkte)
- Schwankungen sind für mich kein Problem. Ich bleibe ruhig. (3 Punkte)

Rechne nun deine Punkte zusammen und schaue, auf welchen Risikotypen dein Ergebnis hinweist.

Wenn du *5 bis 8 Punkte* erzielt hast, deutet das auf eine risikoaverse Risikobereitschaft hin. Du legst großen Wert auf Sicherheit, und für dich könnte eine Anlagestrategie mit einem hohen Anteil an sicheren Anlagen geeignet sein.

Wenn du *9 bis 12 Punkte* erzielt hast, deutet das auf eine ausgewogene Risikobereitschaft hin. Du suchst nach einem ausgewogenen Verhältnis zwischen Rendite und Risiko. Eine diversifizierte Anlagestrategie mit einer Mischung aus risikoarmen und risikoreichen Anlagen könnte gut zu dir passen.

Wenn du *13 bis 15 Punkte* erzielt hast, deutet das auf eine risikofreudige Risikobereitschaft hin. Du bist bereit, höhere Risiken einzugehen, um potenziell höhere Renditen zu erzielen. Ein hoher Anteil an risikoreichen Anlagen könnten gut zu deiner Risikobereitschaft passen.

Dieser Fragebogen dient als Orientierungshilfe. Denke daran, dass es bei deinem Risikotyp kein Richtig oder Falsch gibt, sondern darum geht, eine Strategie zu finden, die zu deinen Zielen, Präferenzen und deinem individuellen Risikoprofil passt.

Nachdem du nun deinen Risikotypen kennst, werden wir jetzt herausfinden, welche **Anlagestrategie** was bewirkt. Wir alle haben eigene Ziele, Risikotoleranzen und Präferenzen. Dies spiegelt sich in der Anlagestrategie wider. Eine Anlagestrategie kann als Plan oder Methode betrachtet werden, um deine Investitionen zu verwalten und dein Risiko zu steuern. Dein Risikotyp hat einen direkten Einfluss auf die Wahl deiner Anlagestrategie. Aus der Risikobereitschaft kannst du dann den Anteil der Aktienquote bestimmen. Wenn du risikoavers bist, könntest du eine konservativere Strategie mit einem höheren risikoarmen Anteil, zum Beispiel mit Anleihen oder Festgeld, und einem geringeren risikoreichen Anteil, zum Beispiel mit Aktien, in Erwägung ziehen. Das wären zum Beispiel 90 Prozent risikoarme Anlagen und 10 Prozent in risikoreiche Anlagen. Wenn du hingegen risikofreudig bist, könntest du auch 100 Prozent in Aktien gehen. So mache ich es zum Beispiel. Mit Aktien meine ich hier übrigens die Assetklasse Aktien, in diesem Fall also ETFs. Es gibt aber auch ausgewogene Strategien, wenn du dich zwischen den

Extremen befindest und eine ausgewogene Balance zwischen Rendite und Risiko suchst, das wäre zum Beispiel ein Verhältnis von 50:50.

In der Tabelle siehst du, was welche Aktienquote langfristig an Rendite bewirkt und wie sich unterschiedliche Aktienquoten auf den Endbetrag deiner Investition von 10 000 Euro nach 30 Jahren auswirken, basierend auf den Annahmen einer jährlichen Rendite von 7 Prozent für Aktien und 2 Prozent für sichere Anlagen:

Aktienquote	Anlagebetrag	Endbetrag
10 Prozent	10 000 Euro	23 915 Euro
50 Prozent	10 000 Euro	47 118 Euro
80 Prozent	10 000 Euro	64 521 Euro
100 Prozent	10 000 Euro	76 123 Euro

Je höher dein Anteil an risikoarmen Anlagen ist, desto geringer ist in der Regel die potenzielle Rendite, aber auch das Verlustrisiko. Auf der anderen Seite ist es bei einem höheren Aktienanteil anders herum. Überlege dir gut, welche Asset Allocation zu dir passt. Das ist individuell, und es ist nicht die eine Strategie besser oder schlechter als die andere.

JETZT ABHAKEN

- ☐ Du hast verstanden, dass das Investieren nicht nur eine Geldanlage ist, sondern eine Möglichkeit, dein Kapital langfristig für dich arbeiten zu lassen.
- ☐ Du hast erkannt, dass das Sparen allein nicht reicht, um langfristig Vermögen aufzubauen, da Inflation den Wert deines Geldes kontinuierlich auffrisst.
- ☐ Du kennst den Unterschied zwischen realer und nominaler Rendite.
- ☐ Du verstehst den Zinseszinseffekt, und wie du ihn für deinen Vermögensaufbau nutzen kannst.

- [x] Du weißt, was eine Assetklasse ist und welche es gibt.
- [x] Du kennst das magische Dreieck der Geldanlage und weißt, dass Rendite, Sicherheit und Verfügbarkeit niemals mit einer einzigen Anlage gleichzeitig erzielbar sind.
- [x] Du weißt, welche Rendite du erzielen möchtest und welches Risiko du dafür eingehen würdest.
- [x] Du kennst das Timing-, das Einzelwert-, das Branchen-, das regionale und das Marktrisiko.
- [x] Du weißt, dass du alle Risiken, bis auf das Marktrisiko, eliminieren kannst, indem du in möglichst viele Aktien, in möglichst viele Branchen und Regionen und über einen möglichst langen Zeitraum investierst.
- [x] Du weißt, dass die Asset Allocation – also die prozentuale Verteilung deines Portfolios auf verschiedene Assetklassen – individuell auf dich abgestimmt sein sollte, basierend auf deinem Risikoprofil und deinen Anlagezielen.
- [x] Du hast herausgefunden, ob du eher ein risikoaverser, ausgewogener oder risikofreudiger Anlegertyp bist.
- [x] Du hast für dich entschieden, welche Aktienquote du in deinem Portfolio haben möchtest.
- [x] Du hast gelernt, dass langfristig passives Investieren in ETFs, die die Weltwirtschaft abbilden, eine verlässliche Strategie zum Vermögensaufbau ist.

Dein (erstes) ETF-Portfolio

Jetzt wird es ernst. Erst einmal finde ich es klasse, dass du dich bis hierhin durchgearbeitet hast! Du bist auf dem besten Weg, deine finanzielle Zukunft in die eigenen Hände zu nehmen. In diesem Kapitel geht es um den Kern des Investierens und das Fundament deines langfristigen Vermögensaufbaus: die Zusammenstellung deines ETF-Portfolios. Lass uns direkt damit starten, dein vielleicht erstes ETF-Portfolio zusammenzustellen.

Was sind ETFs und wie funktionieren sie?

ETF steht für Exchange Traded Fund und bedeutet auf Deutsch börsengehandelter Indexfonds. Das mag auf den ersten Blick komplex wirken, ist es aber nicht. Im Gegenteil, denn ETFs sind einfach zu verstehende Produkte. Funktionsweise und Vorteile eines ETFs lassen sich am besten anhand der drei Teile des Begriffs »Exchange Traded Fund« erklären:

Exchange Traded: Das heißt börsengehandelt, denn wie Aktien werden ETFs dort gehandelt. Du kannst während der Börsenöffnungszeiten jederzeit ETFs kaufen und verkaufen. Dazu gibst du eine Kauf- oder Verkaufsorder über deine Bank an einer bestimmten **Börse** auf. Die Börse ist der Handelsplatz, an dem du ETFs kaufen und verkaufen kannst. Dort treffen Käufer und Verkäufer aufeinander, und die Börse reguliert das Angebot und die Nachfrage. Dabei musst du nur verstehen, dass es nicht nur eine Börse gibt, sondern viele verschiedene weltweit, davon befinden sich die bekanntesten in New York (New York Stock Exchange, NASDAQ), in London (London Stock Exchange), in Tokio (Tokyo Stock Exchange) sowie in Shanghai (Shanghai Stock Exchange) und Shenzhen (Shenzhen Stock Exchange). Die größte deutsche Börse ist die in Frankfurt. Jede hat ihre eigenen Handelszeiten und Regeln. Wenn deine ETF-Kauforder an »deiner« Börse ausgeführt wurde, erhältst du eine Mitteilung mit Informationen zum ausgeführten Kurs und der Ausführungszeit. Die ETF-Anteile, die du kaufst, existieren übrigens schon vorher – sie gehörten nur einem anderen Anleger, dem du sie abgekauft hast. Die ETF-Anteile werden dir dann nach erfolgreicher Ausführung in dein **Depot** eingebucht, und dein Depot-Anbieter zieht dir den Kaufpreis von deinem Verrechnungskonto ab. Das Depot ist der Aufbewahrungsort für deine Wertpapiere, wie ein Lager: Das Depot zeigt dir, welche Wertpapiere du auf Lager hast, wie diese sich seit dem Kauf entwickelt haben und wie hoch der Wert deines Depots ist.

Fund: Ein Investmentfonds bündelt Geld von Anlegern wie uns und investiert es dann nach festgelegten Anlagegrundsätzen in Wertpapiere. Das können, je nach Art des Fonds, Aktien, Immobilien, Rohstoffe oder Anleihen sein. Einfach gesagt: Ein ETF ist ein Fonds, der das Geld vieler Anleger einsammelt und es dann zum Beispiel in den Aktienmarkt investiert. Das Besondere an ETFs ist, dass sie einen **Index** abbilden, zum Beispiel den MSCI World oder den DAX. Stell dir dafür vor, du möchtest einen Obstkorb kaufen, dabei ist der Index wie eine Liste Obstsorten: Äpfel, Birnen und Bananen. Ein ETF ist dann der Korb, der dieses Obst für dich einsammelt – und zwar genau zu den Anteilen auf der Liste. Wenn der Preis für Äpfel steigt, steigt auch der Wert deines Obstkorbs; wenn der Preis für Bananen sinkt, wird auch der Wert deines Korbs ein bisschen sinken. Aber du hast zum Wertausgleich immer noch die anderen Früchte im Korb.

Jeder ETF ist übrigens eindeutig anhand der deutschen **WKN** (Wertpapierkennnummer) oder der internationalen **ISIN** (International Securities Identification Number) erkennbar. Das sind eindeutige Kennungen, die sicherstellen, dass du den richtigen ETF kaufst, damit keine Verwechslungen auftreten. Dies ist besonders nützlich, da es viele verschiedene ETFs gibt, die ähnliche oder sogar identische Anlagestrategien verfolgen.

Es gibt zwei Arten von Investmentfonds: **aktiv gemanagte und passiv gemanagte Fonds**. Aktive Fonds existieren, wie auch ETFs, auf alle Arten von Wertpapieren wie Aktien, Anleihen oder Immobilien. Wenn sie mehrere dieser Assetklassen kombinieren, handelt es sich um Mischfonds (bei ETFs heißen diese Multi-Asset-ETFs). Aktiv gemanagte Fonds werden von einem Fondsmanager verwaltet, der das Geld der Anleger möglichst rentabel anlegen soll und somit aktiv versucht, bestimmte Wertpapiere für eine möglichst hohe Rendite auszuwählen. Er und sein Team aus Spezialisten analysieren, welche Wertpapiere sich zukünftig positiv entwickeln könnten, und kaufen diese ein. Umgekehrt könnten sie auch jederzeit Wertpapiere verkaufen, wenn sie glauben, dass diese sich schlecht entwickeln könnten. Bei einem aktiven Fonds ist das Ziel wie beim Stock Picking der Privatanleger, den Markt zu schlagen. Das mag sich erstmal attraktiv anhören, geht aber mit zwei Nachteilen einher: Erstens verlangen aktive Fonds recht hohe Gebühren, schließlich müssen der Fondsmanager und sein Team vergütet werden. Und der zweite Nachteil: Die große Mehrheit der aktiven Fonds schafft es über lange Zeit nicht, den Markt zu schlagen. Woran wird das gemessen? Es wird ein Vergleichsindex zum Performancevergleich herangezogen: die **Benchmark**. Langfristige Untersuchungen[9] von S&P Global (SPIVA-Scorecards) sind nur eine von mehreren Hundert Studien, die zeigen, dass die Mehrheit der aktiven Fonds es nicht schaffen, ihre jeweiligen Benchmark-Indizes langfristig zu schlagen. Laut der SPIVA-Scorecard haben 90 Prozent der aktiv gemanagten US-Aktienfonds über einen Zeitraum von 10 Jahren schlechter abgeschnitten als ihre Benchmarks. Für europäische Aktienfonds lag die Quote über 10 Jahre bei 92 Prozent. Das heißt: Du musst bei aktiven Fonds im Vergleich zu ETFs höhere Gebühren zahlen, aber bekommst schlechtere Renditen. Kein guter Deal, oder?

Passives Investieren hingegen ist prognosefreies Investieren. Es sucht kein Fondsmanager bestimmte Wertpapiere auf Basis von Prognosen und Annahmen aus, sondern der ETF bildet passiv den zugrundeliegenden Index ab, er repliziert ihn, kopiert die Wertentwicklung des zugrundeliegenden Index. Da ETFs den Index passiv abbilden, werden sie auch Indexfonds genannt. Wenn der zugrundeliegende Index zum Beispiel um 3 Prozent sinkt, dann verliert auch der ETF um 3 Prozent an Wert. Du nimmst mit dem ETF also alle Höhen und Tiefen des Marktes mit.

Ein Index kann entweder einen ganzen Markt, einen Teilmarkt (zum Beispiel ein Land, eine Branche oder eine Region) oder eine Investmentstrategie (zum Beispiel Dividenden oder Nachhaltigkeit) repräsentieren. Ein Aktienindex umfasst verschiedene Unternehmen und gibt demnach einen Überblick über die Kursentwicklung bestimmter Wertpapiere. Es gibt zum Beispiel auch Themenindizes, die bestimmte Themen abdecken, wie erneuerbare Energien oder künstliche Intelligenz. Der Index, den der ETF abbildet, ist immer im ETF-Namen enthalten. So bildet beispielsweise der iShares Core MSCI World UCITS ETF USD (Acc) (WKN: A0RPWH) den »MSCI World« ab, der Vanguard FTSE Developed World UCITS ETF (Acc) (WKN A2PLS9) hingegen den »FTSE Developed World«. Beide Indizes enthalten Aktienunternehmen aus Industrieländern. Der MSCI World wird vom Indexanbieter MSCI aufgelegt und der FTSE Developed World vom Indexanbieter FTSE. MSCI und FTSE haben also unterschiedliche Indizes für den Markt »Aktienunternehmen aus Industrieländern«. Es gibt demnach verschiedene Indizes für ähnliche Märkte, so wie es verschiedene Automarken wie VW, Tesla oder Audi gibt, die verschiedene Autos herstellen. Weitere bekannte Indexanbieter sind NASDAQ, Dow Jones oder S&P. Neben dem Indexanbieter gibt es auch die ETF-Anbieter, die ETFs konstruieren und auf den Markt bringen. Während die Indexanbieter (oft in Zusammenarbeit mit den ETF-Anbietern) bestimmen, wie ein Index zusammengesetzt wird, entscheiden die ETF-Anbieter über die spezifischen Merkmale des jeweiligen ETFs. Die verschiedenen Merkmale von ETFs werden wir uns im Abschnitt *ETFs richtig auswählen* anschauen, wenn wir dein ETF-Portfolio zusammenstellen.

Der Auswahl der Wertpapiere, die in einen Index aufgenommen werden, liegen bestimmte Kriterien zugrunde. Bei Aktienindizes kann zum Beispiel die Unternehmensgröße ein Kriterium sein, die in der Regel durch die **Marktkapitalisierung** bestimmt wird. Die Marktkapitalisierung (auch: der Börsenwert) ist der aktuelle Marktwert eines Unternehmens. Grundsätzlich unterscheidet man zwischen Large, Mid und Small Caps. Jeder Indexanbieter geht unterschiedlich bei der Definition dieser großen, mittleren und kleinen Unternehmen vor. In Deutschland gibt die Deutsche Börse den DAX, MDAX und SDAX heraus. **Large Caps** werden auch als Standardwerte oder Bluechips bezeichnet, die sich in Deutschland im DAX befinden. Er enthält die 40 größten deutschen börsengelisteten Unternehmen, gemessen an der Marktkapitalisierung, und repräsentiert rund 80 Prozent der Marktkapitalisierung börsennotierter Aktienunternehmen in Deutschland. **Mid Caps** sind in Deutschland im MDAX gelistet, der aus 50 Werten besteht. Diese sind die 50 nächstgrößeren Unternehmen, die auf den DAX folgen. Der MDAX repräsentiert somit mittelgroße deutsche Unternehmen, die nicht groß genug für den DAX, aber zu groß für den SDAX sind. **Small Caps** sind Aktien, deren Börsenwerte so gering sind, dass sie nicht zu den Large und den Mid Caps zählen. Sie finden sich in Deutschland unter anderem im SDAX, in dem 70 kleinere Unternehmen gelistet sind. MSCI unterteilt die drei Kategorien wiederum folgendermaßen: Die nach Marktkapitalisierung größten 70 Prozent der Aktienunternehmen werden als Large Caps eingestuft, die folgenden 15 Prozent zählen zu den Mid Caps und die nächsten 14 Prozent sind die Small Caps. Somit bildet die MSCI-Indexfamilie 99 Prozent der gesamten Marktkapitalisierung ab.

Je größer die Marktkapitalisierung des Unternehmens ist, desto größer ist in der Regel auch das Gewicht des jeweiligen Unternehmens im Index und der Einfluss auf die Rendite des Indizes. Der MSCI World Index enthält zum Beispiel die 1600 größten Aktienunternehmen aus 23 Industrieländern weltweit, darunter aus den USA, Deutschland oder der Schweiz. Der MSCI World schließt dabei Aktien mit geringem Börsenwert sowie aus Schwellenländern, wie Mexiko, Brasilien, Griechenland oder Südafrika, aus. Diese Schwellenländeraktien sind stattdessen im MSCI Emerging Markets enthalten. Im MSCI World sind die Werte nach Marktkapitalisierung gewichtet. Da Apple aktuell (Stand: Dezember 2024) das an der Marktkapitalisierung gemessen wertvollste Unternehmen der Welt ist, ist es auch am höchsten im MSCI World gewichtet. Da sich der Börsenwert kontinuierlich ändern kann, werden die enthaltenen Werte in den Indizes regelmäßig geprüft und aktualisiert. Ein Index ist demnach niemals statisch, sondern passt sich dynamisch an die Marktlage an.

ETFs haben fünf große Vorteile

ETFs sind einfach und transparent. Sie eignen sich perfekt für deinen Vermögensaufbau, da sie leicht zu verstehen sind und transparent funktionieren. Mit ETFs kannst du ganz unkompliziert direkt in verschiedenste Märkte investieren – eigenständig ohne einen Berater. Du kannst selbst festlegen, wie viel Geld du worin investierst. Wenn du zum Beispiel einen ETF auf den S&P 500 (US-amerikanischer Aktienindex) kaufst, wird dieser keine Aktien aus Deutschland wie Merck oder Daimler enthalten. Du weißt also ganz genau, wohin dein Geld fließt. Du wirst zum Do-it-yourself-Anleger und kannst dein ETF-Portfolio frei nach deinen eigenen Vorstellungen gestalten. Beim Aufbau deines Portfolios hast du einmal den Aufwand, dir das ganze Wissen anzueignen. Und das tust du ja gerade mit diesem Buch. Nach der initialen Zusammenstellung deines Portfolios hast du nur noch wenig Aufwand mit dessen Pflege. Ganz anders sähe das bei einer Investition in Einzelaktien aus, die du regelmäßig im Blick haben solltest. Sobald dein ETF-Portfolio einmal eingerichtet ist, kannst du dich das gesamte Jahr über zurücklehnen und müsstest dich theoretisch nur am Jahresende um das Rebalancing kümmern. Dazu später mehr im Abschnitt *Kontrolle über dein Depot behalten.*

ETFs sind kostengünstig. ETFs gehören zu den Anlageformen mit den niedrigsten Gebühren. Die jährlichen Gebühren eines ETFs liegen in der Regel zwischen 0,03 und 1 Prozent. Aktive Aktienfonds, die von einem Fondsmanager verwaltet werden, kosten meist zwischen 1,5 bis teilweise über 2,5 Prozent pro Jahr. Hinzu kommt der einmalige Ausgabeaufschlag für den Kauf von Fondsanteilen, der meist circa 5 Prozent der Anlagesumme beträgt.

In der Tabelle sind die wesentlichen Unterschiede aktiver und passiver Investmentfonds gegenübergestellt:

	Aktive Investmentfonds	Passive Indexfonds (ETFs)
Anlagestil	Aktive Auswahl von Wertpapieren	Passive Nachbildung eines Referenzindex
Diversifikation	In der Regel niedrige Streuung	Breite Streuung
Anlageziel	Versuch, den Markt zu schlagen und eine größere Rendite als die Marktrendite zu erzielen	Erzielung der Marktrendite
Anlagephilosophie	Markt wird als Gegner betrachtet, der geschlagen werden muss	Markt wird als Verbündeter betrachtet
Laufende Kosten	1,5 bis 2,5 Prozent	0,03 bis 1 Prozent
Ausgabeaufschlag	Bis zu 5 Prozent der Anlagesumme	Gibt es bei ETFs nicht

Vielleicht denkst du dir jetzt: »Ob ich nun 1 oder 2,5 Prozent zahle, macht ja kaum einen Unterschied.« Doch ist das wirklich so? Schauen wir uns das mal anhand eines Beispiels an: den aktiven Fonds Flossbach von Storch Multiple Opportunities im Vergleich zu einem ETF auf den MSCI World. Der Flossbach von Storch Multiple Opportunities R (WKN: A0M430) hat einen Ausgabeaufschlag von 5 Prozent und verursacht laufende Kosten in Höhe von 1,62 Prozent (Stand: Dezember 2024). Der iShares Core MSCI World UCITS ETF USD (Acc) (WKN: A0RPWH) hat wie alle ETFs keinen Ausgabeaufschlag und verursacht laufende Kosten in Höhe von 0,2 Prozent (Stand: Dezember 2024).

Wenn du 10 000 Euro investierst, würden sich die Kosten bei dem aktiven Fonds auf 162 Euro pro Jahr und zusätzlich 500 Euro einmalig durch den Ausgabeaufschlag belaufen. Bei dem ETF lägen die jährlichen Kosten bei 20 Euro. Der aktiv gemanagte Fonds hat 20-mal höhere laufende Kosten als der ETF.

Machen diese Kosten langfristig wirklich so einen Unterschied am Gesamtvermögen? Oh ja! Nehmen wir weiter an, du investierst 10 000 Euro jeweils einmalig über 40 Jahre hinweg, sowohl in den aktiven Fonds von Flossbach von Storch als auch in den ETF. Wir nehmen an, dass beide Investitionen eine jährliche Bruttorendite von 7 Prozent vor Gebühren erzielen.

- Aktiver Fonds (Flossbach von Storch Multiple Opportunities R)

  Startkapital nach Ausgabeaufschlag: 10 000 Euro – 500 Euro = 9 500 Euro

  Nettorendite: 7 Prozent – 1,62 Prozent = 5,38 Prozent

  Endkapital = 9 500 Euro (1 + 0,0538)^40 = 77 277 Euro

- ETF (iShares Core MSCI World UCITS ETF USD (Acc))

  Startkapital: 10 000 Euro

  Nettorendite: 7 Prozent – 0,2 Prozent = 6,8 Prozent

  Endkapital = 10 000 Euro (1 + 0,068)^40 = 138 947 Euro

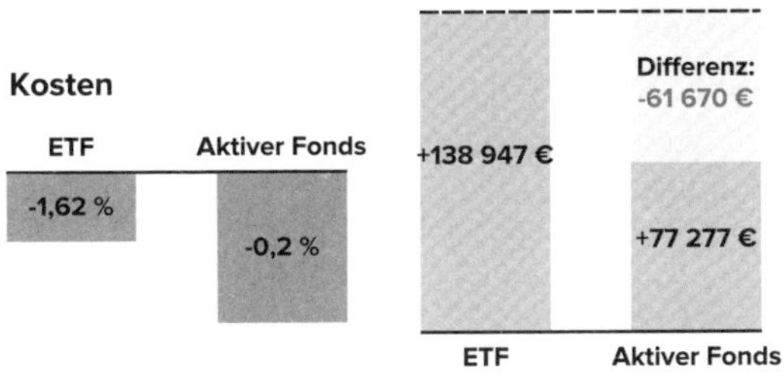

ETF versus aktiver Fonds

Dieses Beispiel zeigt den deutlichen Unterschied in den Endkapitalbeträgen. Durch die niedrigeren Gebühren des ETFs kann dein Vermögen langfristig erheblich stärker wachsen. Die Verwaltungsgebühren eines aktiven Fonds mit hohen Gebühren können dich Zehntausende Euro kosten. Möchtest du auf dieses Geld verzichten? Ich jedenfalls nicht!

ETFs sind breit gestreut. Mit nur einem einzigen ETF kannst du in Hunderte oder sogar Tausende Wertpapiere gleichzeitig investieren. Dadurch ist das Risiko im Vergleich zu einem Einzelinvestment erheblich reduziert. Dieses Einzelwertrisiko sollte dir immer bewusst sein, wenn du in Einzelaktien investierst! Bei einem ETF hingegen wird dein Geld auf viele verschiedene Aktien verteilt. Dadurch kann ein Verlust von einer einzelnen Aktie durch Gewinne von vielen anderen Aktien ausgeglichen werden. Übrigens kann ein Totalverlust bei Einzelaktien nie ausgeschlossen werden, während bei ETFs hingegen theoretisch alle im ETF enthaltenen Werte Pleite gehen müssten. Für einen ETF wie den MSCI World, der in etwa 1600 Unternehmen enthält, müssten demnach alle 1600 Unternehmen Pleite gehen. Dazu gehören die größten Unternehmen der Industrieländer wie Microsoft, Apple, Amazon oder Alphabet. Wie wahrscheinlich das ist, kannst du dir selbst beantworten. Ich persönlich halte dieses Szenario nur bei einem totalen Untergang der Weltwirtschaft für denkbar, bei dem es sehr wahrscheinlich dringlichere Probleme gäbe als den Wert von ETF-Anteilen.

ETFs sind renditestark. Die Renditen eines ETFs hängen von den darin enthaltenen Wertpapieren ab. Aktien waren jahrzehntelang die renditestärkste Assetklasse. Über einen Zeitraum von 50 Jahren hat eine langfristige Investition in die Weltwirtschaft durchschnittlich 7 bis 9 Prozent pro Jahr eingebracht. Natürlich gab es auch Börsencrashs und Kursrückgänge, aber in den meisten Jahren ist der weltweite Aktienmarkt gestiegen.

ETFs sind flexibel. Du bist bei ETFs nicht an eine feste Laufzeit gebunden, wie es bei anderen Anlageformen wie Festgeld der Fall ist. Du kannst deine Anteile theoretisch jederzeit verkaufen und bei Bedarf schnell auf dein investiertes Kapital zugreifen. Allerdings solltest du dir bewusst sein, dass sich der Kurs deines ETFs kurzfristig negativ entwickeln kann, sodass du möglicherweise weniger zurückbekommst, als du ursprünglich eingezahlt hast. Deshalb ist es wichtig, eine langfristige Perspektive zu haben, statt ETFs als kurzfristige Geldanlage zu betrachten.

Die Risiken bei ETFs

Obwohl ETFs viele Vorteile bieten, ist es unerlässlich, dass du auch die potenziellen Risiken verstehst, um fundierte Anlageentscheidungen zu treffen. Erst einmal solltest du wissen, dass ETFs wie jede Anlage auch Risiken mit sich bringen. Du weißt aber ja inzwischen, dass du am Kapitalmarkt für das Eingehen von Risiken mit Rendite belohnt wirst.

Zu den Hauptrisiken zählt zunächst das Marktrisiko. ETFs sind den Schwankungen des zugrundeliegenden Marktes ausgesetzt. Das bezeichnet man als **Volatilität**. Es können Verluste durch Marktschwankungen entstehen. Selbst bei weltweiter Streuung gab es schon Kursrückgänge von bis zu 50 Prozent. Zwar sind die Kurse der weltweiten Aktienmärkte nach jedem Crash auch wieder angestiegen, aber eine Verlustphase konnte in der Vergangenheit auch einmal bis zu 15 Jahre lang andauern. ETFs sind daher ungeeignet, wenn du dein Geld kurz- oder mittelfristig benötigst. Deshalb haben wir das Geld bei den Beispielen, in denen wir kurz- und mittelfristige Ziele nach der SMART-Methode im Abschnitt *Was sind deine Ziele?* definiert haben, auch nicht am Aktienmarkt investiert. Denn dieses Risiko gehst du bei der Investition am Aktienmarkt ein. Je länger du jedoch investierst (und das ist ab mindestens 10 bis 15 Jahren der Fall), desto geringer wird die Wahrscheinlichkeit eines Verlustes. Es gilt: Langfristig investieren und Marktschwankungen aussitzen.

Du solltest auch wissen, dass ETF nicht automatisch »breit diversifiziert« bedeutet. Es gibt auch ETFs, die nur wenige Unternehmen enthalten und somit nicht breit gestreut sind. Ein Beispiel ist der EURO STOXX 50, der die 50 größten Unternehmen der Eurozone enthält. Weltweit und breit diversifiziert sind 50 europäische Unternehmen nicht. ETF ist also kein Stempel für eine bedenkenlos breit gestreute Investition. Einige ETFs sind themenfokussiert und investieren weniger breit als ein Welt-ETF.

Ein weiteres Risiko besteht darin, dass der ETF nicht exakt die Performance des Index widerspiegelt. Dies wird als Tracking-Error bezeichnet und kann durch unterschiedliche Faktoren wie Gebühren, Transaktionskosten oder Abweichungen in der Indexnachbildung entstehen. Darauf kannst du aber auch bei der Auswahl des ETFs achten, später mehr im Abschnitt *ETFs richtig auswählen*.

Und dann gibt es noch das Währungsrisiko. Sobald du weltweit investierst, investiert du automatisch in Länder und Unternehmen mit anderen Währungen als dem Euro. Du kannst dir das so vorstellen: Der von dir gekaufte ETF notiert zwar in deiner Heimatwährung, aber die Unternehmen, die in diesem ETF enthalten sind, sind Währungsschwankungen ausgesetzt, sofern sie international tätig sind – nehmen wir als Beispiel Apple. Das Unternehmen verkauft seine Produkte auf der ganzen Welt. Apple verdient also Geld in vielen verschiedenen Währungen. Sobald du jetzt Geld in Wertpapiere außerhalb der Eurozone investierst, gehst du dieses Risiko ein. Also eben auch, wenn du einen weltweiten ETF kaufst. Das Währungsrisiko bezeichnet das Risiko, dass deine Heimatwährung – in Deutschland der Euro – im Vergleich zu der Währung deines Wertpapiers zulegt. Nehmen wir an, du besitzt 100 ETF-Anteile des S&P 500, zum Beispiel den Vanguard S&P 500 UCITS ETF. Fällt der US-Dollar-Kurs im Vergleich zum Euro-Kurs, ist jeder dieser 100 Anteile damit etwas weniger wert. Im Falle eines Verkaufs hättest du also durch die Verschlechterung des Kurses einen Verlust eingefahren. Umgekehrt besteht die Chance, dass der US-Dollar sich im Vergleich zum Euro verstärkt und deine Anteile entsprechend mehr wert sind. Wenn du langfristig investierst, gleichen sich diese Währungsschwankungen in der Regel über einen längeren Zeitraum gesehen aus.

Ein weiteres Risiko ist das der Liquidität. Wird ein ETF besonders viel gehandelt, spricht man von hoher Liquidität. Dabei richtet sich die Liquidität des ETFs vor allem nach dem abgedeckten Markt. Ein ETF ist also immer nur so liquide wie die im Index enthaltenen Werte. In Phasen, in denen der Markt volatil ist oder das gehandelte Volumen für einen ETF gering ist, könntest du Schwierigkeiten haben, den ETF zum gewünschten Preis zu kaufen oder zu verkaufen. Davon sind jedoch insbesondere Nischen-ETFs betroffen, also ETFs, die einen bestimmten Markt wie den der erneuerbaren Energien abbilden. Das Risiko liegt also nicht an ETFs generell, sondern daran, dass dieser eine zu themenfokussiert ist. Ein weiterer Grund, warum man in weltweit und breit diversifizierte ETFs investieren sollte.

ETFs bringen also, wie jede Anlage, auch Risiken mit sich. Die meisten sind jedoch recht gut abgesichert und bedeuten nicht unbedingt einen Nachteil für dich. Am meisten bist du als ETF-Anleger dem Marktrisiko ausgeliefert. Du investierst in breite Teile des Markts und trägst die gesamten Schwankungen. Es ist entscheidend, dass du die Risiken verstehst und entsprechend handelst. Meiner Meinung nach überwiegen hier dennoch klar die Vorteile. ETFs eignen sich super zum langfristigen Vermögensaufbau, und auf den nächsten Seiten zeige ich dir konkret, wie deine Schritte dahin aussehen können.

ETFs richtig auswählen

Die Wahl des ETFs beginnt bereits mit dem Verständnis des ETF-Namens. Er ist in der Regel immer gleich aufgebaut, folgt einer bestimmten Struktur und gibt dir die grundlegenden Informationen. Lass uns das einmal anhand des Vanguard (1.) FTSE All-World (2.) UCITS ETF (3.) (Dist) (4.) anschauen, der weltweit über 3 900 Aktienunternehmen enthält.

1. **Name des ETF-Anbieters:** In unserem Beispiel ist der Anbieter Vanguard. Weitere bekannte ETF-Anbieter sind zum Beispiel Amundi, BlackRock (iShares), SPDR, Lyxor, Invesco, UBS oder Xtrackers (DWS).
2. **Abgebildeter Index:** In unserem Beispiel wird der FTSE All-World abgebildet, also der weltweite Aktienmarkt.
3. **Regulatorische Hinweise:** In unserem Beispiel ist die Abkürzung UCITS, die für »Undertaking for Collective Investments in Transferable Securities« steht (auf Deutsch: OGAW, Organismus für Gemeinsame Anlage in Wertpapiere). Diese Richtlinie regelt den Anlegerschutz in der Europäischen Union, unter anderem also, in welche Vermögenswerte investiert werden darf und welche Vorgaben es zu der Gewichtung einzelner Wertpapiere in einem Fonds gibt. Wenn du dieses Kürzel siehst, dann kannst du dir sicher sein, dass dieser ETF der Rechtssicherheit nach europäischen Standards entspricht.

   Nach der Abkürzung UCITS kommt in unserem Beispiel ETF. Dadurch ist klar erkennbar, dass es sich bei dem Produkt um einen ETF statt beispielsweise um einen ETC oder ETN (Exchange Traded Notes – börsengehandelte Inhaberschuldverschreibungen) handelt.
4. **Weitere Merkmale:** Die letzte Komponente am Ende des ETF-Namens sind weitere Merkmale wie die Ertragsverwendung, Währung oder Indexreplikation. Dist steht in unserem Beispiel für Distributing. Es handelt sich also um einen ausschüttenden ETF, darauf gehe ich gleich bei den subjektiven Kriterien näher ein, insbesondere der Ertragsverwendung von ETFs. Die Bezeichnungen der spezifischen Merkmale können sich je nach ETF-Anbieter unterscheiden.

Du siehst, so kompliziert ist der Name gar nicht, oder? Für jeden Index gibt es teilweise bis zu 20 verschiedene ETFs. Wenn du zum Beispiel nach MSCI World schaust, werden dir 21 unterschiedliche Produkte angezeigt (Stand: Dezember 2024). Aber wie genau unterscheiden sie sich voneinander? Dazu schauen wir uns jetzt die Kennzahlen an, anhand deren du ETFs auswählen kannst. Kennzahlen sind wie die DNA eines ETFs – sie verraten uns viel über ihren Inhalt.

Es gibt da einmal die objektiven Kriterien, auf die jeder Anleger bei der Auswahl eines ETFs achten sollte.

Als Erstes das **Fondsvolumen**, also die Summe aller im ETF enthaltenen Werte. Das Fondsvolumen bestimmt die Wirtschaftlichkeit eines ETFs. Kleine ETFs mit geringem Fondsvolumen rentieren sich für ETF-Anbieter weniger als große. Ob sie viele Kundengelder verwalten oder nur wenige – der Aufwand ist nahezu der gleiche. Ist ein ETF neu am Markt, geben ihm die meisten ETF-Anbieter daher eine Probezeit von etwa einem Jahr. Hält er in dieser Zeit nicht, was er verspricht, nämlich viel Geld einzubringen, steigt die Wahrscheinlichkeit, dass er wieder geschlossen beziehungsweise liquidiert wird. Das ist zwar kein Weltuntergang, aber damit du gar nicht erst in eine solche Situation gerätst, achte auf ein großes Fondsvolumen. Bei der Größe gilt: Je größer, desto besser. *Bei einem Fondsvolumen von mehr als 100 Millionen Euro ist die Wirtschaftlichkeit in den meisten Fällen gegeben.*

Dann solltest du noch auf das **Alter** des ETFs achten. Je älter ein ETF ist, desto besser ist er am Markt etabliert. Ist ein ETF älter als ein Jahr, hast du ausreichend Daten zur Verfügung, um ihn mit anderen ETFs zu vergleichen. Ist er schon seit drei oder gar fünf Jahren auf dem Markt, kannst du ihn noch besser vergleichen. *Achte also darauf, dass der ETF im besten Fall mindestens drei Jahre auf dem Markt ist.* ETFs, die erst vor Kurzem aufgelegt wurden, weisen in der Regel ein eher geringes Fondsvolumen auf. In solchen Fällen ist es oftmals unklar, ob der ETF lediglich aufgrund der kurzen Bestandsdauer über ein geringes Volumen verfügt oder ob er bei Anlegern schlichtweg nicht gefragt ist. Ist Letzteres der Fall, läuft der ETF Gefahr, wieder geschlossen zu werden. Wenn ein ETF geschlossen wird und du investiert bist, brauchst du dir keine Sorgen zu machen, dass dein Geld verloren geht. Der ETF-Anbieter informiert dich rechtzeitig über die geplante Schließung, meistens einige Wochen im Voraus. Bis zu einem festgelegten Stichtag kannst du deine Anteile noch an der Börse verkaufen, falls du das möchtest. Kurz vor der Schließung wird der Handel gestoppt, und der ETF wird liquidiert. Das bedeutet, dass alle enthaltenen Vermögenswerte verkauft werden. Der Erlös wird nach Abzug der Kosten automatisch an dich ausgezahlt. Diese Auszahlung erfolgt in der Regel direkt auf dein Verrechnungskonto. Wichtig zu wissen: Diese Auszahlung wird wie ein Verkauf behandelt und ist daher steuerpflichtig, falls du einen Gewinn erzielt hast. Du musst also nichts aktiv tun, bekommst aber den aktuellen Wert deiner Anteile automatisch ausgezahlt.

Als Nächstes sind die **Kosten** zu berücksichtigen. Einer der großen Vorteile von ETFs sind, wie gesagt, die geringen Kosten im Vergleich zu anderen Geldanlagen wie aktiv gemanagten Fonds. Dennoch gibt es auch zwischen verschiedenen ETFs Unterschiede bezüglich der Kosten. Um sie zu beurteilen, kannst du dir die Gesamtkostenquote, die sogenannte »Total Expense Ratio« (kurz TER), anschauen. Das ist ein Prozentsatz, der die jährlichen laufenden Kosten eines ETFs angibt. Diese Kosten werden nicht von deinem Konto abgebucht oder aus dem Depot entnommen, sondern werden anteilig vom Fondsvermögen im ETF abgezogen und mindern die Wertentwicklung des ETF – somit die Rendite deines Investments. Je geringer die laufenden Kosten eines ETFs sind, desto besser. Würden sich zwei ETFs ausschließlich hinsichtlich ihrer laufenden Kosten unterscheiden, wäre der günstigere ETF immer die bessere Wahl. *Die TER liegt bei einem weltweiten ETF zwischen 0,1 und 0,5 Prozent.* Unterschätze hier nicht den Langzeiteffekt der Kosten. Wenn du denkst, dass 0,4 Prozent keinen Unterschied mache und Kosten von 0,1 Prozent oder 0,5 Prozent fast das Gleiche seien: Falsch! 0,4 Prozent in der TER sind tatsächlich ein großer Unterschied. Angenommen du investierst 50 000 Euro in einen ETF, der ETF mit 0,1 Prozent TER hat jährliche Kosten von 50 Euro, bei 0,5 Prozent wären es 250 Euro. Das wäre ein Unterschied von 200 Euro im Jahr.

Beachte aber: Nicht in der TER enthalten (aber dennoch sehr wichtig zu beachten) sind die Transaktionskosten. Für jeden Kauf und Verkauf von ETF-Anteilen können Kosten anfallen. Zudem wird bei der TER auch nicht der sogenannte **Spread** berücksichtigt, also die Spanne zwischen An- und Verkaufspreis. Wenn du einen ETF an der Börse verkaufen möchtest, tust du das zum **Geldkurs**, dem Preis, den ein Käufer maximal zu zahlen bereit ist. Einen ETF hingegen kaufst du zum **Briefkurs**, dem Preis, den ein Verkäufer mindestens für seinen ETF-Anteil haben möchte. *Der Spread ist die Differenz zwischen Geld- und Briefkurs, den du als Anleger zahlst. Er sollte also möglichst gering sein.* Die Höhe des Spreads hängt auch vom Wochentag und der Uhrzeit deines Handels ab (außerhalb der offiziellen Börsenöffnungszeiten, 9 bis 17 Uhr, kann er entsprechend höher sein) sowie der Liquidität des ETFs. Hohe Liquidität bedeutet, dass man schnell und ohne große Schwierigkeiten und Preisveränderungen kaufen oder verkaufen kann, weil es viele Investoren gibt, die ETF-Anteile kaufen oder verkaufen. Je liquider ein ETF, desto geringer ist meist der Spread.

Eine weitere wichtige Kennzahl der wahren Kosten des ETFs ist die **Tracking-Differenz**. Ziel eines ETFs ist es, seinen zugrundeliegenden Index möglichst exakt nachzubilden. Dies gelingt jedoch nicht vollständig, denn es gibt mehrere Faktoren wie Kosten, Steuern oder Dividenden, aufgrund derer eine genaue Abbildung, die sogenannte Replikation, nicht immer möglich ist. Anhand der Tracking-Differenz kannst du sehen, wie gut dieses Vorhaben tatsächlich funktioniert hat. Es ist also die Differenz zwischen der Wertentwicklung des Indizes und des ETFs. *Damit zeigt auch sie die wahren Kosten des ETFs auf.*

Nehmen wir an, der MSCI World Index steigt im Jahr um 8 Prozent. Du könntest jetzt davon ausgehen, dass der MSCI World ETF ebenfalls 8 Prozent Rendite erzielt. Das ist jedoch nicht immer der Fall, da es zum Beispiel durch die Replikationsmethode (dazu gleich mehr) zu Abweichungen kommen kann. Nehmen wir in diesem Beispiel einfacherweise mal an, dass der ETF auch eine Rendite von 8 Prozent hat, wovon noch die TER abgezogen wird. Wenn die TER bei 0,1 Prozent liegt, ergäbe sich eine Nettorendite von 7,9 Prozent. Darüber hinaus können noch weitere Gebühren anfallen, die die Rendite schmälern, oder der ETF kann zusätzliche Einnahmen generieren, indem er Wertpapiere verleiht und Erträge erzielt. Die Tracking-Differenz bezieht diese Kosten und Einnahmen mit ein sowie auch die Abweichung des ETFs im Vergleich zum Index. Mithilfe der Tracking-Differenz lässt sich schnell erkennen, in welchem Maße die Wertentwicklung des ETFs der des Index entspricht, was wiederum einen einfachen Vergleich von ETFs untereinander ermöglicht. Achte darauf, die Wertentwicklungen der ETFs vor deiner Auswahl über verschiedene Zeiträume hinweg zu vergleichen. *Ideal ist eine möglichst geringe Tracking-Differenz,* die du wie folgt ausrechnest:

Tracking-Differenz = ETF-Rendite – Index-Rendite

In vielen Fällen wird die Tracking-Differenz auch andersherum berechnet, daher solltest du stets ihre Definition prüfen. Ist sie nach dieser Rechnung positiv, hat der ETF besser performt als der Index; ist sie negativ, hat der ETF schlechter performt.

Schauen wir uns das einmal anhand eines Beispiels an. Nehmen wir an, die Rendite des Vergleichsindizes betrug in den letzten drei Jahren 14,44 Prozent und die Rendite des ETFs 14,55 Prozent. Der ETF hat eine TER von 0,12 Prozent. Die Tracking-Differenz berechnet sich aus der Differenz von ETF-Rendite und Index-Rendite, in unserem Beispiel sind das 14,55 Prozent – 14,44 Prozent = 0,11 Prozent. Da das Ergebnis positiv ist, hat der ETF besser performt als der Vergleichsindex. Da die Tracking-Differenz bei 0,11 Prozent liegt und die TER bei 0,12 Prozent, hat der ETF 0,01 Prozent über Optimierungsmaßnahmen dazuverdient. Die Kosten des ETFs liegen demnach nicht mehr bei 0,12 Prozent, sondern bei 0,11 Prozent. Du siehst: Die Tracking-Differenz zeigt die wahren Kosten des ETFs an und ist eine wichtige Kennzahl, um die Qualität eines ETFs beurteilen zu können. Wenn die Tracking-Differenz unter der TER liegt, dann ist es ein guter ETF, weil der ETF einen Teil seiner Kosten wieder reingeholt hat.

Neben den objektiven ETF-Auswahlkriterien gibt es auch welche, deren Bewertung subjektiv ist, denn du entscheidest, ob sie dir wichtig sind oder nicht. Hier spielen deine individuellen Präferenzen eine Rolle. Je nach deinem Belieben kannst du bestimmte Kriterien besonders gewichten oder ignorieren. Das erste subjektive Auswahlkriterium ist die Ertragsverwendung. Es gibt **thesaurierende** und **ausschüttende** ETFs. Bei Ersteren verbleiben die Kapitalerträge im Fonds und werden automatisch wieder reinvestiert. Dein Depotwert erhöht sich um den Betrag der Ausschüttungen, sodass du sehr gut vom Zinseszinseffekt profitieren kannst. Ausschüttende ETFs zahlen ihre Erträge dagegen in regelmäßigen Abständen aus und werden auf dem Verrechnungskonto gutgeschrieben, du kannst diese frei verwenden. Denn in einem ETF sind verschiedene Unternehmen enthalten und diese können selbst entscheiden, ob sie jedes Jahr eine Dividende ausschütten oder nicht. Welche Art besser zu dir und deiner Anlagestrategie passt, kannst du selbst entscheiden. Beachte jedoch, dass Ausschüttungen steuerpflichtig sind und du nur mit einem thesaurierenden ETF von dem Zinseszinseffekt profitierst. Alternativ kannst du bei einem ausschüttenden ETF die Ausschüttungen eigenständig wieder in neue ETF-Anteile investieren. Natürlich hast du auch die Möglichkeit, mit verschiedenen ETFs beide Ertragsverwendungen abzudecken und somit jeweils von den Vorteilen zu profitieren.

Ein weiteres Kriterium ist die Replikationsmethode. ETFs können Indizes auf grundsätzlich zwei verschiedene Arten nachbilden: physisch und synthetisch replizierende ETFs. Bei der **physischen Replikation** investiert der ETF in die im Index enthaltenen Werte. Dabei wird allerdings noch einmal zwischen zwei verschiedenen Methoden unterschieden. Bei vollständig physisch replizierenden ETFs investiert der Fonds tatsächlich in alle im Index enthaltenen Werte in entsprechender Gewichtung. Das bedeutet: Wenn du den ETF kaufst, dann investierst du auch in alle Aktienunternehmen, die im Index enthalten sind. Ein physisch replizierender ETF auf den DAX enthält also alle 40 im DAX enthaltenen Titel. Je nachdem, wie stark die einzelnen Werte im Index gewichtet werden, bestimmt das ihr Gewicht im ETF. Fällt ein Unternehmen aus dem DAX und ein anderes steigt auf, werden die entsprechenden Aktien verkauft und die des neuen Unternehmens erworben. Dasselbe passiert bei einer Umgewichtung innerhalb des DAX. Jede Transaktion kostet Gebühren, die deine Rendite schmälern. Der DAX ist mit 40 Werten überschaubar, hier bleiben die Kosten niedrig. Anders ist das bei Welt-ETFs, die aus Hunderten bis über Tausend Werten bestehen. Deshalb sind physisch replizierende ETFs eher für kleine Indizes gut geeignet.

Das **Sampling** (auch optimiertes Sampling oder optimierte physische Replikation) ist die Weiterentwicklung der physischen Replikation. Auch hier kauft der ETF-Anbieter die Aktien ebenfalls physisch, allerdings nur eine repräsentative Teilmenge. Mit dem Sampling wird also eine Vorauswahl getroffen. Statt alle im Index vorhandenen Werte zu berücksichtigen, investiert der ETF nur in die Werte, die für den Hauptteil der Rendite verantwortlich sind, also eine hohe Gewichtung im Index haben. Illiquide Werte oder solche, die nur einen geringen Anteil des Index ausmachen, werden hingegen vernachlässigt. Diese Methode wird meist bei ETFs beziehungsweise Indizes mit vielen verschiedenen Titeln genutzt. Bei der Methode kauft der ETF-Anbieter also nicht alle Titel aus dem Index genau nach, sondern eben nur ausgewählte, die am meisten für die Performance des Index zuständig sind. Ziel des ETF-Anbieters ist hierbei die Kostenersparnis und somit ein niedrigerer TER.

Die **synthetische Replikationsmethode** ist etwas abstrakter. Hierbei wird die Wertentwicklung des Referenzindizes durch ein Tauschgeschäft, einem sogenannten Swap, nachgebildet. Der ETF-Anbieter geht dabei ein Tauschgeschäft mit einem Partner, in der Regel einem großen Kreditinstitut, ein. Dies garantiert, die Lieferung der Rendite des Referenzindex (zum Beispiel des MSCI World), während der ETF-Anbieter die Rendite eines separaten Trägerportfolios (das unabhängig vom Index ist) an den Partner weitergibt. Genauer erklärt: Der ETF-Anbieter hält ein Trägerportfolio aus verschiedenen Wertpapieren, die nicht zwingend mit dem Index übereinstimmen. Der Partner wiederum besitzt oder kann die Wertentwicklung des Zielindex liefern. Durch den Swap-Vertrag tauschen der ETF-Anbieter und die Bank die Renditen: Der ETF-Anbieter gibt die Rendite seines Trägerportfolios an die Bank und erhält im Gegenzug die Rendite des Referenzindex, den der ETF nachbilden soll. Bei Swap-ETFs besteht das sogenannte Kontrahentenrisiko, also das Risiko einer Insolvenz des Geschäftspartners. Daher werden Sicherheiten aus Wertpapieren oder anderen Vermögenswerten hinterlegt, die oft so gestaltet sind, dass sie einen höheren Wert haben als die Verpflichtungen aus dem Swap, um das Risiko eines Zahlungsausfalls zu minimieren.

Du fragst dich jetzt sicherlich, welche Methode du wählen solltest. Also zuallererst: Hier gibt es kein Besser oder Schlechter. Es hängt von deinen Bedürfnissen ab: Mit welcher Methode fühlst du dich am wohlsten? Die Replikationsmethode an sich hat wenig Einfluss auf die ETF-Performance. Auch steuerlich macht sie keinen Unterschied. Physisch replizierende ETFs sind eine gute Wahl, weil sie Indizes so genau abbilden und einfach nachvollziehbar sind. Bei einem ETF mit vielen Werten kann die Sampling-Variante wegen der möglicherweise geringeren Kosten sinnvoll sein. Wenn du jedoch in Nischenmärkte investieren möchtest, kommst du wahrscheinlich schwer um Swap-ETFs herum, daher solltest du hier auch wissen: ETFs und auch die zugehörigen Trägerportfolios sind in Deutschland Sondervermögen, die ausstehende Swap-Differenz aber nicht. Geht der Vertragspartner Pleite, könnte der ETF im schlimmsten Fall die ausstehende Swap-Rendite verlieren. Auch wenn die Wahrscheinlichkeit gering ist, solltest du die hinterlegten Sicherheiten prüfen.

Ein weiteres Kriterium ist die **Fondswährung**. Das Fondsvermögen eines ETF wird in der Fondswährung verwaltet und abgerechnet. Auch alle offiziellen Berichte sowie die Ausschüttungen erfolgen darin. Sie orientiert sich bei ETFs in der Regel an der Währung des zugrundeliegenden Indizes. Die Indexwährung ist wiederum meist identisch mit der Währung, in der die meisten im Index enthaltenen Wertpapiere gehandelt werden. Die gute Nachricht: Deine Bank rechnet alle Angaben für dich in die Währung deines Depots um. Auch mögliche ETF-Währungsrisiken hängen nicht mit der Fondswährung zusammen. Aus diesem Grund kannst du die Fondswährung als Kriterium bei der ETF-Auswahl guten Gewissens ignorieren. Dennoch wollte ich es, der Vollständigkeit halber, wenigstens anmerken.

Als Letztes gibt es noch das **Fondsdomizil**, also den Ort, an dem ein Fonds oder ETF offiziell aufgelegt, registriert wurde und somit den rechtlichen Vorschriften unterliegt. Das kannst du in der ISIN ablesen: DE steht zum Beispiel für Deutschland, IE für Irland oder LU für Luxemburg. Für uns als europäische Anleger sind vor allem Fonds relevant, die in Europa aufgelegt wurden, insbesondere sogenannte UCITS-ETFs. Die meisten in Europa aufgelegten ETFs haben ihr Fondsdomizil in Irland oder Luxemburg. Diese beiden Länder sind bei ETF-Anbietern besonders beliebt, weil sie günstige rechtliche Rahmenbedingungen und steuerliche Vorteile bieten. Du wirst aber auch europäische ETFs finden, die ihr Domizil in Ländern wie Frankreich oder Deutschland haben. Diese sind ebenfalls UCITS-konform und bieten grundsätzlich den gleichen Anlegerschutz, denn sie unterliegen alle denselben rechtlichen Rahmenbedingungen.

Grundsätzlich spielt es keine große Rolle, wo ein ETF aufgelegt wurde – besonders wenn es sich um europäische UCITS-ETFs handelt, mit einer Ausnahme: ETFs, die einen nennenswerten Anteil an US-Werten (also Aktien von US-Unternehmen) enthalten und den Index physisch nachbilden, bieten bei einem Fondsdomizil in Irland einen steuerlichen Vorteil. Warum ist Irland in diesem Fall besonders vorteilhaft? Das liegt an der US-amerikanischen Quellensteuer. Schüttet ein US-amerikanisches Unternehmen Dividenden aus, wird eine Quellensteuer von 30 Prozent fällig, die direkt von den Dividenden abgezogen wird, bevor sie bei dir ankommen. Allerdings gibt es ein Doppelbesteuerungsabkommen zwischen Irland und den USA, das die US-Quellensteuer auf 15 Prozent reduziert, wenn der ETF in Irland aufgelegt wurde. Das bedeutet, dass ETFs mit Irland als Fondsdomizil nur die Hälfte der US-Quellensteuer zahlen müssen – mit direkt positivem Einfluss auf deine Rendite.

Auf Vergleichswebseiten von extraETF, justETF oder finanzfluss kannst du ETFs miteinander vergleichen. Dort kannst du in der Suche nach bestimmten Kriterien filtern. Wenn du beispielsweise in einen ausschüttenden ETF investieren möchtest, kannst du auf der Seite danach filtern und sie dir anzeigen lassen. Zu jedem ETF sind in der Regel drei offizielle Dokumente des ETF-Anbieters auf dem Vergleichsportal verlinkt: das KIID (Key Investor Information Document, auch Wesentliche Anlegerinformationen), den Verkaufsprospekt und das Factsheet.

Das **Factsheet** ist eine kompakte Übersicht, die die wichtigsten Fakten über einen ETF zusammenfasst. Es dient dazu, dir einen kompakten Überblick über die wesentlichen Informationen eines ETFs zu geben. Obwohl das Factsheet Informationen zur TER, Ertragsverwendung, Auflagedatum, Wertentwicklung oder Angaben zur Branchen- und Länderverteilung enthält, ist es rechtlich nicht bindend und gilt als Marketinginformation des ETF-Anbieters. Deshalb unterscheiden sich die Factsheets je nach Anbieter in Umfang und Aufmachung stark voneinander. Im Gegensatz dazu sind der Verkaufsprospekt und das KIID rechtlich verbindliche Dokumente.

Im Factsheet[10] des iShares MSCI ACWI UCITS ETF sind beispielsweise rechts die Produktinformationen und Eckdaten des ETFs aufgelistet, die dir eine grobe Übersicht zum ETF geben, wie ISIN, Auflegungsdatum, Fondsdomizil oder TER.

PRODUKTINFORMATION
ISIN: IE00B6R52259
Auflegungsdatum der Anteilsklasse: 21. Okt. 2011
Basiswährung der Anteilsklasse: USD
Gesamtkostenquote (TER): 0,20 %
Gewinnverwendung: thesaurierend
Nettovermögen der Anteilsklasse (M): 15 990,98 USD

ECKDATEN
Anlageklasse: Aktien
Vergleichsindex: MSCI ACWI Index
Auflegungsdatum des Fonds: 21. Okt. 2011
Nettovermögen des Fonds (M): 16 582,61 USD
SFDR-Klassifizierung: Andere
Domizil: Irland
Methodik: Optimierung
Verwaltungsgesellschaft: iShares V plc
Produktstruktur: Physisch

PORTFOLIOMERKMALE
Kurs-Buchwert-Verhältnis: 3,13x
Kurs-Gewinn-Verhältnis: 22,48x
3J-Beta: 1,00
Anzahl der Positionen: 1686

ETF-Factsheet: Beispiel 1 (Quelle: BlackRock)

Auf der zweiten Seite ist unter anderem die kumulierte und annualisierte Wertentwicklung des ETFs aufgelistet. In unserem Beispiel ist der ETF seit Auflage, also seit 2011, jedes Jahr im Durchschnitt um 10,27 Prozent gestiegen.

KUMULIERTE & ANNUALISIERTE WERTENTWICKLUNG								
	KUMULIERT (%)					ANNUALISIERT (% p.a.)		
	1 M	3 M	6 M	Seit Jahresanfang	1 J	3 J	5 J	Seit Aufl.
Anteilsklasse	2,30	6,63	9,75	18,65	31,74	8,23	12,16	10,27
Vergleichsindex	2,32	6,61	9,67	18,66	31,76	8,09	12,19	10,42

ETF-Factsheet: Beispiel 2 (Quelle: BlackRock)

Auf der dritten Seite findest du Aufgliederungen zu den Top-10-Positionen und den vertretenen Regionen und Sektoren. Erstere haben einen Anteil am Fonds von 22 Prozent. Die Vereinigten Staaten sind mit 64 Prozent vertreten, und die größten Sektoren sind IT, Finanzwesen und Gesundheitsversorgung. Ich schaue immer gerne ins Factsheet eines ETFs, da die Informationen, im Gegensatz zum KIID, grafisch aufbereitet sind.

TOP-10-POSITIONEN (%)	
APPLE INC	4,31 %
MICROSOFT CORP	3,85 %
NVIDIA CORP	3,79 %
AMAZON COM INC	2,22 %
ISHARES MSCI INDIA UCITS ETF	2,01 %
META PLATFORMS INC CLASS A	1,59 %
ALPHABET INC CLASS A	1,23 %
ALPHABET INC CLASS C	1,09 %
BROADCOM INC	0,96 %
TESLA INC	0,95 %
Portfolio insgesamt	22,00 %
Die Fonds-Positionen können sich ändern.	

Das **KIID** ist ein standardisiertes, rechtlich vorgeschriebenes Dokument, das auf maximal zwei Seiten die wesentlichen Informationen über einen ETF zusammenfasst. Es bietet dir einen schnellen Überblick über die Ziele, Risiken und Kosten des Produkts und ist in einer einheitlichen Form dargestellt, sodass du verschiedene ETFs leicht vergleichen kannst. Es wird von den Emittenten bereitgestellt und muss regelmäßig aktualisiert werden.

Der **Verkaufsprospekt** ist das umfassendste Dokument, das detaillierte rechtliche und regulatorische Informationen über den ETF enthält. Im Vergleich zum KIID ist der Verkaufsprospekt weitaus umfangreicher und bietet detaillierte Informationen über die rechtlichen Grundlagen des ETFs, die Anlagestrategie sowie die Gebührenstruk-

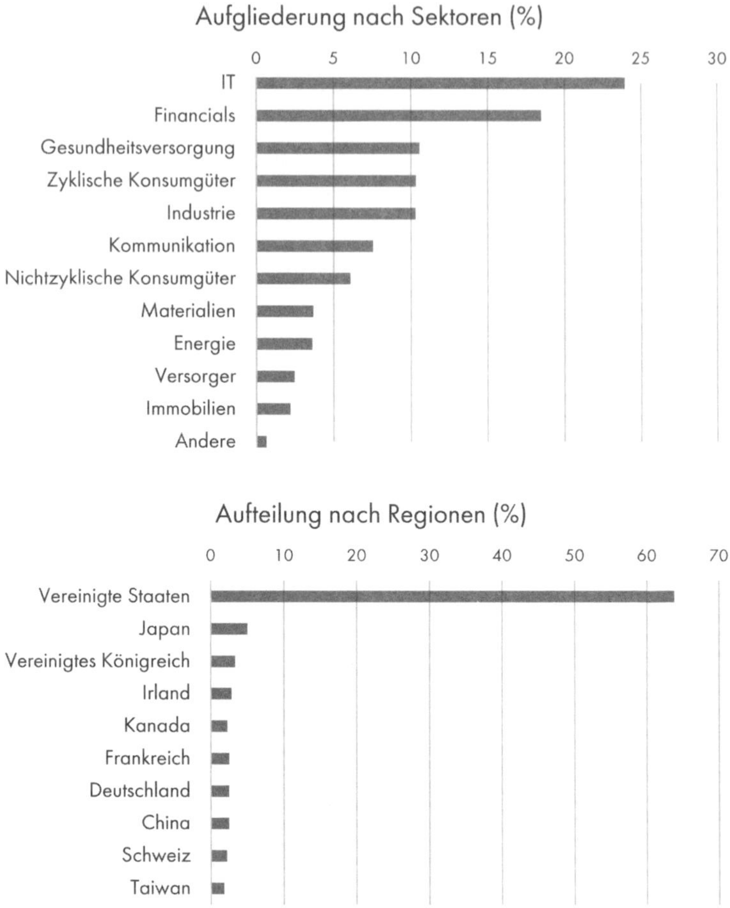

ETF-Factsheet: Beispiel 3 (Quelle: BlackRock)

tur. Er richtet sich an Anleger, die tiefer in die Funktionsweise und die Rahmenbedingungen des Produkts eintauchen wollen.

Zugegeben, das waren viele Kriterien und Informationen, die auf den ersten Blick ziemlich komplex wirken können. Ich gehe daher immer wie folgt vor: Wenn ich einen ETF kaufen möchte, nutze ich als Entscheidungshilfe, zusätzlich zu Vergleichswebseiten, das Factsheet und das KIID. Ich finde, das Factsheet fasst die wichtigsten Informationen meist am übersichtlichsten zusammen und ist deutlich detaillierter als ein KIID. Da es auf Vergleichswebseiten immer mal zu Fehlern kommen kann, gleiche ich die wichtigsten Kriterien in den beiden Dokumenten nochmal miteinander ab.

Welche Kriterien sind denn nun wirklich wichtig? Auf die objektiven Kriterien sollte im besten Fall jeder Anleger achten, denn sie sind messbar und gelten für alle gleichermaßen. Die subjektiven Kriterien hängen von deinen persönlichen Vorlieben, Zielen und Bedürfnissen ab. Hier gibt es kein Richtig oder Falsch, sondern vielmehr, was am besten zu dir und deiner individuellen Situation passt. Du musst entscheiden, welche Kriterien dir wichtig sind. Stell dir vor, du gehst in den Supermarkt und möchtest Milch kaufen. Du stehst vor einem Regal voller Optionen: Kuhmilch, Hafermilch, Mandelmilch, Erbsenmilch. Natürlich unterscheiden sich die verschiedenen Optionen, aber letztlich erfüllen sie alle denselben Zweck: Sie kommen in den Kaffee oder ins Frühstück. Manche schmecken dir vielleicht besser oder haben gesündere Inhaltsstoffe, aber keine ist aus objektiver Sicht perfekt. Genauso ist es bei ETFs. Welche Milch du jetzt wählst, hängt von deinen Prioritäten ab. Achtest du auf den Geschmack? Soll sie laktosefrei sein? Oder günstig? Bei ETFs ist es ähnlich: Manche Anleger investieren nur in physisch replizierende ETFs, andere bevorzugen bestimmte Indizes oder regelmäßige Erträge.

Um dir die Entscheidung zu erleichtern, habe ich eine Checkliste entwickelt, die du vor der Investition ausfüllen kannst. So siehst und überprüfst du die wichtigsten Fakten auf einen Blick. Je öfter du das machst, desto sicherer wirst du im Umgang mit den verschiedenen Kriterien, entwickelst mit der Zeit ein Bewusstsein dafür, worauf du bei einem ETF achten solltest.

JETZT BIST DU DRAN

Folgende Fragen können dir helfen, den passenden ETF zu finden. Mache jetzt den Faktencheck mit einem ETF deiner Wahl!

Welchen Index bildet der ETF ab?

....

Wer ist der ETF-Anbieter?

....

Welche ISIN/WKN hat der ETF?

....

Wie viele Positionen hat der ETF?

....

Wann wurde der ETF aufgelegt?

....

Wie viele Länder bildet der ETF ab?

....

Enthält der ETF Large, Mid oder Small Caps?

....

Wie viel Prozent machen die drei größten Länder aus?

....

Wie viel Prozent machen die Top-10-Positionen aus?

....

Welche sind die fünf größten Branchen?

....

Ist das Fondsvolumen größer als 100 Millionen Euro?

....

Ist der ETF älter als drei Jahre?

....

Ist der ETF thesaurierend oder ausschüttend?

....

Wie hoch ist die TER?

....

Wie hoch ist die Tracking-Differenz? Liegt sie über der TER?

....

Welche durchschnittliche Rendite hatte der ETF in den letzten 10 Jahren?

....

Wo kannst du den ETF kaufen/besparen?

....

ETF-Musterportfolios

Nachdem du nun weißt, worauf du bei der ETF-Auswahl achten solltest, kannst du dir nun die Frage nach deiner Anlagestrategie stellen. Um Risiken zu minimieren und dein passives weltweit gestreutes Portfolio aufzubauen, kannst du dir ein Weltportfolio aus einem oder mehreren ETFs zusammenstellen. In ein Weltportfolio zu investieren, heißt, der Weltwirtschaft Kapital zur Verfügung zu stellen. Mithilfe dieses Kapitals können weltweit über 10 000 börsennotierte Unternehmen, die durch ETFs abgedeckt werden, Güter und Dienstleistungen produzieren, die knapp acht Milliarden Menschen auf unserem Planeten Erde jeden Tag versorgen. Das Weltportfolio ist die Basis der passiven Anlagestrategie mit ETFs. Ziel ist es, die wirtschaftliche oder börsliche Lage der Welt möglichst akkurat abzubilden und das Risiko zu minimieren – mithilfe von **Diversifikation**. Maximale Diversifikation erreichst du, indem du in alles investierst, was es gibt. Daher *Welt*portfolio. Wirklich alles bildet zwar auch ein Welt-Index nicht ab, aber es ist ein Produkt, das bei niedrigen Kosten nah rankommt. Um in die gesamte Weltwirtschaft zu investieren, solltest du sowohl in Industrie- als auch Schwellenländer investieren.

Was sind Industrie- und Schwellenländer? Industrieländer haben hochentwickelte und stabile Wirtschaftssysteme wie die USA, Deutschland, Schweden oder Frankreich. Diese Märkte verfügen über hohe Einkommen, einen hohen Lebensstandard, gut ausgebaute Sicherungssysteme und einen hohen Technologiestandard. Die Wachstumsaussichten in Industrieländern sind oft moderater, da diese Volkswirtschaften bereits weit entwickelt sind. Für dich als Anleger bieten Investitionen in Industrieländer Stabilität und verlässliche Renditen, da diese Märkte weniger anfällig für große Schwankungen und politische Risiken sind.

Als Schwellenländer oder auch Emerging Markets werden die Aktienmärkte von wirtschaftlich aufstrebenden Ländern bezeichnet. Sie befinden sich an der Schwelle vom Entwicklungsland zum Industrieland. Da es keine einheitliche Definition gibt, lässt sich pauschal nicht sagen, welche Länder hier dazugehören. Je nach Definition gibt es weltweit zwischen 10 und mehr als 100 Schwellenländer. Die Weltbank kategorisiert 55 Schwellenländer, der Internationale Währungsfonds (IWF) wiederum listet 150, wie Brasilien, Indien oder China. Diese Länder haben in den letzten Jahrzehnten erhebliche Wachstumsraten erzielt. Das ist auch eine Besonderheit von Schwellenländern: Sie weisen oft ein hohes Wirtschaftswachstum auf, und das in der Regel auch höher als in Industrieländern. Ein Blick auf das Wachstum des Bruttoinlandsprodukts (BIP) zeigt, dass Schwellenländer einen erheblichen Beitrag zum weltweiten Wirtschaftswachstum leisten. Neben den Chancen bieten Schwellenländer jedoch auch Risiken, zum Beispiel die politische Instabilität, Regierungswechsel, Korruption oder geopolitische Spannungen. Viele Schwellenländer sind keine demokratisch regierten Staaten oder begrenzen teils den Zugang zu ihrem Markt, wie China. Dort ist es für uns unmöglich, direkt in Aktien chinesischer Unternehmen zu investieren, das geht nur in Form von sogenannten ADRs (American Depositary Receipts, von Banken ausgegebene Hinterlegungsscheine). Insgesamt sind Märkte in Schwellenländern oft volatiler als in entwickelten Ländern. Auch ihre Währungen können stark schwanken. Diese Volatilität kann durch Faktoren wie politische Ereignisse, wirtschaftliche Unsicherheiten und internationale Kapitalflüsse verstärkt werden und somit auch einen Einfluss auf den Aktienkurs haben.

Solltest du deshalb auf Schwellenländer in deinem Depot verzichten? Schwellenländer tragen zu einem großen Teil zum weltweiten Wirtschaftswachstum bei und gehören grundsätzlich zu einem Weltportfolio dazu. Wenn du also an der Entwicklung der gesamten Weltwirtschaft teilhaben möchtest, dann kommst du kaum um Schwellenländer herum.

Dagegen sprechen die erwähnten Risiken politischer oder regulatorischer Art. Zudem muss man hier auch erwähnen, dass große Unternehmen in Industrieländern ohnehin schon einen großen Teil ihrer Gewinne in Schwellenländern erwirtschaften. Wer also in Industrieländer investiert, ist bereits indirekt in Schwellenländer investiert. Umgekehrt sind auch Unternehmen aus Schwellenländern zunehmend in Industrieländern aktiv. Dadurch verschwimmen die Grenzen zwischen Industrie- und Schwellenländern immer mehr.

Um dir die Übersicht über verschiedene Aktienindizes zu erleichtern, habe ich im Folgenden eine Auswahl für dich zusammengefasst (ohne Anspruch auf Vollständigkeit):

- **Weltweit**
  - *MSCI All Country World Index:* Der Index enthält rund 2 600 Unternehmen aus 23 Industrieländern und 24 Schwellenländern.
  - *FTSE All-World:* Der Index enthält rund 4 300 Unternehmen aus 25 Industrieländern und 24 Schwellenländern.
- **Industrieländer**
  - *MSCI World:* Der Index enthält rund 1 400 Unternehmen aus 23 Industrieländern.
  - *MSCI World Small Cap:* Der Index enthält rund 3 900 kleine Unternehmen aus 23 Industrieländern und bietet Zugang zu Unternehmen mit geringer Marktkapitalisierung, die nicht im MSCI World enthalten sind.
  - *FTSE Developed World:* Der Index enthält rund 2 000 Unternehmen aus 25 Industrieländern.
- **Schwellenländer**
  - *MSCI Emerging Markets:* Der Index enthält rund 1 300 Unternehmen aus 24 Schwellenländern.

- *MSCI Emerging Markets IMI:* Der Index enthält rund 3 300 Unternehmen aus 24 Schwellenländern.
- *FTSE Emerging Markets:* Der Index enthält rund 2 200 Unternehmen aus 24 Schwellenländern.

- **Europa**
  - *MSCI Europe:* Der Index enthält rund 400 Unternehmen aus 15 europäischen Industrieländern.
  - *Euro Stoxx 50:* Der Index enthält die 50 größten Unternehmen aus 12 Eurozonen-Industrieländern.
  - *Euro Stoxx 600:* Der Index enthält 600 Unternehmen aus 17 europäischen Industrieländern.
  - *FTSE Developed Europe:* Der Index enthält rund 500 Unternehmen aus 19 europäischen Industrieländern.
- **Deutschland**
  - *DAX:* Der DAX ist Deutschlands Leitindex. Er umfasst die 40 größten deutschen Unternehmen und wird, wie auch die drei nachfolgenden Indizes, von der Deutschen Börse aufgesetzt. Zu den Unternehmen zählen SAP, Siemens, Deutsche Telekom oder Airbus.
  - *MDAX:* Der MDAX umfasst die 50 nächstgrößeren Unternehmen, die auf den DAX folgen. Das sind zum Beispiel Knorr-Bremse, Nemetschek, Evonik oder Lufthansa.
  - *SDAX:* Der SDAX umfasst die 70 nächstgrößten Unternehmen, die auf den MDAX folgen. Das sind zum Beispiel Deutsche Wohnen, IONOS, Fielmann oder Douglas.
  - *TecDAC:* Der TecDAX umfasst die 30 größten Technologieaktien, darunter SAP, Deutsche Telekom, Infineon oder QIAGEN.
- **Asien**
  - *Nikkei 225:* Der Nikkei 225 ist der wichtigste Index an der Börse in Tokio. Er enthält die 225 größten Unternehmen Japans.
  - *MSCI Emerging Markets Asia:* Der Index enthält rund 1 000 Unternehmen aus 8 asiatischen Schwellenländern, insbesondere aus China, Indien und Südkorea.
  - *MSCI China:* Der Index enthält rund 700 Unternehmen aus dem Schwellenland China.

- **USA**
  - *Dow Jones Industrial Average (Dow Jones):* Der Index umfasst die 30 größten Unternehmen der USA und ist der weltweit bekannteste Aktienindex.
  - *Standard & Poor's 500 (S&P 500):* Der S&P 500 umfasst die 500 größten börsennotierten Unternehmen der USA, darunter Apple, Alphabet, Amazon, AbbVie oder Adobe.
  - *NASDAQ 100:* Während der S&P 500 ein breiteres Spektrum an Unternehmen enthält, ist der NASDAQ 100 stärker auf Technologieunternehmen ausgerichtet. Er enthält 100 Unternehmen wie Apple, Alphabet, Amazon, Boadcom oder Costco Wholesale.
- **Branchen:** Blockchain, Alternative Energien, Alternde Gesellschaft, Cyber Security, Fintech, Klimawandel, Private Equity, Wasserstoff, Innovation, E-Sports
- **Themen:** Nachhaltigkeit, Dividenden, Growth, Value

Welchen ETF auf welchen Index wählst du für dein Weltportfolio aus? Kommen wir nun zu den ETF-Musterportfolios. Ich werde dir verschiedene Varianten aufzeigen, wie du das Weltportfolio umsetzen kannst. Diese kannst du als Inspiration nutzen. Beachte, dass es sich hierbei um keine Anlageempfehlung handelt, sondern ausschließlich um Möglichkeiten, wie ein Portfolio nach einem bestimmten Ansatz aussehen kann. Die Beispielportfolios berücksichtigen weder individuelle finanzielle Ziele noch die persönliche Risikobereitschaft oder spezifische Anlagebedürfnisse. Jede Anlageentscheidung triffst du eigenverantwortlich. Ich empfehle dir, dich gründlich zu informieren, bevor du investierst. Bitte beachte auch, dass Wertpapierinvestitionen Risiken wie Marktschwankungen und Kapitalverluste bergen. Vergangene Wertentwicklungen sind keine Garantie für zukünftige Ergebnisse.

Wie du dein individuelles Weltportfolio zusammenstellst, ist ganz dir überlassen. Möchtest du zum Beispiel eine einfache Variante mit nur einem ETF? Oder möchtest du die Gewichtung von Schwellen- und Industrieländern selbst mit zwei ETFs zusammenstellen? Oder ist dir Nachhaltigkeit besonders wichtig?

1. MUSTERPORTFOLIO

All-in-One

Bei dieser Variante investierst du in nur einen einzigen ETF, wie den FTSE All-World. Der zugrunde liegende Index besteht aus rund 4 300 Unternehmen aus 25 Industrie- und 24 Schwellenländern. Damit bildet er 90 Prozent der weltweit größten an der Börse gelisteten Aktienunternehmen ab. Es sind 25 Industrieländer und 24 Schwellenländer vertreten, wobei Schwellenländer nur rund 10 Prozent ausmachen. Dieses Verhältnis ist hier vorgegeben. Wichtig zu verstehen ist hier, dass der ETF, der diesen Index abbildet, nicht zwangsläufig alle 4 300 Unternehmen enthält. Die meisten ETFs, die den FTSE All-World nachbilden, nutzen die sogenannte Sampling-Methode, die wir uns bereits im Abschnitt *ETFs richtig auswählen* angeschaut haben. So enthält der Vanguard FTSE-All World UCITS ETF (USD) Acc (ISIN IE00BK5BQT80) beispielsweise rund 3 600 Unternehmen.

Eine Alternative ist der MSCI AWCI des Indexanbieters MSCI. Der zugrunde liegende Index enthält rund 2 600 Aktienunternehmen aus 23 Industrieländer und 24 Schwellenändern, also etwas weniger als der FTSE All World. Er deckt circa 85 Prozent der weltweiten Marktkapitalisierung ab, und auch hier machen Schwellenländer nur rund 10 Prozent aus.

Portfolio	Industrieländer	Schwellenländer	Small Caps
1.: MSCI ACWI	ja	ja	nein
2.: FTSE All-World	ja	ja	nein

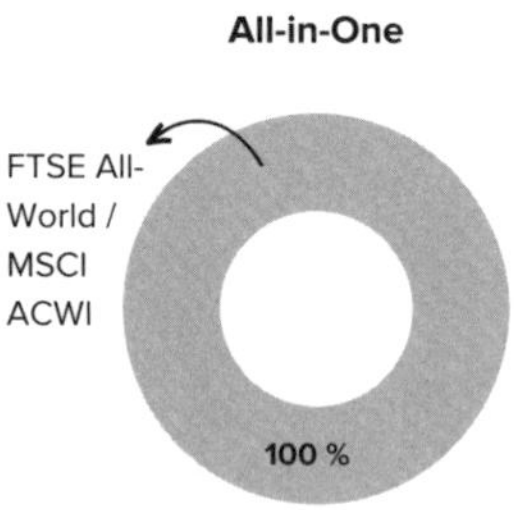

Welcher von den beiden ist nun besser? Der FTSE All-World ist etwas weiter gefasst und enthält rund 1700 mehr Unternehmen als der MSCI ACWI. Da beide Indizes die Unternehmen nach ihrem Börsenwert sortieren, ist der Unterschied unterm Strich nicht allzu groß. Die Top-Unternehmen sind bei beiden Indizes nahezu gleich. Ein kleiner Unterschied liegt außerdem in der Auswahl der Länder. Während Peru nicht im FTSE All-

World enthalten ist, fehlen umgekehrt Island, Pakistan und Rumänien im MSCI ACWI. Auch das hat aber nur geringe Auswirkungen, denn sie machen jeweils nur einen winzigen Teil des Index aus.

Das heißt für dich: Mit keinem der beiden ETFs kannst du etwas falsch machen. Beide ETFs enthalten sowohl Industrie- als auch Schwellenländer und bieten dir eine breite Diversifikation in die Weltwirtschaft, da sie Tausende Unternehmen weltweit abdecken. Es ist jedoch vor allem so einfach zu handhaben wie kein anderes Portfolio, da nur ein ETF enthalten ist.

2. MUSTERPORTFOLIO
Zwei ETFs

Wenn du das Verhältnis von Schwellen- und Industrieländern selbst festlegen möchtest, dann könntest du dies mithilfe von zwei ETFs tun. Für die Industrieländer würde sich der MSCI World Index eignen. Dieser enthält rund 1400 Aktien aus 23 Industrieländern, darunter Deutschland, Frankreich, die USA und Schweden. Für den Schwellenländeranteil würde sich der MSCI Emerging Markets Index eignen. Du erkennst ihn am Kürzel EM. Er enthält rund 1300 Aktien aus 24 Schwellenländern. MSCI World und MSCI EM bilden jeweils 85 Prozent des Börsenwertes aus der jeweiligen Region ab. In welchem Verhältnis du die beiden ETFs miteinander kombinierst, ist ganz dir selbst überlassen. Viele nutzen das Verhältnis MSCI World:MSCI EM zu 70:30 oder 60:40. Ein Schwellenländeranteil von 10 bis 40 Prozent im Portfolio kann sinnvoll sein und hängt von deinem persönlichen Geschmack sowie deiner Risikotragfähigkeit ab.

Zwei ETFs

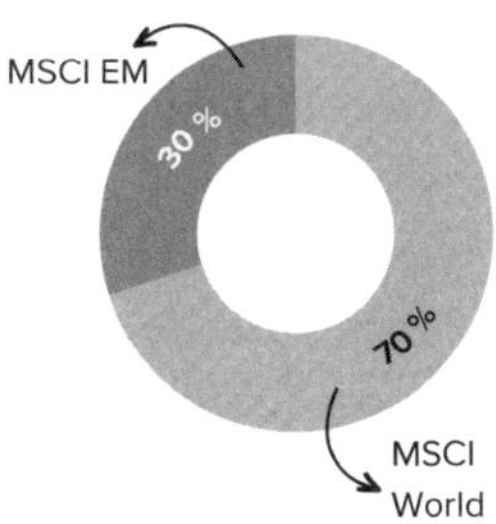

Was ich dir aber unbedingt empfehle: Wenn du dir dein Weltportfolio selbst zusammenstellst, dann nimm den Industrie- und Schwellenländer-ETF vom selben Anbieter. Wieso? Weil Schwellen- und Industrieländer je nach Anbieter unterschiedlich definiert werden. So haben Anbieter wie MSCI und FTSE unterschiedliche Kriterien, beispielsweise listet MSCI 24 Schwellenländer auf, während es bei FTSE nur 23 sind. So wird Südkorea von FTSE als Industrienation eingestuft, bei MSCI als Schwellenland. Wenn du jetzt einen Industrieland-ETF von FTSE und einen Schwellenland-ETF von MSCI kaufst, dann hast du Südkorea doppelt gewichtet. Wenn du hingegen einen Industrieland-ETF MSCI und einen Schwellenland-ETF von FTSE nimmst, hast du Südkorea gar nicht im Depot.

Bei FTSE decken die globalen Indizes etwa 90 Prozent der Marktkapitalisierung ab. Hier zählen Small Caps somit zu den kleinsten 10 Prozent des Aktienuniversums. Bei MSCI decken die globalen Indizes hingegen 85 Prozent der Marktkapitalisierung ab, und die kleinsten 15 Prozent der Aktien fallen in den Bereich der Small Caps. Dadurch erklärt sich, dass in den Indizes von FTSE meist mehr Unternehmen enthalten sind als bei MSCI. Daher solltest du beide ETFs vom selben Anbieter nehmen, um Überschneidungen oder Lücken zu vermeiden.

Portfolio	Industrieländer	Schwellenländer	Small Caps
MSCI World, MSCI EM	ja	ja	nein

3. MUSTERPORTFOLIO
Small Caps

Die ersten beiden Musterportfolios enthalten ausschließlich Large und Mid Caps, keine Small Caps. Diese machen jedoch rund 14 Prozent der weltweiten Marktkapitalisierung aus. Wenn du also in den gesamten Aktienmarkt investieren möchtest, um dein Portfolio noch breiter zu diversifizieren, müssen Small Caps mit rein. In der Vergangenheit hatten sie eine höhere Rendite als die anderen beiden. Kleine Unternehmen sind weniger über Branchen und Länder diversifiziert und haben meist mehr Schulden, sind in der Regel daher riskanter.

Um das erste Musterportfolio mit Small Caps zu ergänzen, könnte statt dem MSCI ACWI der MSCI ACWI IMI gewählt werden (nachfolgende linke Abbildung). Dieser ETF enthält auch Small Caps, was du am Kürzel IMI (Investable Markets Index) erkennst. Im Gegensatz zum MSCI ACWI, der nur 85 Prozent der weltweiten Marktkapitalisierung abdeckt, deckt der MSCI ACWI IMI 99 Prozent ab.

Bei dem zweiten Musterportfolio (rechte Abbildung) könnte statt dem

All-in-One mit Small Caps

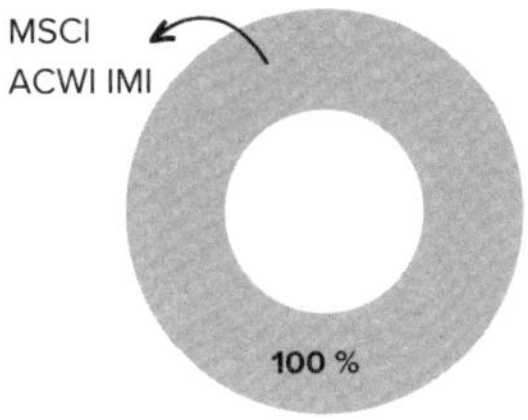

Zwei ETFs mit Small Caps

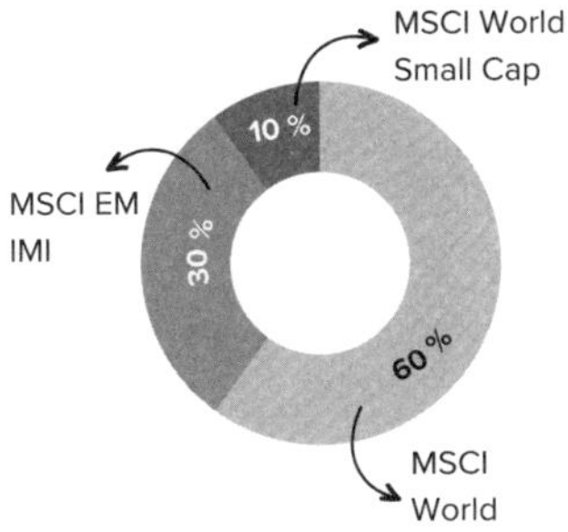

MSCI World und MSCI EM der MSCI World, MSCI EM IMI und MSCI World Small Cap genommen werden, beispielsweise in einem Verhältnis von 60:30:10.

Portfolio	Industrieländer	Schwellenländer	Small Caps
1.: MSCI ACWI IMI	ja	ja	**ja**
2.: MSCI World, MSCI World Small Cap, MSCI EM IMI	ja	ja	**ja**

4. MUSTERPORTFOLIO
Europa

Wenn du einen zusätzlichen Fokus auf Europa legen möchtest, kann ein ETF auf den europäischen Aktienmarkt interessant sein. Gerade Indizes wie der MSCI World sind US-lastig. Mit rund 70 Prozent machen die USA den mit Abstand größten Anteil am MSCI World aus, das kann ein Klumpenrisiko darstellen. Durch einen Europa-ETF könntest du die starke US-amerikanische Gewichtung reduzieren und Europa etwas stärker gewichten. Wobei hier auch anzumerken ist, dass viele US-amerikanische Unternehmen weltweit tätig sind und somit in vielen verschiedenen Ländern und Kontinenten – also auch in Europa – vertreten sind. Ich möchte dir dennoch zwei Varianten vorstellen:

Die *erste Variante* ist ohne Small Caps. Die Gewichtung könnte wie folgt aussehen: 60 Prozent MSCI World, 30 Prozent MSCI EM und 10 Prozent STOXX Europe 600. Letzterer enthält die 600 größten europäischen Unternehmen (nachfolgende linke Abbildung).

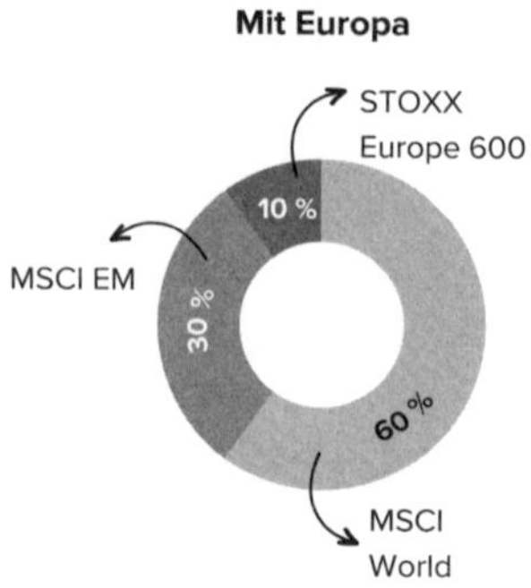

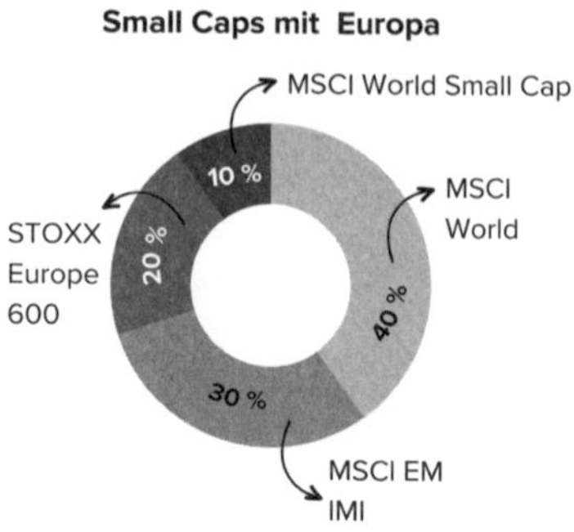

Die *zweite Variante* (rechte Abbildung) ist mit Small Caps. Die Gewichtung könnte wie folgt aussehen: 40 Prozent MSCI World, 30 Prozent MSCI EM IMI, 20 Prozent STOXX Europe 600 und 10 Prozent MSCI World Small Cap. Den Europaanteil des Portfolios (die 20 Prozent) könntest du beispielsweise auch noch um einen MSCI Europe Small Cap ergänzen.

Portfolio	Industrieländer	Schwellenländer	Small Caps	Europa-Fokus	Europa
1.: MSCI World, MSCI EM, STOXX Europe 600	ja	ja	nein	ja	**ja**
2.: MSCI World, MSCI World Small Cap, MSCI EM IMI, STOXX Europe 600	ja	ja	ja	ja	**ja**

5. MUSTERPORTFOLIO
Nachhaltig

Willst du ausschließlich in Unternehmen investieren, die gewisse Maßstäbe in Bezug auf Nachhaltigkeit erfüllen? Dann kannst du die Auswahl auf ETFs beschränken, bei denen Kriterien der Nachhaltigkeit Berücksichtigung finden.

Grundsätzlich leiten sich nachhaltige ETFs von den ursprünglichen »unnachhaltigen« ETFs ab. Dieser enthält alle Unternehmen unabhängig von ihrer nachhaltigen Arbeitsweise. Indexanbieter nutzen insbesondere zwei Methoden, um ETFs auf Nachhaltigkeit umzustellen. Bei dem **Ausschlussverfahren** werden von vornherein bestimmte Branchen wie Alkohol, Glücksspiel oder Tabak ausgeschlossen. Dieser Ansatz ist absolut, das heißt: Entweder ein Unternehmen erfüllt die Kriterien und wird aufgenommen oder eben nicht und wird ausgeschlossen. Neben dem Ausschlussverfahren gibt es noch den **Best-in-Class-Ansatz**. Diesem Ansatz liegen relative Kriterien zugrunde, mit denen Unternehmen sich miteinander vergleichen lassen. Dabei nehmen die Indexanbieter aus jeder Branche nur die besten Unternehmen auf, die in diesem Fall am nachhaltigsten wirtschaften. So kann es hier dazu kommen, dass ein Waffenkonzern mit aufgenommen wird, weil dieser unter allen Waffenunternehmen die besten Ergebnisse im Bereich der Nachhaltigkeit vorweist. Und dass ein Autobauer nachhaltig sein soll, weil er neben seinen unzähligen Modellen mit Verbrennungsmotor auch ein Elektrofahrzeug anbietet, reicht vielen Anlegern nicht aus. In der Praxis kombinieren viele nachhaltige ETFs beide Ansätze, um ein ausgewogeneres und ethisch vertretbares Produkt anzubieten. Nachhaltige ETFs erkennst du zum Beispiel an ihren Kürzeln ESG oder SRI.

ESG steht für Environmental (Umwelt), Social (Soziales) und Governance (Unternehmensführung). ETFs nach ESG-Kriterien beinhalten ausschließlich Unternehmen, die festgelegte Nachhaltigkeitskriterien in Hinblick auf Umwelt, Soziales und Unternehmensführung erfüllen. *Umwelt* meint den effizienten Umgang mit Ressourcen, eine umweltfreundliche Produktion durch geringe CO_2-Emissionen oder die Förderung erneuerbarer Technologien wie Wind- oder Solarkraft. *Soziales* steht für die Einhaltung von Menschenrechten wie faire Arbeitsbedingungen, Lohngerechtigkeit, Gesundheit am Arbeitsplatz, Schutz vor Diskriminierung oder den Verzicht auf Kinder- und Zwangsarbeit. Und zuletzt noch die nachhaltige *Unternehmensführung* mit Fokus auf Transparenz, klaren Unternehmenswerten, sicheren Arbeitsbedingungen und Vermeidung von Korruption.

Wenn ein Unternehmen gegen eines dieser drei Kriterien verstößt, wird es ausgeschlossen. Darüber hinaus sind bei ESG unter anderem Branchen wie Tabak, Waffen oder Verletzer der Nachhaltigkeitsziele der Vereinigten Nationen ausgeschlossen. Wie nachhaltig ein Unternehmen ist, wird anhand eines ESG-Scores von ESG-Ratingagenturen ermittelt. Da diese die Unternehmen nach subjektiven Kriterien bewerten, kann es sein, dass ein Unternehmen in einem Index als nachhaltig eingestuft wird, aber in einem anderen aussortiert wird, denn bislang gibt es kein einheitliches Klassifizierungssystem. Ohne einheitliche Regelung solltest du bei den ETFs nicht nur auf die Kürzel achten, sondern unbedingt auch darauf, ob die enthaltenen Unternehmen auch deiner persönlichen Wertvorstellung von Nachhaltigkeit entsprechen.

Noch strenger als ESG- sind **SRI**-Kriterien (Socially Responsible Investment), bei denen auch Glücksspiel, Gentechnik oder Alkohol ausgeschlossen sind. Bei SRI-ETFs werden nur die Unternehmen mit dem besten ESG-Rating eines Sektors aufgenommen. Hier wird also zusätzlich zum Ausschlussverfahren der Best-in-Class-Ansatz angewendet.

Manche Kürzel sind demnach strenger als andere und entsprechend mehr Unternehmen werden aussortiert. Das resultiert wiederum darin, dass der ETF weniger Positionen enthält und somit weniger breit diversifiziert ist. Ich möchte dir drei Varianten zeigen:

Die *1. Variante* (links) ist ohne Small Caps. Die Gewichtung könnte wie folgt aussehen: 70 Prozent MSCI World ESG, 30 Prozent MSCI EM ESG.

Die *2. Variante* (rechts) ist mit Small Caps. Die Gewichtung könnte wie folgt aussehen: 60 Prozent MSCI World ESG, 30 Prozent MSCI EM IMI ESG, 10 Prozent MSCI World Small Cap ESG.

Die *3. Variante* (unten) ist ohne Small Caps. Die Gewichtung könnte wie folgt aussehen: 70 Prozent MSCI World SRI, 30 Prozent MSCI EM SRI.

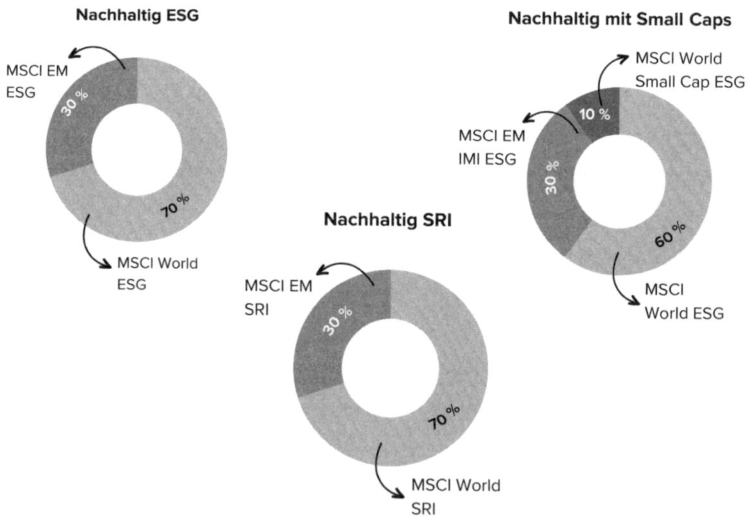

Portfolio	Industrieländer	Schwellenländer	Small Caps	Nachhaltig
1.: MSCI World ESG, MSCI EM ESG	ja	ja	nein	**ja**
2.: MSCI World ESG, MSCI World Small Cap ESG, MSCI EM IMI ESG	ja	ja	ja	**ja**
3.: MSCI World SRI, MSCI EM SRI	ja	ja	nein	**ja**

Wenn du dich für sehr strenge Auswahlkriterien entscheidest, solltest du wissen, dass sich das Anlageprofil durch den strengen Ausschluss gegenüber dem Hauptindex deutlich verändern kann. Beim MSCI World SRI verbleiben so zum Beispiel am Ende nur noch rund 400 Unternehmen statt rund 1400 im normalen MSCI World. Beim MSCI World ESG verbleiben hingegen noch rund 1300.

Das wiederum führt uns gleich zu den Nachteilen nachhaltiger ETFs: Je strenger die Nachhaltigkeitskriterien sind, desto mehr Unternehmen werden ausgeschlossen, desto weniger Unternehmen sind also im ETF enthalten. Diese geringere Diversifikation führt somit zu einem höheren Risiko, da weniger Unternehmen enthalten sind. Das sollte dir unbedingt bewusst sein.

Bedeutet nachhaltiges Investieren, dass du auf Rendite verzichten musst? Wissenschaftliche Studien[11] zeigen, dass es keinen signifikanten Unterschied in der Rendite bei nachhaltigen und konventionellen ETFs gibt. Die meisten Studien zeigen einen neutralen oder sogar positiven Einfluss nachhaltiger ETFs. Nach aktuellem Forschungsstand musst du dich also nicht sorgen, dass du mit nachhaltigen ETFs auf Rendite verzichten müsstest. Dennoch solltest du aus diesen Studien keinen allgemeinen Renditevor- oder -nachteil von nachhaltigen gegenüber konventionellen ETFs schlussfolgern. So gut sich die Vergangenheit zwar analysieren lässt, so schwer ist doch die Zukunft vorherzusagen. ETFs schwanken im Kurs. Es hat also mal der eine ETF eine bessere Performance, mal der andere. Wenn du einen langfristigen Anlagehorizont hast, dann solltest du dich von solchen Schwankungen und kleinen Renditeunterschieden nicht verunsichern lassen.

6. MUSTERPORTFOLIO
Dividenden

Wenn du Ausschüttungen aus deinem Portfolio erhalten möchtest, könntest du dessen Fokus auch auf Dividenden legen. Denn zusätzlich zu ausschüttenden ETFs gibt es auch ETFs mit einer hohen Dividende. Deine Rendite erhöhst du damit zwar nicht, da die Dividende den Aktionären ausgeschüttet wird, statt in die eigene Entwicklung des Unternehmens wie neue innovative Produkte zu fließen. Viele freuen sich jedoch über regelmäßige Ausschüttungen.

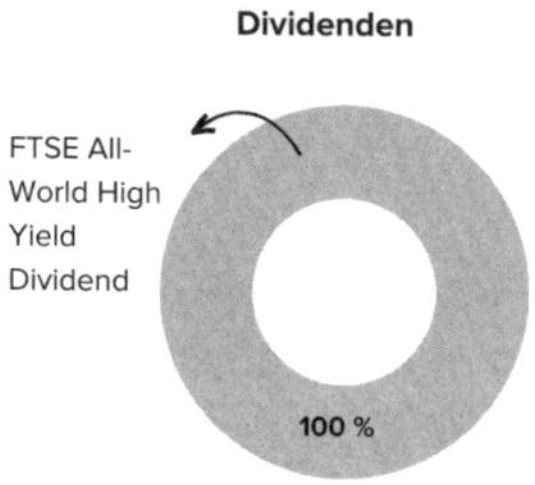

Ein Beispiel für einen solchen ETF ist der FTSE All-World High Dividend Yield ETF. Er umfasst rund 2 300 Large- und Mid-Cap-Unternehmen aus Industrie- und Schwellenländern, die in der Regel eine hohe Dividende ausschütten.

Portfolio	Industrieländer	Schwellenländer	Small Caps	Dividenden
FTSE All-World High Dividend Yield	ja	ja	nein	**ja**

Wenn du dich für einen Dividenden-ETF entscheidest, sollte dir bewusst sein, dass die Ausschüttung das Kapital in deinem Depot reduziert, das für dich arbeiten kann. Wenn du in der Phase des Vermögensaufbaus bist, würde ich persönlich diese Variante nicht bevorzugen. Wie ich dir bereits gezeigt habe: Der Zinseszinseffekt wird sowohl von der Zeit als auch dem investierten Kapital geprägt. Zudem können bei Ausschüttungen Steuern anfallen, mehr dazu im Abschnitt *Welche Steuern fallen an?* Wenn du jedoch von deinem Depot regelmäßig einen Betrag entnehmen möchtest, zum Beispiel im Alter, dann kann ein Portfolio, das sich auf Dividenden fokussiert, eine sinnvolle Alternative sein.

7. MUSTERPORTFOLIO

Core-Satellite-Strategie

Ich wäre naiv, wenn ich glauben würde, dass alle Anleger sich einfach ein Weltportfolio aufbauen und es dabei belassen. Manchen ist das prognosefreie Investieren zu »langweilig« und sie möchten Wertpapiere selbstständig und aktiv auswählen. Einige von euch möchten vielleicht bestimmte Märkte übergewichten, von denen sie überzeugt sind. Genau dafür bietet die Core-Satellite-Strategie die richtige Flexibilität.

Dennoch solltest du dir bewusst sein, dass die aktive Auswahl einzelner Werte immer eine Wette ist. Du verlässt dich darauf, dass deine Prognosen über bestimmte Märkte oder Branchen zutreffen. Das ist kein prognosefreies Investieren, sondern eine Annahme, wie sich bestimmte Marktteile in Zukunft entwickeln könnten.

Mithilfe der Core-Satellite-Strategie kannst du zusätzlich in bestimmte Branchen, Länder, Regionen oder Themengebiete investieren. Dabei hast du einen weltweit gestreuten ETF-Kern, das Weltportfolio, und einige Satelliten zum Beispiel in Form von Branchen-, Themen-, wie Cyber Security oder Clean Energy, oder bestimmte Länder-ETFs, die du übergewichten möchtest. Für die Core-Satellite-Strategie sollte man jedoch bereits Erfahrung mitbringen. Immerhin gilt es hierbei auch, eine gewisse Zeit in die Auswahl der einzelnen Satelliten zu stecken.

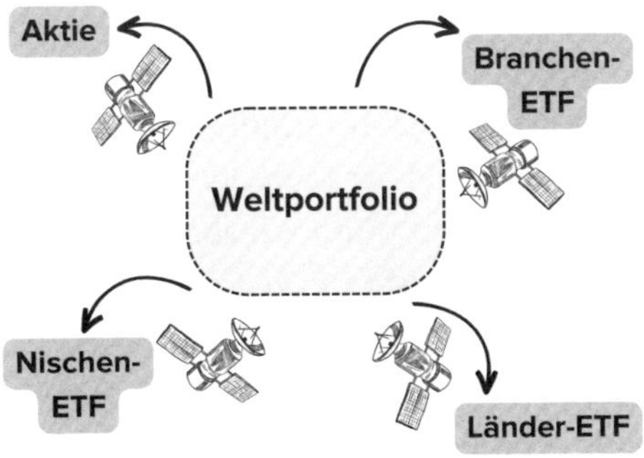

Manche Werte laufen momentan sehr gut, und es ergibt auch Sinn, dass diese Segmente wachsen. So gibt es immer bestimmte Regionen, Sektoren oder Unternehmen, die besser performen als der Gesamtmarkt. Es kann jedoch sein, dass diese Werte bereits völlig überbewertet sind, eine Euphorie am Markt herrscht und danach die Ernüchterung einsetzt. Hier sind drei Tipps für die Anwendung der Core-Satellite-Strategie für dich:

- Der Anteil der Satelliten sollte nur nicht zu hoch gewichtet sein. Oft wird das Verhältnis 80 Prozent Weltportfolio und 20 Prozent Satelliten genutzt. Nutze zur Risikominimierung am besten nur ETFs als Satelliten.
- Ein einzelner Satellit sollte aufgrund des Klumpenrisikos nicht mehr als 5 Prozent des Gesamtportfolios ausmachen. Denn je kleiner die Position, desto geringer der potenzielle Verlust, aber je größer die Position, desto größer der potenzielle Verlust und somit auch das Risiko. Und wieso solltest du dein Risiko noch weiterhöhen, wenn du mit den Satelliten ohnehin schon ein größeres eingehst?
- Überprüfe regelmäßig deine Satellitenpositionen und passe sie bei Bedarf an. Da sich Märkte und Unternehmen ständig verändern, ist es wichtig, flexibel zu bleiben und sicherzustellen, dass deine Satelliten weiterhin zu deiner Anlagestrategie passen.

Du siehst: Es gibt unzählige Optionen für dein Weltportfolio. Wie du das machst, liegt an deinen Präferenzen. Klicke dich am besten durch eine Vergleichswebsite durch, mache dich mit den verschiedenen ETFs vertraut und vergleiche sie miteinander.

Ein abschließender Gedanke von mir: Je mehr ETFs du in dein Portfolio aufnimmst, desto unübersichtlicher wird es irgendwann. Ich persönlich bin eine Freundin der Einfachheit. Wenn ich nochmal von vorne anfangen würde, dann würde ich ausschließlich ein Weltportfolio mit ETFs aufsetzen. Mir ist es zu zeitaufwendig, mich intensiv mit der aktiven Auswahl von einzelnen Positionen zu beschäftigen. Zudem bin ich der Auffassung, dass die aktive Auswahl einzelner Positionen nichts mit langfristigem und nachhaltigem Vermögensaufbau zu tun hat, sondern vielmehr einer Wette gleicht: Der aktuelle Aktienkurs ist zu niedrig, und das Unternehmen ist in Wirklichkeit viel wertvoller. Nichts anderes ist das Investieren in Einzelaktien: Du versuchst anhand von Kennzahlen, Berichten und Marktanalysen unterbewertete Aktien zu finden, in der Hoffnung, dass der Markt sie irgendwann »richtig« bewertet. Das klingt in der Theorie spannend und verlockend, aber dabei wird oft übersehen, dass weltweit Tausende von Experten auch genau das versuchen – und die haben nicht nur ein paar Stunden pro Woche, sondern rund um die Uhr Zeit, sowie Zugang zu enormen Datenmengen, hochentwickelten Analyse-Tools und unzähligen weiteren Ressourcen. Während Privatanleger vielleicht ein, zwei, drei Stunden mit der Recherche zu einem Unternehmen verbringen, arbeiten diese Experten in Frankfurt, New York oder London unermüdlich daran, jeden Vorteil aus dem Markt herauszuholen.

Dieses Phänomen der Selbstüberschätzung nennt man übrigens **Overconfidence Bias**. In zahlreichen Studien[12] wurden die Teilnehmer zum Beispiel gefragt, wie gut sie nach eigenen Angaben Auto fahren würden: Die meisten antworteten, dass sie überdurchschnittlich gut seien, also besser als der Durchschnitt. Doch statistisch gesehen können nicht mehr als 50 Prozent der Menschen besser als der Durchschnitt sein. Das bedeutet, dass viele Menschen ihre Fähigkeiten überschätzen. Dieses Phänomen tritt in verschiedenen Bereichen auf, auch beim Investieren. Viele Anleger glauben, dass sie den Markt schlagen oder besser als andere Investoren sein können, obwohl die meisten langfristig hinter den Marktdurchschnitt zurückfallen. Diese Selbstüberschätzung kann dazu führen, dass man zu häufig handelt, in riskantere Anlagen investiert und am Ende durch Fehler und hohe Transaktionskosten seine Rendite schmälert.

Ich habe mich bewusst für ein prognosefreies Portfolio entschieden und investiere passiv in die Weltwirtschaft – mit nur zwei ETFs. Für manche mag das langweilig klingen, weil es keine ständige Aufregung oder die Jagd nach der nächsten »großen Chance« gibt. Aber genau das ist es, was mir an diesem Ansatz gefällt: die Einfachheit und Klarheit. Ich muss nicht ständig auf dem neuesten Stand der Unternehmensnachrichten oder Marktprognosen sein. Ich muss den Markt nicht täglich im Auge behalten oder oft widersprüchliche Marktberichte analysieren. Langfristig profitiere ich einfach von dem Wachstum der Weltwirtschaft. Der Markt wächst, Unternehmen entwickeln sich weiter, und ich nehme daran teil, ohne aktiv in einzelne Aktien oder Märkte investieren zu müssen. Das gibt mir nicht nur mehr Zeit für anderes im Leben, sondern bewahrt mich auch vor unnötigem Stress. Es ist beruhigend zu wissen, dass ich nicht ständig Kurse oder Wirtschaftsnachrichten verfolgen muss, weil ich mich auf die Diversifikation und die langfristige Entwicklung meines Weltportfolios verlassen kann.

Natürlich steht es allen frei, die eigene Anlagestrategie zu wählen. Es ist wichtig, dass du deine eigenen Erfahrungen machst und herausfindest, was für dich funktioniert. Wenn du dennoch mit einzelnen Positionen oder Satelliten spekulieren möchtest, kann es sinnvoll sein, ein separates Zweitdepot zu eröffnen. So kannst du deine passive Hauptstrategie klar von spekulativen Investments trennen. Dies hilft beim Überblick und vermeidet, dass du deine langfristige Strategie unbewusst durch kurzfristige spekulative Trades gefährdest.

Dein Sicherheitsbaustein

Nach dem Renditebaustein mithilfe der Musterportfolios geht es nun um den risikoarmen Teil deines Portfolios: deinen Sicherheitsbaustein. Er soll Schwankungen in deinem Portfolio ausgleichen und für Stabilität sorgen.

Eine Möglichkeit sind hier sehr sichere Staatsanleihen, insbesondere Anleihen-ETFs. Anleihen sind Schuldscheine, die von Unternehmen, Staaten oder anderen Institutionen zur Kapitalbeschaffung herausgegeben werden. Wenn du eine Anleihe kaufst, leihst du dem Emittenten dein Geld und erhältst im Gegenzug regelmäßige Zinszahlungen, die als Kupon (auch Coupon) bezeichnet werden. Am Ende der Laufzeit bekommst du dein ursprünglich investiertes Kapital zurück. Investierst du zum Beispiel 10 000 Euro in eine Staatsanleihe mit einer Laufzeit von 10 Jahren und einem Kupon von 2,5 Prozent, erhältst du jedes Jahr 2,5 Prozent Zinsen. Nach 10 Jahren bekommst du die investierten 10 000 Euro zurück. Staatsanleihen von kreditwürdigen Staaten wie Deutschland, der Schweiz oder Luxemburg mit einem AAA-Rating gelten als besonders sicher, da das Risiko, dass diese Staaten dein Geld nicht zurückzahlen können, äußerst gering ist. Die Zinshöhe einer Anleihe hängt hauptsächlich von drei Faktoren ab:

- **Laufzeit**: In der Regel gilt, je länger die Laufzeit einer Anleihe, desto höher die Zinsen, da das Kapital länger gebunden ist. Dies ist jedoch nicht immer der Fall und hängt von den Marktbedingungen ab.
- **Bonität des Emittenten**: Die Kreditwürdigkeit des Emittenten ist von wesentlicher Bedeutung. Diese wird von Ratingagenturen wie Moody's, Standard & Poor's und Fitch bewertet. Die Ratings reichen von AAA (höchste Qualität und geringstes Risiko) bis D (Zahlungsausfall). Eine Anleihe mit AAA-Rating bedeutet ein sehr geringes Ausfallrisiko und damit auch niedrigere Zinsen. Ein schlechteres Rating, wie C, weist auf ein höheres Ausfallrisiko hin, was höhere Zinsen zur Folge hat.
- **Leitzinsen:** Die Zinsen von Anleihen werden auch von den Leitzinsen der Europäischen Zentralbank (EZB) beeinflusst. Steigen diese, können die Kurse von bereits ausgegebenen Anleihen fallen, da neu ausgegebene Anleihen höhere Zinsen bieten. Sinkende Leitzinsen können hingegen dazu führen, dass die Kurse von bestehenden Anleihen steigen. Wenn du also davon ausgehst, dass die Zinsen in Zukunft fallen werden, könntest du dir die aktuellen Kupon-Zinsen durch den Kauf von sicheren Euro-Staatsanleihen mit hoher Bonität, also AAA-Rating, sichern.

Ich persönlich habe meinen Sicherheitsbaustein auf dem Tagesgeldkonto liegen, da es für mich die einfachste und flexibelste Option ist. Diese Option ist allerdings nicht ideal, wenn du dich eher gerne an diesem Geld bedienen würdest.

Festgeld ist wahrscheinlich die sinnvollste Option, besonders wenn du sicher sein möchtest, dass du während der Laufzeit das Geld in Ruhe lässt. Es gibt im Internet einige Vergleichsseiten für Festgeld, auf denen du verschiedene Banken und deren aktuelle Zinsen vergleichen kannst. Bei Festgeld sollte dir bewusst sein, dass du für eine festgelegte Laufzeit auf dein Geld verzichten musst, da du während dieser Zeit keinen Zugriff darauf haben wirst. Falls du jedoch mehr als 100 000 Euro an Rücklagen besitzt, das nicht durch die Einlagensicherung abgedeckt wird, solltest du über Staatsanleihen nachdenken.

Erfolgreich in ETFs investieren

Nachdem du den Theorieteil erfolgreich gemeistert hast, geht es jetzt an die konkrete Umsetzung deines ETF-Portfolios. Ich werde dir nun die Schritte zeigen, mit denen du mit dem Investieren starten kannst: Als Erstes benötigst du ein Depot. Bei dessen Auswahl kannst du folgende Kriterien beachten:

- **Kosten:** Nicht alle Depots sind kostenlos. Achte darauf, dass du keine Depotführungsgebühr zahlst. Es fallen jedoch Kosten für den Kauf und Verkauf von Wertpapieren an. Das sind die sogenannten Transaktionskosten. Deren Höhe variiert je nach Depotanbieter (auch: Broker), und sie können sich bei regelmäßigen Käufen oder Verkäufen schnell summieren, weshalb du sie vergleichen solltest. Es gibt auch welche, bei denen ETF-Sparpläne kostenlos sind, was gut ist, wenn du einen ETF besparen möchtest, was ich dir sehr empfehle.
- **Auswahl von Wertpapieren:** Nicht jeder Depotanbieter bietet alle verfügbaren ETFs oder Wertpapiere an. Stell sicher, dass deine gewünschten ETFs über den Depotanbieter auch *handelbar* sind. Manche Broker bieten eine begrenzte Auswahl an, insbesondere bei Spezial- oder Themen-ETFs, daher solltest du dies vor der Depoteröffnung prüfen.
- **Kundenservice und Erreichbarkeit**: Überlege, wie wichtig dir persönlicher Kontakt und Support sind. Manche Depotanbieter bieten einen umfangreichen telefonischen Kundenservice und eine Beratung an, während andere rein über E-Mail oder Chat agieren.
- **Steuereinfachheit des Anbieters**: In Deutschland ansässige Depotanbieter führen automatisch die fälligen Steuern an das Finanzamt ab. Sie sind also steuereinfach, weil du dich nicht selbst um die Abführung der Steuer kümmern musst. Wenn der Depotanbieter jedoch seinen Sitz nicht in Deutschland hat, kann es sein, dass du die Erträge selbst in deiner Steuererklärung angeben und die Steuern abführen musst. Dies ist aufwendiger und fehleranfälliger. Ich würde dir daher empfehlen, einen Anbieter mit Sitz in Deutschland zu wählen.
- **Smartphone oder Desktop:** Ob du Wertpapiere über dein Smartphone oder über den Desktop handeln möchtest, ist Geschmacks-

sache. Die meisten Onlinebroker bieten aber mittlerweile auch eine Desktopversion an.

Grundsätzlich hast du bei der Depoteröffnung die Auswahl zwischen einer Filialbank, einer Direktbank und einem Neobroker:

- **Filialbanken** betreiben ein umfangreiches Netz von physischen Filialen, in denen Kunden persönlichen Service und Beratung erhalten können. Aufgrund der Kosten für die Unterhaltung der Filialen sind die Gebühren und Kostenstrukturen tendenziell höher als bei Direktbanken. *Beispiele*: Deutsche Bank, Sparkassen, Volksbanken.
- **Direktbanken** haben wenige oder keine Filialen, und ihre Dienstleistungen werden hauptsächlich online oder telefonisch angeboten. Durch den Verzicht auf ein Filialnetz können Direktbanken oft günstigere Konditionen und niedrigere Gebühren als Filialbanken anbieten. Der Kundenservice erfolgt hauptsächlich über Onlineportale, E-Mail und Telefon. Persönliche Beratung ist meist nur eingeschränkt verfügbar. *Beispiele*: ING, comdirect, DKB.
- **Neobroker** sind vollständig digitalisierte Anbieter, die sich auf die Dienstleistungen um die Transaktionen mit Wertpapieren spezialisieren und ausschließlich digital operieren. Neobroker zeichnen sich durch niedrige oder sogar keine Transaktionsgebühren aus. *Beispiele*: Trade Republic, Scalable Capital.

Da Gebühren deine Rendite erheblich schmälern, würde ich aufgrund tendenziell höherer Gebühren auf Filialbanken verzichten. Eröffne stattdessen ein Depot bei einer Direktbank oder einem Neobroker. Wenn dir der Kundenservice wichtig ist, du auch mal direkt bei dem Anbieter anrufen möchtest, und du auf eine große Auswahl an Wertpapieren Wert legst, dann wähle eine Direktbank. Dort ist der Service tendenziell besser als bei einem Neobroker, wo der Kontakt ausschließlich per E-Mail erfolgt. Wenn dir geringere Gebühren, ein ansprechendes und nutzerfreundliches App-Design und innovative Features wichtiger sind, dann eröffne ein Depot bei einem Neobroker.

Wie eröffnest du ein Depot? – Eine Anleitung

Gehe auf die Internetseite des Depotanbieters, für den du dich entschieden hast. Dort kannst du das Depot eröffnen, was bei manchen Neobrokern in weniger als 10 Minuten erledigt ist. Dafür klickst du in der Regel auf *Jetzt Depot eröffnen*, wonach gleich das Onboarding startet: Du wirst durch den Eröffnungsprozess geleitet und gibst deine Daten (Vor- und Nachname, Adresse, Geburtsdatum und -ort, die Staatsangehörigkeit und dein Auszahlungskonto) an. Dieser Vorgang ist gesetzlich vorgeschrieben und bei allen Brokern und Banken standardisiert. Danach kannst du zum Beispiel per Videoident deine Identität bestätigen. Halte dafür deinen Personalausweis oder Reisepass bereit. Bei diesem Verfahren wird überprüft, ob du die Person bist, die du vorgibst zu sein. Du kannst die Videolegitimation am Laptop, Tablet oder deinem Smartphone vornehmen. Dir werden ein paar Fragen gestellt und die Daten deines Personalausweises abgeglichen, den musst du dafür in die Kamera halten. Das geht alles sehr schnell und ist recht unkompliziert. Im letzten Schritt werden auf der Seite deine Kenntnisse und Erfahrungen im Wertpapierhandel abgefragt, basierend auf dem Wertpapierhandelsgesetz. Hierbei gibst du deine bisherigen Erfahrungen mit unterschiedlichen Assetklassen und Wertpapieren an. Im Anschluss an die erfolgreiche Anmeldung erhältst du dein persönliches Verrechnungskonto und dein Depot mitsamt einer Depotnummer. Manchmal kann es etwas dauern, bis dein Depot freigeschaltet ist.

Danach kann es gleich losgehen. Grundsätzlich hast du zwei Investitionsmöglichkeiten: per Sparplan oder per Einmalanlage. Mit einem **ETF-Sparplan** kannst du regelmäßig einen festen Betrag investieren, was besonders praktisch ist, um kontinuierlich Vermögen aufzubauen. Dabei kannst du dir aussuchen, an welchem Datum, zum Beispiel am Anfang oder Ende des Monats, dein Sparplan ausgeführt werden soll. Du legst dafür eine feste monatliche Summe fest, die du investieren möchtest, zum Beispiel 100 Euro. Wenn ein ETF-Anteil 50 Euro kostet, werden bei Sparplanausführung zwei Anteile gekauft. Da ETF-Kurse kurzfristig jedoch schwanken, kaufst du auch Bruchstücke. Wenn der Kurs im zweiten Monat nicht mehr bei 50, sondern 55 Euro steht, kaufst du 1,8 Anteile. Das bedeutet, es werden bei niedrigem Kurs mehr Anteile gekauft und bei höherem Kurs weniger.

Die investierte Summe bleibt jedoch immer gleich. Du kannst hier die Sparrate flexibel anpassen, pausieren oder zusätzliche Einzahlungen tätigen. Das gibt dir die Flexibilität, deine Investitionen an deine aktuelle finanzielle Situation und deine Lebensumstände anzupassen. Und nein, damit meine ich nicht, dass du deinen Sparplan für spontane Urlaubspläne oder sonstige Anschaffungen wie Konsumgüter pausieren solltest. Deinen Vermögensaufbau solltest du immer priorisieren! Du erinnerst dich: Bezahle dich selbst zuerst. Dieses Prinzip kannst du mit einem Sparplan, der direkt am Monatsanfang ausgeführt wird, prima umsetzen. Übrigens kannst du schon ab kleinen Beträgen einen Sparplan einrichten. ETF-Sparpläne eignen sich für jeden, ob du nun bereits über einen großen Geldbetrag verfügst oder gerade erst mit einem kleinen Betrag mit deinem Vermögensaufbau startest. Du könntest dich mit einem Sparplan auch erstmal an das Thema herantasten. Nehmen wir an, du hast einen größeren Betrag, traust dich aber nicht, diesen direkt auf einmal in der Börse zu investieren. Dann könntest du damit beginnen, den Betrag schrittweise mithilfe eines Sparplans zu investieren. Dadurch wagst du dich langsam an das Thema heran und bekommst ein Gefühl für die Börse. Auch psychologisch ist ein Sparplan schlau, weil du nicht jedes Mal aktiv werden und dich zum Investieren überwinden musst. Das macht es für dich möglichst einfach, und du kannst automatisiert Vermögen aufbauen. Ein großer Vorteil von Sparplänen ist außerdem, dass der Wertpapierkauf bei den meisten Depotanbietern kostenlos ist. Kaufst du Wertpapiere hingegen einmalig, musst du dafür meistens eine Ordergebühr bezahlen – auch wenn diese mittlerweile bei Neobrokern äußerst niedrig ausfällt.

Die zweite Investitionsmöglichkeit ist die **Einmalanlage**: Du investierst einen Geldbetrag, meist eine höhere Summe, auf einen Schlag in einen von dir festgelegten ETF. Beim Kauf stehen dir verschiedene Ordertypen zur Verfügung, bei der Marktorder gibst du den Auftrag zum Kaufen oder Verkaufen von ETF-Anteilen zum aktuellen Marktpreis. Der Vorteil dabei ist die meist schnelle Ausführung. Da du jedoch nicht den Preis festlegen kannst, zu dem du einen ETF kaufen oder verkaufen möchtest, nutze ich stattdessen immer eine Limitorder. Dadurch wird verhindert, dass ein plötzlicher Kursanstieg dazu führt, dass du den ETF zu einem viel höheren Kurs als geplant kaufst oder zu einem viel geringeren Kurs verkaufst! Bei der Limitorder legst du fest, zu welchem Kurs du das Wertpapier kaufen beziehungsweise verkaufen möchtest. Dafür schaust du dir die historische Kursentwicklung an und suchst dir einen Kurs aus, der dir weder zu hoch noch zu niedrig erscheint, sodass es nicht zu lange dauert, bis die Kauforder ausgeführt wird. Die Limitorder wird erst dann ausgeführt, wenn Anteile des ETFs zu dem festgelegten Kurs gehandelt werden. Nehmen wir an, der gewünschte ETF wird aktuell zu einem Kurs von 55 Euro gehandelt. Wenn du den ETF zu einem Kurs von 50 Euro kaufen möchtest, dann würdest du eine Limitorder auf 50 Euro einstellen. Wenn der Kurs dann auf 50 Euro fällt, wird deine Order automatisch ausgeführt und du kaufst deine festgelegten Anteile zu dem Kurs. Vergiss am Ende nicht, die Gültigkeit der Order festzulegen, also bis wann die Order gültig bleibt. Deine Order kannst du dann jederzeit, solange sie noch nicht ausgeführt wurde, anpassen oder löschen und wenn die Order verfällt, zahlst du keine Orderkosten. Neben den zwei Ordern gibt es noch andere Ordertypen (zum Beispiel Stop-Order, Stop-Loss-Order, Stop-Buy-Order oder Stop-Limit-Order) für Anleger mit langfristigen Investitionsplänen, die jedoch hier nicht sonderlich relevant sind.

Welche Option ist die bessere Wahl: Einmalanlage oder Sparplan?

Deine Wahl kommt auf deine Strategie an. Du kannst die Einmalanlage und den Sparplan auch miteinander kombinieren. Du könntest zum Beispiel eine große Anlagesumme einmalig in einen ETF investieren und diesen danach weiter besparen. Du hast auch die Möglichkeit, diesen ETF mithilfe von Einmalkäufen immer weiter aufzustocken, wenn du gerade eine bestimmte Summe zur Verfügung hast. Wenn du komplett bei null anfängst und dich noch etwas unsicher fühlst, dann würde ich dir raten, erstmal mit einer kleineren Sparrate zu starten und dich langsam an die Börse heranzutrauen. Dadurch kaufst du kontinuierlich Anteile, unabhängig von den aktuellen Börsenkursen. Wenn du zum Beispiel zu einem schlechten Zeitpunkt, also bei hohen Kursen, viel Geld auf einmal in ETFs investierst, kann es längere Zeit dauern, bis du eine positive Rendite erwirtschaftest. In der Regel gleicht sich der schlechte Einstiegszeitpunkt jedoch über lange Zeit aus, sofern du breit gestreut in den Markt investierst. Mache deine ersten Erfahrungen und beobachte, wie sich dein ETF entwickelt.

Statistisch betrachtet ist die Einmalanlage oft übrigens die bessere Wahl. Denn: Je mehr Geld du in ETFs investierst, desto mehr Geld kann am Aktienmarkt für dich arbeiten. Das belegen umfassende langjährige Studien wie die von Vanguard (2012) oder Morningstar (2019), die die Performance von Einmalanlagen im Vergleich zu Sparplänen über verschiedene Zeiträume und Märkte untersucht haben. Die Studien zeigen, dass Einmalanlagen in den meisten Szenarien bessere Renditen erzielten als Sparpläne.[13] Kaufst du ETF-Anteile zu einem günstigen Kurs, dann kannst du mehr durch den guten Einstiegszeitpunkt profitieren als bei einem Sparplan – verlierst jedoch auch bei schlechtem Timing. Theoretisch verlierst du jeden Tag, an dem dein Geld noch nicht angelegt ist, Rendite und kostbare Zeit. Je früher dein Geld am Kapitalmarkt für dich arbeitet, desto besser. Man sagt ja auch so schön: Der beste Einstiegszeitpunkt war gestern und der zweitbeste ist heute. Das gilt selbst dann, wenn du nicht den besten Einstiegszeitpunkt für deine Investition wählst – was auch eh unmöglich ist. Langfristig entwickeln sich ETFs – rein statistisch gesehen – positiv, völlig unabhängig vom Anlagezeitpunkt.

Auch wenn die Statistik für die Einmalanlage spricht, musst du dich mit der Entscheidung wohlfühlen. Das Wichtigste ist, dass du mit der Entscheidung gut schlafen kannst. Wenn du zum Beispiel eine höhere Summe als Einsteiger direkt als Einmalanlage investierst, aber nachts Alpträume hast, dann ist das nicht die richtige Entscheidung. Denn Emotionen wie Angst oder Gier können das rationale Denken überlagern und zu übertriebenen Entscheidungen führen. Und das solltest du an der Börse tunlichst vermeiden.

Welche Steuern fallen an?

Grundsätzlich gilt: Wenn du dein Geld anlegst und Gewinne erzielst, musst du darauf Steuern zahlen. Dazu zählen Einkünfte aus Kapitalvermögen wie Zinsen, Dividenden oder realisierte Kursgewinne. *Zinsen* meint solche, die du beispielsweise auf deinem Tages- oder Festgeldkonto bekommst, oder Zinsen (Zinskupon), die du bei dem Kauf einer Anleihe erhältst. *Dividenden* erhältst du sowohl beim Kauf von Einzelaktien als auch beim Kauf eines ausschüttenden ETFs. *Realisierte Kursgewinne* sind solche, die zu erzielst, wenn du einen ETF oder eine Aktie kaufst und sie zu einem späteren Zeitpunkt zu einem höheren Kurs mit Gewinn verkaufst. Versteuert werden nur **realisierte Gewinne.** Realisiert bedeutet, dass du den ETF wirklich verkauft hast oder die Ausschüttung tatsächlich auf dein Verrechnungskonto gezahlt wurde. Wenn du den ETF nicht verkaufst und lediglich den Gewinn beziehungsweise Kurszuwachs in deinem Depot siehst, dann ist das ein sogenannter Buchgewinn oder auch **unrealisierter Gewinn.** Solange du den ETF hältst, handelt es sich um einen theoretischen Gewinn, da du ihn noch nicht in bar realisiert hast. Buchgewinne unterliegen keinen Steuern, da kein tatsächlicher Verkauf und somit keine Einkommensrealisierung stattgefunden hat.

Die Steuer auf den realisierten Gewinn nennt sich **Abgeltungssteuer**. Sie beträgt 25 Prozent, zuzüglich 5,5 Prozent Solidaritätszuschlag (auf die Abgeltungssteuer) und gegebenenfalls 8 beziehungsweise 9 Prozent Kirchensteuer (ebenfalls auf die Abgeltungssteuer). Bist du kein Kirchenmitglied, zahlst du insgesamt 26,375 Prozent Steuern, als Kirchenmitglied landest du bei 27,82 beziehungsweise 27,99 Prozent. Diese Steuern werden von deinem Gewinn abgezogen, und der Restbetrag wird dir auf dein Verrechnungskonto gutgeschrieben.

Hierzu ein einfaches Beispiel: Angenommen, du kaufst einen ETF zu einem Kurs von 1 000 Euro und verkaufst ihn später zu einem Kurs von 2 000 Euro. Die Ordergebühren betragen insgesamt 2 Euro (jeweils 1 Euro bei Kauf und Verkauf). Dein Gewinn beträgt somit 998 Euro (2 000 Euro Verkaufspreis minus 1 000 Euro Kaufpreis minus 2 Euro Ordergebühren). Dieser Gewinn muss versteuert werden. Als Nicht-Kirchenmitglied würdest du darauf 263,22 Euro Steuern zahlen, sodass dir ein Gewinn von 734,77 Euro bleibt. Die Abführung der Abgeltungssteuer übernimmt in der Regel dein Depotanbieter, sodass du dich nicht weiter darum kümmern musst – zumindest die, die ihren Sitz in Deutschland haben und steuereinfach sind. Mit der Abführung der Abgeltungssteuer an das Finanzamt ist grundsätzlich der Steuerabzug abgegolten. In diesen Fällen müssen die Kapitaleinkünfte in der

Regel nicht mehr in der Einkommenssteuererklärung angegeben werden. Allerdings kann es sich in manchen Fällen lohnen, die Einkünfte anzugeben. Darüber hinaus gibt es auch Ausnahmen von dieser Regelung. Dann ist die Angabe zu den Kapitaleinkünften in der Anlage KAP der Einkommenssteuererklärung erforderlich. Dazu benötigst du die Jahressteuerbescheinigung deiner Depotbank. Diese enthält Daten zu den ausgeschütteten Kapitalerträgen, Verkaufsgewinnen oder Vorabpauschalen. Diese Daten kannst du dann in der Anlage KAP deiner Einkommenssteuererklärung eintragen.

MEIN 1. STEUERSPARTIPP

Richte unbedingt den Freistellungsauftrag ein

Es gibt einen Steuerfreibetrag, den sogenannten **Sparerpauschbetrag**, in Höhe von 1000 Euro (Stand: 2024). Bis zu diesem Betrag musst du keine Steuern auf Kapitalerträge zahlen. Das heißt, alles unter 1000 Euro wird nicht besteuert. Nur indem du den sogenannten **Freistellungsauftrag** einrichtest, weiß deine Bank, dass du ihn auch nutzen möchtest. Also vergiss das nicht! Das gilt übrigens auch für die VL-Anlage. Wenn du damit Gewinne erzielst, sind diese wie andere erwirtschaftete Kapitalerträge steuerpflichtig. Dies erledigst du direkt bei deinem Depotanbieter oder VL-Anbieter, indem du den Freistellungsauftrag ausfüllst und einreichst. Oft geht dies auch online. In dem obigen Beispiel müsstest du demnach auf die 998 Euro keine Steuern zahlen. Hättest du vergessen den Sparerpauschbetrag einzurichten, hättest du 263,22 Euro Steuern zu viel gezahlt. Keine Angst, falls dir das passiert ist, kannst du die zu viel gezahlte Steuer über deine Steuererklärung zurückholen.

Du kannst den 1000 Euro Sparerpauschbetrag auch auf mehrere Depots oder Tagesgeldkonten aufteilen. Dazu müsstest du vorher abschätzen, wie viel Erträge du wo erzielst und kannst bei den jeweiligen Banken mehrere Freistellungsaufträge in beliebiger Höhe einreichen. Wie du den Betrag aufteilst, kannst du selbst bestimmen, zum Beispiel 300:300:400 oder 500:500 Euro. Wichtig ist nur, dass die Summe der Freistellungsaufträge 1000 Euro nicht überschreitet. Wenn du verheiratet bist und ihr eine gemeinsame Steuererklärung abgebt, könnt ihr den doppelten Betrag angeben, also 2000 Euro.

Am Jahresende solltest du sicherstellen, dass du den Sparerpauschbetrag voll ausgeschöpft hast, da er ansonsten verfällt. Du kannst den Betrag, den du im vergangenen Jahr nicht genutzt hast, nicht in das nächste Jahr mitnehmen und dann erst nutzen. Wenn du nicht auf den vollen Betrag kommst, gibt es trotzdem eine Möglichkeit, den Pauschbetrag voll auszuschöpfen: Bei deiner Bank kannst du einsehen, wie viel du bereits von dem Betrag ausgenutzt hast. Wenn du nicht den gesamten Pauschbetrag ausgeschöpft hast, könntest du am Ende des Jahres etwaige Gewinne in deinem Depot tatsächlich realisieren. Das würde bedeuten, dass du ETF-Anteile verkaufst, sodass du auf 1 000 Euro Gewinn kommst. Auf den Cent genau ist das natürlich unmöglich, aber ungefähr. Danach kaufst du die Anteile direkt wieder. Damit würdest du Erträge steuerlich realisieren und dir, wie in dem Beispiel oben, 263,22 Euro Steuern sparen. Dabei solltest du stets schauen, wie hoch deine Transaktionsgebühren sind und ob die mögliche Ersparnis die Transaktionsgebühren aufwiegt. Bei geringen Transaktionsgebühren, wie sie Neobroker haben, wie in unserem Beispiel oben von 1 Euro pro Kauf oder Verkauf, kann sich diese Vorgehensweise steuerlich lohnen.

Wenn du thesaurierende ETFs in deinem Depot hast, wird der Sparerpauschbetrag automatisch für die sogenannte **Vorabpauschale** genutzt. Das bedeutet, der Sparerpauschbetrag wird für die Zahlung der Vorabpauschale genutzt. Diese Steuer wird seit der Einführung des Investmentsteuerreformgesetzes 2018 unter anderem bei ETFs erhoben. Sie ist eine Art fiktiver Ertrag, der unabhängig von der tatsächlichen Wertentwicklung des Fonds anfällt und besteuert wird. Die Höhe der Vorabpauschale bezieht sich immer auf das Vorjahr und wird am Anfang jeden Jahres fällig und direkt von deinem Depotanbieter abgeführt. Die Vorabpauschale wird sowohl für thesaurierende als auch für ausschüttende ETFs erhoben – allerdings nur dann, wenn sich der Fonds gut entwickelt hat. Wenn du Kursverluste gemacht hast, fällt die Vorabpauschale nicht an. Bei ausschüttenden ETFs wird die Steuer auf die Ausschüttungen angerechnet, während die Steuer bei thesaurierenden ETFs direkt vom Fondsvermögen abgezogen wird. Auch wenn dein Depotanbieter sich in der Regel um die korrekte Versteuerung kümmert, möchte ich kurz erläutern, wie die Vorabpauschale berechnet wird.

Die Höhe der Vorabpauschale hängt vom sogenannten Basiszins ab, den das Bundesfinanzministerium zum Anfang jeden Jahres im Bundessteuerblatt bekannt gibt. Dieser errechnet sich aus den langfristig erzielbaren Renditen deutscher Staatsanleihen. Da er in den letzten Jahren bei oder sogar unter null lag, betrug auch die Vorabpauschale null. Steuern fielen erst beim ETF-Verkauf an. Du hast die Steuer sozusagen in die Zukunft verschoben, wodurch ein Steuerstundungseffekt entstanden ist. Allerdings konntest du dadurch den Sparerpauschbetrag nicht direkt nutzen. Dies hat sich inzwischen jedoch geändert. Der Basiszins lag 2023 bei 2,55 Prozent und 2024 bei 2,29 Prozent. Dadurch fällt wieder eine Steuer auf die Vorabpauschale an.

Schauen wir uns anhand eines Beispiels die Berechnung der Vorabpauschale an:

ETF-Wert Anfang 2023	10 000 Euro
ETF-Wert Ende 2023	10 300 Euro
Ausschüttung 2023	0 Euro
Basiszins	2,55 Prozent
Teilfreistellung des ETFs	30 Prozent

Nehmen wir an, du hast Anteile eines thesaurierenden ETFs im Depot, die Anfang 2023 10 000 Euro wert waren und Ende des Jahres 10 300 Euro wert sind. Da sich der ETF positiv entwickelt hat, fällt die Vorabpauschale an. Die Vorabpauschale beträgt 70 Prozent des jährlichen Basiszinses der Bundesbank multipliziert mit dem ETF-Wert zum Jahresanfang (sogenannter Basisertrag).

$$\begin{aligned}\textit{Basisertrag} &= \text{ETF-Wert zum Jahresanfang} \times \text{Basiszins} \times 0{,}7\\ &= 10\,000 \text{ Euro} \times 2{,}55 \text{ Prozent} \times 0{,}7\\ &= 178{,}50 \text{ Euro}\end{aligned}$$

Die Vorabpauschale ist auf die positive Wertentwicklung im Kalenderjahr oder auf den Basisertrag begrenzt, je nachdem, was weniger ist. Da der Basisertrag geringer als die Wertentwicklung ist, beträgt er 178,50 statt 300 Euro. Im nächsten Schritt ziehst du die Höhe der Ausschüttungen ab, bei thesaurierenden ETFs wäre das null.

$$\begin{aligned}\text{Vorabpauschale} &= \text{Basisertrag} - \text{Ausschüttungen}\\ &= 178{,}5 \text{ Euro} - 0\end{aligned}$$

In unserem Beispiel kommen wir also auf eine Höhe der Vorabpauschale von 178,50 Euro. Das ist jedoch nicht der Steuerbetrag selbst, sondern der zu versteuernde Betrag, die sogenannte Bemessungsgrundlage. Auch hier wirken steuermindernde Effekte wie die Teilfreistellung bei Aktien-ETFs und der Sparerpauschbetrag. Angenommen, der ETF aus unserem Beispiel ist ein reiner Aktien-ETF mit 30 Prozent Teilfreistellung. Von den 178,50 Euro müssen daher 30 Prozent nicht versteuert werden. Die Bemessungsgrundlage verringert sich von 178,50 auf 124,95 Euro. Im nächsten Schritt wird der Sparerpauschbetrag berücksichtigt. Wenn du diesen noch nicht genutzt hast, dann sind diese 124,95 Euro steuerfrei. Falls du ihn bis auf 50 Euro ausgeschöpft hast, dann werden von den 124,95 Euro 50 Euro abgezogen: Es verbleiben 74,95 Euro, die versteuert werden müssen. Dein Depotanbieter überweist die Steuern auf die Vorabpauschale in der Regel immer am Anfang des Folgejahres. Meistens bedient er sich dafür an deinem Verrechnungskonto. Daher solltest du darauf achten, dass auf deinem Verrechnungskonto genug Geld liegt oder dass du über einen ausreichend hohen Freistellungsauftrag verfügst. Es gibt im Internet auch einige Rechner, um die Vorabpauschale zu berechnen. Wenn du den ETF irgendwann verkaufen solltest, wird die bereits gezahlte Steuer auf die Vorabpauschale ebenso wie auf Ausschüttungen verrechnet. Du zahlst also bei einem thesaurierenden ETF genauso viel Steuern wie bei einem ausschüttenden ETF.

Auch Kinder haben Anspruch auf den Sparerpauschbetrag. Dafür müssen die Wertpapiere langfristig auf den Namen des Kindes – beispielsweise in einem **Juniordepot** – geführt werden. Das Vermögen ist dann klar dem Kind zugeordnet und kann später nicht einfach zurück in das Vermögen der Eltern übertragen werden. Wenn die Wertpapiere nur kurzzeitig im Besitz des Kindes sind, könnte das Finanzamt nachträglich Steuern erheben. Ein Juniordepot eignet sich wunderbar dafür, schon früh für die eigenen Kinder vorzusorgen und einen Grundstein für ihren Start ins Leben zu legen. Bis zur Volljährigkeit sind die Eltern gesetzliche Vertreter und können über das Guthaben verfügen. Die Eröffnung eines Juniordepots ist recht simpel. Dazu durchläufst du einen Eröffnungsprozess, bei dem unter anderem die Geburtsurkunde des Kindes sowie die Personalausweise beider Eltern benötigt werden. Unabhängig vom Sparerpauschbetrag haben Kinder auch nutzbare steuerliche Freibeträge. Wenn die Steuerlast des Kindes den Grundfreibetrag nicht überschreitet, kann eine Nichtveranlagungs-Bescheinigung, kurz **NV-Bescheinigung**, beantragt werden. In diesem Fall sind sämtliche Kapitalerträge steuerfrei. Diese wird nur dann durch das Finanzamt erteilt, wenn anzunehmen ist, dass keine Steuer entsteht. Diese Voraussetzung liegt in der Regel vor, wenn keine gesetzliche Verpflichtung zur Abgabe einer Einkommensteuererklärung besteht. Die NV-Bescheinigung ist meist maximal drei Jahren lang gültig und muss dann erneut beantragt werden. Du musst sie bei deiner Bank des Juniordepots einreichen, damit dort der Steuerabzug unterbleibt. Da jede Bank die NV-Bescheinigung im Original benötigt, solltest du im Antrag unbedingt angeben, wie viele Bescheinigungen benötigt werden.

MEIN 2. STEUERSPARTIPP
Achte auf die Teilfreistellung

Die Höhe der Steuer hängt bei ETFs unter anderem davon ab, wie hoch der Aktienanteil des ETFs ist. Wenn ein solcher vorliegt, gilt die sogenannte Teilfreistellung und du musst für einen Teil der Gewinne keine Steuern bezahlen. Es gibt zwei Grenzen: Liegt die Aktienquote bei mindestens 51 Prozent, sind in der Regel 30 Prozent der Gewinne steuerfrei. Liegt die Aktienquote zwischen 50 und 25 Prozent, sind in der Regel 15 Prozent der Gewinne steuerfrei. Wenn du also beispielsweise in den MSCI World ETF investierst, der zu mehr als 51 Prozent aus Aktien besteht, musst du in der Regel nur 70 Prozent versteuern. Von dieser Regelung gibt es jedoch Ausnahmen, beispielsweise bei SWAP-ETFs. Diese können auch in andere Wertpapiere oder Assetklassen investieren, als der Index eigentlich vorgibt. Prüfe also am besten, bevor du einen ETFs kaufst, wie der Steuerstatus des ETFs ist.

MEIN 3. STEUERSPARTIPP

Kenne den Unterschied zwischen FiFo und LiFo

Berechnet wird die Steuer bei ETFs nach dem sogenannten First-in-First-out-Prinzip, kurz FiFo. Das bedeutet: Es werden immer zuerst die Anteile des ETFs verkauft, die du als Erstes erworben hast. Das gilt sowohl für Einmalkäufe als auch für Käufe mittels Sparplan. Es werden folglich die ältesten Anteile zuerst verkauft, die in der Regel am meisten in ihrem Wert gestiegen sind. Dadurch fällt oft eine höhere Steuerlast als bei jüngeren Anteilen mit weniger Gewinn an. Das Gegenstück vom FiFo-Prinzip ist das Last-in-First-out-Prinzip, kurz LiFo. Nach LiFo würden die zuletzt gekauften ETF-Anteile zuerst verkauft werden, was jedoch bei ETFs keine Anwendung findet.

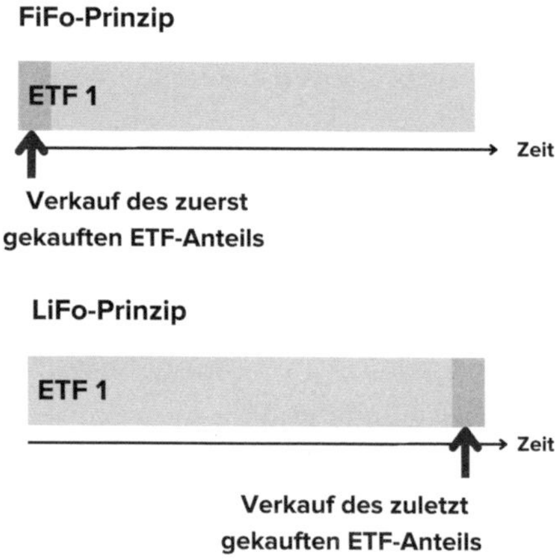

Hierfür ein einfaches Beispiel (wobei Gebühren oder sonstige Kosten der Einfachheit halber nicht berücksichtigt werden):

- Im Januar kaufst du 10 ETF-Anteile zu einem Kurs von 50 Euro.
- Ein halbes Jahr später kaufst du weitere 10 Anteile zum Kurs von 100 Euro.
- Nun besitzt du insgesamt 20 ETF-Anteile.
- Im November möchtest du 10 Anteile verkaufen. Der Kurs beträgt nun 150 Euro.

Steuerlich wird nun angenommen, dass du die zuerst gekauften 10 Anteile verkaufst (FiFo-Prinzip), die du für 50 Euro erworben hattest. Der steuerliche Gewinn beträgt also 1 000 Euro (1 500 Euro Verkaufskurs minus 500 Euro Kaufkurs). Auf diese 1 000 Euro musst du nun Steuern zahlen. Bei einer Steuerlast von 26,375 Prozent beträgt die Steuer 263,75 Euro. Hättest du hingegen nach dem LiFo-Prinzip die zuletzt gekauften Anteile verkaufen können, läge dein Gewinn nur bei 500 Euro (1 500 Euro Verkaufskurs minus 1 000 Euro Kaufkurs), auf die du Steuern zahlen müsstest. In diesem Fall würdest du nur 131,87 Euro an Steuern zahlen. Somit zahlst du bei FiFo in der Regel höhere Steuern als bei LiFo, wenn die älteren Anteile stärker im Wert gestiegen sind und du nicht alle Anteile auf einmal verkaufst.

Januar
Kauf: 10 ETF-Anteile
Kurs: 50 Euro
Kauf: 500 Euro

Juni
Kauf: 10 ETF-Anteile
Kurs: 100 Euro
Kauf: 1 000 Euro

November
Verkauf: 10 ETF-Anteile
Kurs: 150 Euro
Verkauf: 1 500 Euro

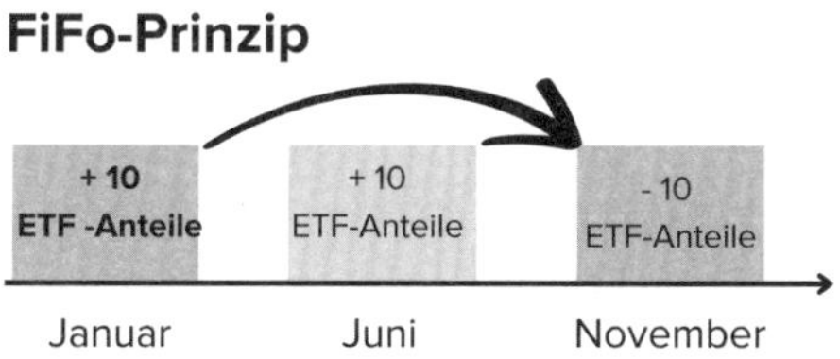

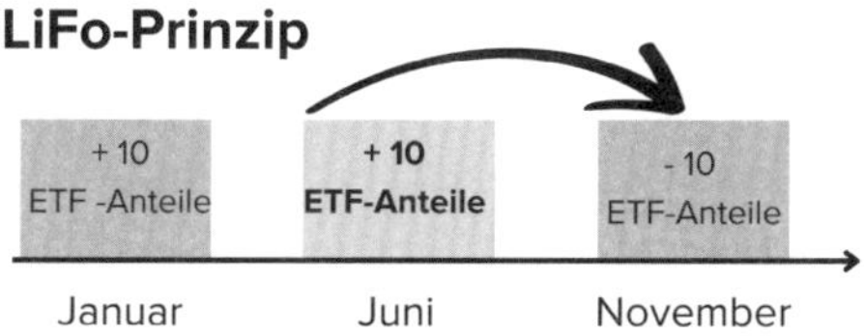

Realisierter Kursgewinn
FiFo: 1 500 - 500 = 1 000 Euro   Steuerlast: 263,75 Euro
LiFo: 1 500 - 1 000 = 500 Euro   Steuerlast: 131,87 Euro

Es gibt drei Varianten, um für das LiFo-Prinzip bei ETFs zu nutzen. Diese dienen lediglich der Information, und es handelt sich nicht um eine Aufforderung, die beschriebenen Vorgehensweisen anzuwenden. Steuergesetze können sich jederzeit ändern, daher ist es ratsam, gegebenenfalls einen Steuerberater hinzuzuziehen.

1. Variante: Du überträgst die älteren ETF-Anteile in ein anderes Depot. Du kannst die Stückzahl der zu übertragenden Wertpapiere festlegen. In diesem Fall wird das FiFo-Prinzip angewendet: Du verschiebst quasi deine alten Anteile in ein anderes Depot. In dem ursprünglichen Depot bleiben die neuen Anteile erhalten, die du dann verkaufen kannst, weil es keine »früheren« Anteile mehr gibt.

2. Variante: Du eröffnest zwei Depots. Zuerst kaufst du den ETF über ein Depot und später dann bei dem anderen. Wenn du verkaufst, kannst du die ETF-Anteile verkaufen, die du später bei deinem zweiten Depot gekauft hast.

3. Variante: Anstatt einen einzigen ETF zu besparen, könntet du alle 10 Jahre einen neuen besparen. Also einen ETF von einem anderen Anbieter. Wenn du beispielsweise in den MSCI World von iShares investierst, könntest du nach 10 Jahren in den MSCI World von XTrackers investieren. Wenn du Geld aus deinem Portfolio nehmen möchtest, beispielsweise in deinem Ruhestand, könntest du so immer die Anteile des ETFs verkaufen, die du als Letztes gekauft hast. In unserem Beispiel würdest du also zuerst die Anteile des ETFs von XTrackers verkaufen, erst dann die von iShares. Das erspart dir zwar an sich keine Steuern, aber du stundest sie und sie können in der Zeit zusätzliche Rendite erwirtschaften. Der Steuerstundungseffekt nimmt zu,

- *je mehr ETF-Anteile* du verkaufen möchtest;
- *je länger du vorhast, die ETF-Anteile zu halten,* denn desto länger können die gestundeten Steuern für dich arbeiten und Rendite erwirtschaften.
- *je größer die Kursdifferenz* zwischen den zuerst und zuletzt gekauften Anteilen und somit je größer der Unterschied der Veräußerungsgewinne zwischen FiFo und LiFo ist.

Bei einem übersichtlichen Portfolio mit wenigen ETFs ist diese Variante gut umsetzbar. Besparst du jedoch viele verschiedene ETFs, könnte es schnell unübersichtlich werden. Beachte auch, dass der Steuerstundungseffekt nur greift, wenn du Anteile deines Portfolios statt das gesamte Portfolio auf einmal verkaufen möchtest.

MEIN 4. STEUERSPARTIPP
Nutze gegebenenfalls die Günstigerprüfung

Wenn du deine Steuererklärung einreichst, rechnet das Finanzamt alle deine Einkünfte zusammen und ermittelt daraus deinen persönlichen Einkommenssteuersatz. Dieser wird dann auf dein gesamtes Einkommen des vergangenen Jahres angewendet. Eine Ausnahme bilden hierbei die Kapitalerträge, die in der Regel mit der Abgeltungssteuer besteuert werden. Wenn du jedoch die Günstigerprüfung beantragst, prüft das Finanzamt, ob du mit deinem persönlichen Steuersatz weniger Steuern zahlen würdest als bei der Anwendung der Abgeltungssteuer. Ist das der Fall, werden deine Kapitalerträge nicht mehr der Abgeltungssteuer, sondern mit deinem persönlichen Steuersatz versteuert. Dieser liegt in vielen Fällen deutlich unter 25 Prozent. Die Günstigerprüfung kannst du in deiner Steuererklärung in der Anlage KAP beantragen.

Wenn du hingegen weniger als den Grundfreibetrag verdienst (betrug 2024: 11 604 Euro), dann müsstest du gar keine Steuer zahlen – also weder Einkommens- noch Abgeltungssteuer. Wenn du beispielsweise noch studierst, in deinem Nebenjob im Jahr 7 000 Euro verdienst und du Kapitalerträge in Höhe von 2 000 Euro im Jahr hast, dann könntest du diese so behalten und zahlst in der Regel keine Steuer. Dies würdest du dann mit einer NV-Bescheinigung, wie oben beschrieben, beim Finanzamt beantragen.

MEIN 5. STEUERSPARTIPP
Verrechne deine Gewinne mit Verlusten

Grundsätzlich kannst du im laufenden Jahr Verluste aus Kapitalanlagen mit Gewinnen verrechnen. Zu diesem Zweck führen Depotanbieter Verlustverrechnungstöpfe und übernehmen die Berechnung für dich. Falls du in einem Jahr mehr Verluste als Gewinne gemacht hast, dann kannst du die Verluste ins nächste Jahr mitnehmen. Wenn du dann Gewinne erzielst, werden sie erstmal mit den Verlusten verrechnet. Festgestellte Verluste können also in zukünftigen Jahren mit zukünftigen Gewinnen aus Kapitalvermögen verrechnet werden. Es kann daher passieren, dass deine Verluste aus Kapitalvermögen deine Einkommenssteuer im aktuellen Jahr nicht mindern. Dabei musst du verstehen, dass diese Verluste dein zu versteuerndes Einkommen im aktuellen Jahr nicht reduzieren, sie gehen aber auch nicht verloren. Sie werden für zukünftige Jahre vorgetragen. Falls dann am Ende des Jahres, also am 31. Dezember, noch ein Verlust in einem dieser Töpfe ist, steht er für eine Verrechnung im nächsten Jahr zur Verfügung. Wenn du einen Freistellungsauftrag eingereicht hast, werden Gewinne erst mit Verlusten verrechnet, bevor der Sparerpauschbetrag aufgebraucht wird. Du kannst auch auf einen Verlustvortrag ins Folgejahr verzichten, indem du bei deinem Depotanbieter eine Verlustbescheinigung beantragst. Diese setzt die Verlustverrechnungstöpfe bei deinem Depot auf null. Die Bescheinigung kannst du in deiner Steuererklärung nutzen, um Verluste auch mit Gewinnen von anderen Depots zu verrechnen. Das bietet sich an, wenn du mehrere Depots hast, zum Beispiel in einem Depot einen Verlust, aber in einem anderen Depot einen Gewinn gemacht hast und diese depotübergreifend gegenrechnen möchtest.

Kontrolle über dein Depot behalten

»Aktien kaufen und Schlaftabletten nehmen«? Das sagte einst André Kostolany. Dieser Ansatz betont die Bedeutung von Geduld und dem Vertrauen in die eigenen Anlageentscheidungen, unabhängig von kurzfristigen Marktschwankungen. Das Vertrauen in die eigene Anlagestrategie ist in diesem Beispiel sogar so groß, dass du gar nicht erst in dein Depot schauen müsstest. Nur ist es wirklich so klug, gar nicht reinzuschauen? In den meisten Fällen erwies sich die Strategie »Kaufen und Halten« erfolgreich für einen langfristigen Vermögensaufbau, damit ist es aber noch nicht getan. Die zwei folgenden Punkte solltest du dir etwa einmal im Jahr vornehmen. Ich nehme mir dafür immer am Anfang jeden Jahres Zeit und überprüfe mein Portfolio.

Wenn du mehrere Positionen hast, wird sich deine Asset Allocation im Laufe des Jahres verschieben, weil mal der eine Teil deines Portfolios, mal der andere besser läuft. Das ist normal, da manche Wertpapiere besser performen als andere. Nehmen wir an, du investierst 70 Prozent in den MSCI World und 30 Prozent in den MSCI EM. Nun ist aber der

MSCI EM so stark gestiegen, dass er nicht mehr nur 30, sondern 40 Prozent deines Portfolios ausmacht. Unabhängig von der Zusammensetzung deines ETF-Portfolios kann sich auch der Anteil zwischen deinem Sicherheits- und Renditebaustein verschieben. Da Letzter schneller wächst als Ersterer, entsteht eine Übergewichtung der Assetklasse Aktien, wodurch sich ungewollt auch das Risiko deines Portfolios erhöht. Da du dich jedoch auf ein gewisses Risiko festgelegt hast, und dies nun davon abweicht, solltest du es korrigieren. **Rebalancing** gilt also zur Erhaltung deiner vorher festgelegten Anlagestrategie und somit auch deines Rendite-Risiko-Verhältnisses. Dafür gibt es zwei Möglichkeiten:

1. Option: Passe deine Sparpläne temporär an. In unserem Beispiel würde ich die Sparrate vorübergehend auf den MSCI World erhöhen und auf den MSCI EM pausieren. Du investierst also so lange deine monatliche Sparrate nur auf den MSCI World, bis die ursprüngliche Aufteilung wieder erreicht ist. Dann kannst du die Sparraten wie ursprünglich festgelegt im Verhältnis 70:30 einstellen. Hier verkaufst du keine Anteile, es fallen somit keine Transaktionskosten an. Zudem ist es simpel, Sparpläne anzupassen. Bedenke jedoch, dass diese Variante etwas dauern könnte, bis die Ursprungsaufteilung wieder erreicht ist. Alternativ kannst du diesen Ausgleich auch per Einmalanlage durchführen, falls du dafür gerade etwas Geld übrighast.

2. Option: Alternativ könntest du die Umschichtung auch per Teilverkauf der zu groß gewordenen Position und erneutem Kauf der zu gering gewordenen Position vornehmen. In dem Beispiel würdest du einen Teil des MSCI EM verkaufen und dafür Anteile vom MSCI World kaufen. Das kostet jedoch Transaktionskosten, und du zahlst Steuern auf deine realisierten Gewinne. Daher würde ich dir eher zu der ersten Option raten.

Es ergibt übrigens keinen Sinn, bereits bei einer minimalen Abweichung, also solche unter 5 Prozent, zu rebalancen. Ich persönlich würde es erst so ab 6 bis 7 Prozent Abweichung machen.

Die häufigsten Irrtümer/Fragen rund um ETFs

Auch wenn du jetzt schon eine Menge über Finanzen und das Investieren gelernt hast, gibt es einige Fragen, die einfach immer wieder auftauchen – egal, wie gut man sich bereits auskennen mag. Ich habe daher eine Liste von Fragen zusammengestellt, die regelmäßig in Gesprächen, auf meinen Social-Media-Kanälen oder in meinen Kursen aufkommen. Daher möchte ich in diesem Kapitel einmal gründlich auf- und Missverständnisse aus dem Weg räumen. Oft basieren diese Fragen auf hartnäckigen Mythen. Deshalb möchte ich dir hiermit endgültig die letzten Unsicherheiten nehmen.

Brauche ich viel Geld, um mit dem Investieren zu beginnen? Mit wie viel Geld sollte ich starten?

Diese erste, oft gestellte Frage hält viele vom Anfangen ab. Die Antwort ist ganz klar: Nein! Bei Neobrokern kannst du bereits mit kleinen Beträgen, meist schon ab 1 Euro, in ETFs investieren. Wie bei so vielem im Leben ist der Anfang oft die größte Hürde. Ein kleiner Startbetrag kann diese niedriger machen und dir helfen, einfach loszulegen. Obwohl ich so einen geringen Betrag nicht unbedingt empfehlen würde, kann es sinnvoll sein, mit 10, 20 oder 30 Euro zu starten – vor allem, wenn du dich noch unsicher fühlst oder mit größeren Summen zögerst. Bei kleinen Beträgen solltest du jedoch auch auf die Transaktionskosten achten, damit dein Anfangsbetrag nicht direkt von den Kosten aufgefressen wird. Hier solltest du daher einen Broker mit geringen oder gar keinen Gebühren für ETF-Sparpläne wählen, bei einigen sind sie sogar kostenfrei – insbesondere für Einsteiger ideal, da keine zusätzlichen Kosten die Gewinne schmälern.

Entscheidend ist also, ins Tun zu kommen und nicht auf den »perfekten« Moment zu warten. Es wird immer Gründe geben, warum der Zeitpunkt gerade nicht optimal scheint – sei es Unsicherheit am Markt, persönliche finanzielle Bedenken oder gefühlt fehlendes Wissen. Der perfekte Zeitpunkt wird nicht kommen. Viel wichtiger ist es, überhaupt zu beginnen. Wie gesagt: Der beste Zeitpunkt zum Investieren war gestern, und der zweitbeste Zeitpunkt ist heute. Und deshalb lautet die Antwort auf die Frage ganz klar: Investieren lohnt sich in jedem Fall – mit jeder Betragshöhe. Viele denken jedoch: »Ich warte, bis ich mehr Geld verdiene. Dann kann ich einen größeren Betrag investieren.« Doch genau das ist ein Trugschluss. Der häufigste Fehler ist zu glauben, dass du erst viel Geld verdienen musst, bevor du investieren kannst. Diese Denkweise führt dazu, dass Menschen wertvolle Zeit verlieren – Zeit, in der ihr Geld hätte für sie arbeiten können. Du erinnerst dich vielleicht an den Effekt des Zinseszinses: Selbst kleine Beträge können über die Jahre hinweg erheblich an Wert gewinnen. Lass uns dazu zwei Beispiele anschauen:

1. Du startest mit 18 Jahren und investierst jeden Monat 40 Euro in einen ETF mit 7 Prozent Rendite. Nach 17 Jahren – also mit 35 Jahren – hast du ein Depotvermögen von 15 365 Euro aufgebaut, obwohl du nur 8 160 Euro eingezahlt hast.
2. Du wartest, bis du 30 bist, und investierst dann jeden Monat 200 Euro – also fünfmal so viel. Nach 5 Jahren hast du 14 325 Euro, bei Einzahlungen von 12 000 Euro.

Das Ergebnis: Im ersten Beispiel hast du trotz weniger Einzahlungen (8 160 Euro statt 12 000 Euro) ein höheres Depotvermögen. Wie kann das sein? Der Zinseszinseffekt hatte im ersten Beispiel mehr Zeit, zu wirken. Zeit schlägt Geld. Jeder heute investierte Euro ist ein Baustein für deine finanzielle Zukunft. Du musst kein großes Vermögen auf einmal investieren – Kontinuität und Disziplin sind die Schlüssel zum Erfolg.

Kann ich Geld mit ETFs verlieren?

Ja, du kannst auch mit ETFs Geld verlieren – insbesondere kurzfristig. Unternehmen gehen Pleite, Staaten auch. Wenn ein Unternehmen insolvent ist, ist das investierte Geld der Anleger weg – Totalverlust. Zum Glück kann der Wert einer Aktie nicht unter null rutschen: Du kannst also keine Schulden machen. Dennoch hast du in einem solchen Fall dein gesamtes Geld verloren, und daher solltest du es eher vermeiden, in einzelne Unternehmen, in einzelne Branchen oder Länder zu investieren. Denn es ist sehr unwahrscheinlich, dass die gesamte Weltwirtschaft Pleite geht. Wenn du breit gestreut in die Weltwirtschaft investierst, ist ein Totalverlust nahezu ausgeschlossen. Natürlich können einzelne Unternehmen oder Branchen schwächeln, aber die Diversifikation innerhalb eines ETFs mindert dieses Risiko.

Der Aktienmarkt wird jedoch nicht immer nur steigen. Der Aktienmarkt ist zyklisch – es gibt sowohl Phasen des Wachstums als auch der

Rückgänge und Korrekturen. Kein Markt, keine Aktie und auch kein ETF wird nur steigen. Die Frage ist dabei immer, wie du damit umgehst, denn du machst keinen Verlust, wenn der Wert deines Depots sinkt, sondern erst, wenn du die Anteile zu diesem Verlustkurs verkaufst. Bis zum Verkauf ist alles virtuell, und der Wert kann wieder steigen. Wenn du allerdings in Panik verkaufst, hast du den Verlust realisiert – du hast echtes Geld verloren. Mit dem Investieren ist es also, wie mit allem im Leben: Es kommt darauf an, wie du dich verhältst und auf bestimmte Marktsituationen reagierst. Das größte Risiko beim Investieren ist also nicht unbedingt das Marktrisiko, sondern du selbst. Es ist daher wichtig, dass du die Schwankungen am Aktienmarkt aushältst, statt dich von kurzfristigen Marktbewegungen aus der Ruhe bringen zu lassen. Historisch gesehen haben sich die Märkte immer wieder erholt und langfristig stetig zugelegt. ETFs sind eine der effektivsten Möglichkeiten, langfristig Vermögen aufzubauen, wenn man sich der Marktrisiken bewusst ist und über einen längeren Zeitraum investiert bleibt. Geduld ist hier der Schlüssel. Denn wer langfristig investiert, statt in hektische Handelsentscheidungen zu verfallen, hat gute Chancen auf eine positive Entwicklung des Portfolios mit der Zeit.

Was passiert, wenn der ETF-Anbieter Pleite geht?

Man ist bei allem Neuen zu Beginn etwas unsicher oder skeptisch. Vielleicht fragst du dich daher, ob dein Geld bei dem Depotanbieter überhaupt sicher ist. Zurecht, eine gewisse Skepsis ist gesund und wichtig. Sicherheit ist ein wichtiger Aspekt beim Thema Geld. Und es passiert eben auch mal, dass ein Kreditinstitut Pleite geht. Das ist für dich aber kein Grund zur Panik. Im Gegensatz zum Indexanbieter, der den Index definiert, ist der ETF-Anbieter ein Vermögensverwalter, der diesen definierten Index nachbildet. ETF-Anbieter haben eine besondere Struktur, und sie betreiben die ETFs als sogenanntes Sondervermögen. Das bedeutet, dass das investierte Vermögen der Anleger getrennt vom Vermögen des ETF-Anbieters gehalten wird. Das ist im Kapitalanlagegesetzbuchs (KAGB) geregelt, in § 92 KAGB: »Das Sondervermögen ist von dem eigenen Vermögen der Kapitalverwaltungsgesellschaft getrennt zu halten.«

Wertpapiere liegen bei einer sogenannten Verwahrstelle. Das ist in der Regel eine Bank, die die Wertpapiere treuhänderisch verwaltet und auch kontrolliert, ob sich der ETF-Anbieter an die gesetzliche Anlagevorschriften wie die UCITS-Regeln hält. Die Bundesanstalt für Finanzdienstleistungsaufsicht (BaFin) überwacht wiederum die Verwahrstelle und den ETF-Anbieter. Im Fall einer Insolvenz des ETF-Anbieters bleibt somit das Fondsvermögen geschützt. Das bedeutet: Die ETF-Anteile gehören dir! Geht also der ETF-Anbieter Pleite, sind deine ETF-Anteile geschützt. Du als Anleger hast dein Geld dann nicht verloren. Entweder wird der Fonds von einem anderen Anbieter übernommen oder du bekommst dein Geld aus dem ETF inklusive der Rendite zurück. Das gilt übrigens auch bei Anbietern wie Trade Republic oder Scalable Capital. Dein Geld ist in Unternehmen investiert und liegt nicht einfach so auf einem Bankkonto, wo es als Bilanzvermögen und somit als Vermögen der Bank aufgelistet wird.

Das Geld auf deinem Verrechnungskonto zählt jedoch nicht zum Sondervermögen. Für dieses Geld gilt die deutsche Einlagensicherung, bis zu einer Höhe von 100 000 Euro. Das heißt, pro Kreditinstitut und Person ist Geld bis zu diesem Betrag abgesichert. Wenn du mehr als 100 000 Euro auf einem Verrechnungskonto liegen hast, erhältst du im Fall einer Insolvenz der Bank garantiert 100 000 Euro zurück – je nach Insolvenzfall und zusätzlichen Sicherungsmechanismen auch höhere Beträge. Die Einlagensicherung gilt jedoch nicht für die Wertpapiere in deinem Depot. Deine Wertpapiere sind in unbegrenzter Höhe abgesichert.

Ein ETF selbst kann nicht Pleite gehen, da er lediglich einen Index nachbildet und nicht als eigenständige Firma agiert. Die Unternehmen, die im ETF enthalten sind, können allerdings schwanken oder insolvent werden. Diese Risiken werden durch die breite Streuung eines ETFs jedoch minimiert. Sollte es zu Insolvenzen einzelner Unternehmen im ETF kommen, werden diese in der Regel durch die Rendite der anderen Unternehmen ausgeglichen.

Wird der Aktienmarkt ewig steigen? Können ETFs unendlich steigen?

Insbesondere, wenn das eigene Depot mal so richtig im Minus ist, wird sich sicherlich jeder schon einmal die Frage gestellt haben, ob es langfristig wieder nach oben geht. Schaut man in die Vergangenheit, war das am weltweiten Aktienmarkt tatsächlich immer der Fall. Zwar geben historische

Daten gewisse Hinweise auf zukünftige Entwicklungen, doch letztlich bleiben es Prognosen, bei denen man sich nicht restlos sicher sein kann.

Zunächst hilft es, wenn du verstehst, was ein steigender Aktienmarkt bedeutet und wie steigende Aktienkurse an der Börse zustande kommen. Grundsätzlich ergibt sich der Preis einer Aktie aus Angebot und Nachfrage, die wieder auf den Erwartungen der Marktteilnehmer zu der wirtschaftlichen Entwicklung der Unternehmen sowie Einflüssen wie der gesamtwirtschaftlichen und politischen Lage basieren. Ein großes Angebot und eine geringe Nachfrage führen zu einem fallenden Preis – bis wieder genügend Anleger bereit sind, die Aktie zu dem Preis zu erwerben, zu dem die meisten Verkäufer sie verkaufen möchten. Gibt es dagegen mehr Käufer als Verkäufer, wird der Preis der Aktie so lange steigen, bis die Nachfrage gestillt ist. Aktienkurse steigen, wenn die Nachfrage größer ist als das Angebot.

Wenn du in ETFs investierst, triffst du die grundlegende Annahme, dass die Weltwirtschaft langfristig wachsen wird. Diese Annahme basiert auf mehreren Faktoren, die über die Zeit hinweg positive Renditen am Aktienmarkt begünstigen. Zum einen haben Menschen unendliche Bedürfnisse nach Waren und Dienstleistungen. Auch wenn sich die führenden Unternehmen im Laufe der Zeit ändern werden, wird die Nachfrage nach Produkten und Dienstleistungen weiterhin bestehen bleiben. Während früher Unternehmen wie Nokia führend im Bereich Mobiltelefone waren, sind es heute Apple und Samsung. Die Unternehmen ändern sich, aber die Nachfrage nach Kommunikationsmitteln bleibt bestehen. Dieser ständige Bedarf führt zu einer kontinuierlichen Nachfrage nach Innovationen, was das Wirtschaftswachstum langfristig antreibt. Um diese Nachfrage zu bedienen, stehen Unternehmen im Wettbewerb miteinander und streben nach effizienteren und kostengünstigeren Lösungen mithilfe von Innovationen, Automatisierung und Skalierung. Auch wenn nicht jedes Unternehmen erfolgreich ist, wird eine breite Zahl an Unternehmen langfristig Gewinne erzielen und ihre Produktivität erhöhen. Solange Unternehmen wachsen, neue Technologien entwickeln und ihre Gewinne steigern, wird auch der Aktienmarkt tendenziell weiter zulegen.

Während **Geldwerte** wie Bargeld oder das Guthaben auf einem Sparkonto durch Inflation an Wert verlieren, können **Sachwerte** wie

Aktien und ETFs davon profitieren. Steigen die Preise für Waren und Dienstleistungen, können Unternehmen ihre eigenen Preise zur Kostendeckung erhöhen und somit auch ihre Umsätze und Gewinne anpassen. Als Aktionär profitierst du indirekt von diesen steigenden Preisen, da die Unternehmen, an denen du beteiligt bist, mehr Gewinne generieren.

Letztendlich basiert unsere Weltwirtschaft auf kontinuierlichem Wachstum. Dies bedeutet, dass der Wert aller weltweit produzierten Waren und Dienstleistungen über die Zeit zunimmt. Unternehmen profitieren von diesem Wachstum durch steigende Umsätze und Gewinne. Historisch hat dieses Wirtschaftswachstum nicht nur den Wohlstand vieler Länder gesteigert, sondern auch den Aktienmarkt kontinuierlich nach oben getrieben. Wenn du in ETFs investierst, setzt du auf ein langfristig anhaltendes Wirtschaftswachstum mit steigenden Unternehmenswerten. Mit einem Weltportfolio glaubst du an die Annahme, dass die Weltwirtschaft langfristig steigen wird.

Wie lange sollte ich mein Geld investiert lassen?

Die Antwort auf die Frage ist einfach: je länger, desto besser. Denn je länger du dein Geld investiert lässt, desto besser sind deine Chancen auf positive Renditen. Das Prinzip nennt sich **Buy-and-Hold**. Es ist eine bewährte Anlagestrategie, bei der du deine Investitionen kaufst und über Jahrzehnte hältst. Dabei machst du dir den Zinseszinseffekt zunutze, der über längere Zeiträume hinweg erheblich zur Vermehrung deines Vermögens beiträgt. Durch das ständige Wiederanlegen von Dividenden und Kursgewinnen wächst dein Vermögen exponentiell, was bei kurzen Anlagezeiträumen unmöglich wäre. Natürlich gibt es immer Situationen, in denen man sein Geld früher als geplant benötigt. Deshalb: Investiere nur Geld, auf das du nicht angewiesen bist! Nochmal zur Erinnerung: Dein *Notgroschen* sollte für kurzfristige Bedürfnisse oder Notfälle auf einem leicht zugänglichen Konto bereitstehen. Dein *ETF-Investment* hingegen sollte als langfristige Investition betrachtet werden, die dir über viele Jahre hinweg beim Vermögensaufbau hilft.

Der Aktienmarkt crasht: Wie reagiere ich richtig?

Ein Aktiencrash ist wohl das Schreckgespenst aller Anleger. Du schaust ins Depot und von heute auf morgen ist ein dicker Verlust verzeichnet: Dein Depot verliert vielleicht 10, 20 oder sogar 30 Prozent an Wert. Das passiert meist unerwartet innerhalb kurzer Zeit. Ein Crash des Aktienmarkts tritt oft in Zeiten wirtschaftlicher Unsicherheiten auf – ausgelöst von globalen Krisen, politischen Instabilitäten oder geplatzten Spekulationsblasen. Infolge der Corona-Krise verlor der S&P 500 im März 2020 innerhalb von weniger als 30 Handelstagen über 30 Prozent seines Wertes. Damit endete im März 2020 der seit vielen Jahren herrschende **Bullenmarkt**, und der S&P 500 trat in einen **Bärenmarkt** ein. Mitte Mai 2020 hatte sich der Markt jedoch wieder erholt.

Bulle und Bär stehen für das Auf und Ab an der Börse. Von einem Bärenmarkt spricht man in der Regel, wenn die wichtigsten Aktienindizes, etwa der DAX oder der Dow Jones, mehr als 20 Prozent zu seinem letzten Rekordhoch verlieren. Von einem Bullenmarkt spricht man hingegen, wenn die wichtigsten Aktienindizes über einen längeren Zeitraum um mindestens 20 Prozent steigen. Du kannst Bulle und Bär so merken: Der Bulle stößt seine Hörner nach oben, er symbolisiert die Aufwärtsbewegung und damit steigende Aktienkurse; der Bär aber schlägt mit seinen Tatzen nach unten, was für fallende Kurse steht.

Ein Aktiencrash kann beängstigend sein, besonders wenn du gerade erst mit dem Investieren begonnen hast. Negative Schlagzeilen überschlagen sich in solchen Phasen oft und schüren regelrechte Panik. Die wichtigste Regel während eines Crashs lautet jedoch: Ruhig bleiben statt in Panik verkaufen. Crashs gehören zum normalen Zyklus des Aktienmarktes. Sie treten hin und wieder auf, aber die Märkte haben sich bisher immer erholt – mal schneller, mal langsamer. Ein gutes Beispiel ist die Dotcom-Blase im Jahr 2000. Technologie- und Internetaktien erlebten einen dramatischen Absturz, und es dauerte Jahre, bis sich die Märkte vollständig erholt hatten. Der S&P 500 brauchte fast sieben Jahre, um seine alten Höchststände von vor dem Crash wieder zu erreichen. Doch langfristige Investoren, die Ruhe bewahrt und ihre Positionen gehalten haben, wurden am Ende belohnt.

Wenn das eigene Depot zweistellig im Minus ist, ist das einfacher gesagt als getan. Der Schmerz eines Verlustes fühlt sich emotional stärker an als die Freude über einen gleichwertigen Gewinn. Dieser psychologische Effekt, die sogenannte **Verlustaversion**, kann uns einerseits davon abhalten, überhaupt in risikoreiche Anlagen wie ETFs zu investieren. Diese Angst vor Verlusten lässt einige ihr Geld in vermeintlich sicheren Anlagen horten, obwohl diese durch die Inflation an Wert verlieren. Diese Entscheidung hat weniger mit rationalem Denken zu tun, sondern mehr mit der emotionalen Reaktion auf potenzielle Verluste. Zudem spielt die Verlustaversion eine entscheidende Rolle beim Verhalten von Anlegern, insbesondere während eines solchen Marktcrashs.

Wir Menschen haben von Natur aus mehr Angst vor Verlusten als Freude an Gewinnen. Diese Angst ist auch der Grund, warum uns Niederlagen oft länger beschäftigen als ein Erfolg. Verlustaversion begleitet uns ständig und verstärkt unser Gefühl der Unsicherheit in Krisenzeiten. Während eines Marktcrashs führt das dazu, dass viele Anleger übertrieben stark auf Verluste reagieren. Der Schmerz beim Anblick der sinkenden Kurse löst Stress und Angst aus, was wiederum zu irrationalen Handlungen führen kann – oft in Form von Panikverkäufen. Und genau diese emotionalen Reaktionen müssen kontrolliert werden. Emotionen sind einer der größten Feinde erfolgreichen Investierens. Rationale Entscheidungen auf Grundlage einer vorher festgelegten Anlagestrategie sind hingegen der Schlüssel. Deshalb ist es so wichtig, dass du dir von Anfang an eine Anlagestrategie zurechtlegst und dich in turbulenten Zeiten an diese hältst.

Nachdem ich mehrere Crashs miterlebt habe, weiß ich mittlerweile: Es läuft immer gleich ab. Zunächst kommt der Schock, die Kurse brechen ein, die Medien sprechen von Panikverkäufen und Weltuntergangsszenarien – aber letztlich erholen sich die Märkte wieder. Diese Erfahrung hat mir geholfen, in Krisenzeiten nicht nur gelassen zu bleiben, sondern sie als Chance zu sehen. Crashs am Aktienmarkt werden auch in der Zukunft immer wieder vorkommen. Das heißt auch, du wirst noch einige Crashs durchlaufen. Ich sehe einen Crash mittlerweile als eine Gelegenheit, günstig nachzukaufen. Wenn ich die langfristigen Perspektiven meiner Investitionen betrachte, verstehe ich, dass diese Phasen nur vorübergehend sind. Die Preise fallen, aber die langfristigen Aussichten vieler Unternehmen bleiben oft unverändert. Das heißt für mich: jetzt investieren und von der späteren Erholung profitieren.

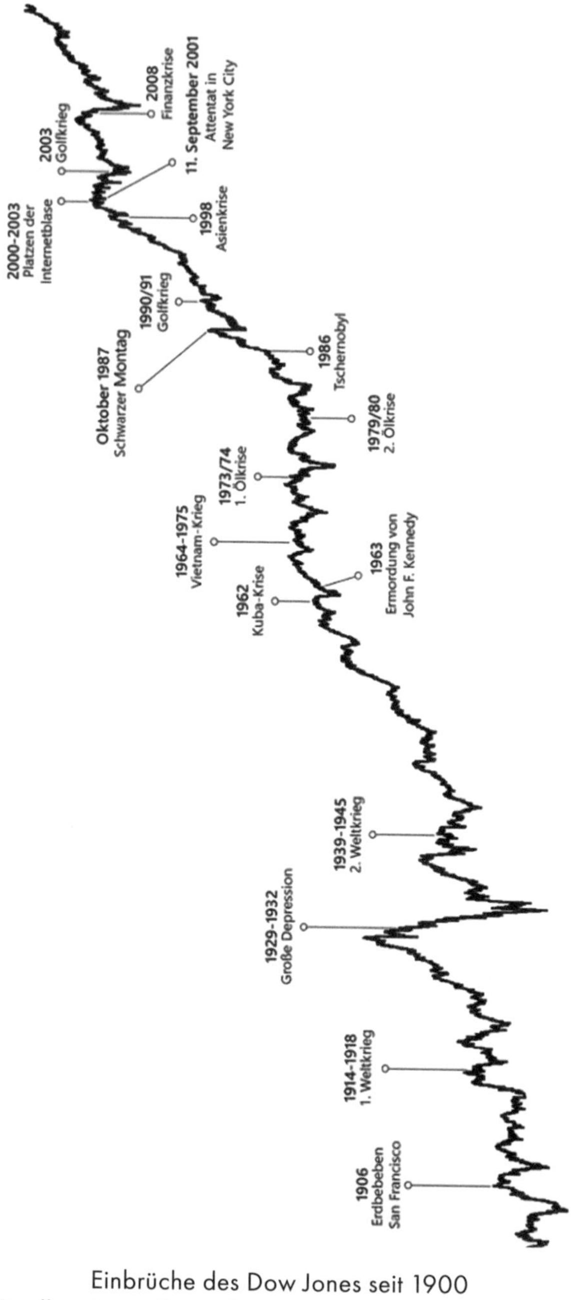

Einbrüche des Dow Jones seit 1900
(Quelle: eigene Darstellung nach Daten von boerse.de)

Wenn du die Möglichkeit – also verfügbares Kapital – hast, kann es sich lohnen, während eines Crashs zusätzlich zu investieren. Das sogenannte **antizyklische Investieren** bedeutet, dass du kaufst, wenn die Kurse niedrig sind und andere in Panik verkaufen. Indem du zu günstigen Preisen Anteile erwirbst, profitierst du umso stärker, wenn sich die Märkte später erholen. Sieh einen Crash als eine Art »Rabattaktion an der Börse« an. Du senkst dann deinen durchschnittlichen Einstiegskurs und kannst auf lange Sicht von höheren Renditen profitieren, sobald sich der Markt stabilisiert und wächst. Bevor du jedoch in einem Crash nachkaufst, solltest du deinen langen Anlagehorizont sicherstellen. Niemand kann den genauen Zeitpunkt der Markterholung vorhersagen, aber wenn du bereit bist, dein Geld über mehrere Jahre hinweg investiert zu lassen, ist die Wahrscheinlichkeit groß, dass du von der Erholung und dem zukünftigen Wachstum profitieren wirst.

Wie oft sollte ich in mein Depot schauen?

Der ständige Blick ins Depot ist verlockend. Es fühlt sich ein wenig an, als behielte man dann die Kontrolle über die eigenen Investitionen. Doch genau das kann kontraproduktiv sein: Häufiges Nachschauen kann die emotionale Reaktion auf kurzfristige Marktschwankungen verstärken und zu impulsiven Entscheidungen führen, die langfristig mehr schaden als nützen. Zum echten Problem wird das ständige Nachschauen, wenn es fast schon zu einem Zwang wird. Besonders in schlechten Marktphasen, wenn dein Depot tief im Minus steht, können die täglichen Schwankungen emotional belastend sein. Je häufiger du in dein Depot schaust, desto wahrscheinlicher ist es auch, dass du negative Renditen siehst und dadurch verunsichert wirst. Die Gefahr besteht darin, dass du während eines Börsencrashs Panik bekommst und Verluste realisierst, die du mit Geduld hättest vermeiden können. Wissenschaftliche Studien[14] zeigen, dass während auf Jahressicht positive Renditen dominieren, sind auf Monatssicht mehr negative Renditen zu beobachten. Das bedeutet: Je nachdem, wie oft du ins Depot schaust, nimmst du das Geschehen am Kapitalmarkt ganz unterschiedlich wahr. Wenn du häufig in dein Depot guckst, wirst du mit hoher Wahrscheinlichkeit negative Renditen sehen. Wenn du allerdings deutlich seltener nachschaust, siehst du deutlich positiver auf deine Investitionen. Wer also häufig in sein Depot schaut, um sich an der Rendite seiner Anlage zu erfreuen, hat beste Chancen, enttäuscht zu werden. Wer hingegen nur einmal im Jahr nachschaut, fühlt sich erheblich besser und bleibt eher bei der langfristigen Strategie. Denn auf Jahressicht gibt es weitaus weniger »rote Monate« – und damit weniger Anlass zur Sorge.

Ein sporadischer Depot-Check reicht aus, um ruhig und gelassen zu bleiben und deine langfristigen Ziele zu erreichen. Zu oft ins Depot schauen führt oft zu emotional getriebenen, irrationalen Entscheidungen, die die Performance mindern. Weniger ist hier also mehr. Mach dir bewusst, dass es langfristig nichts bringt, ständig ins Depot zu schauen. Zwar sind die Möglichkeiten verlockend, regelmäßig den Stand deines Depots zu überprüfen, doch sollte man sich an die Weisheit von André Kostolany erinnern: »Wer die Aktien nicht hat, wenn sie fallen, der hat sie auch nicht, wenn sie steigen.« Das bedeutet, nur wer investiert bleibt, statt auf kurzfristige Einbrüche zu reagieren, kann langfristig von den Renditen des Marktes profitieren.

Kann ich mit ETFs reich werden?

Die Antwort lautet: Ja, aber es kostet Zeit, Disziplin und Geduld. Durch regelmäßiges und langfristiges Investieren in breit gestreute ETFs kannst du mit den Jahren ein beträchtliches Vermögen aufbauen. Schauen wir uns dazu vier konkrete Beispiele an:

Nehmen wir an, du investierst jeden Monat 50 Euro in einen weltweit gestreuten ETF mit einer durchschnittlichen realen Jahresrendite von 5 Prozent. Dann hättest du nach

- 10 Jahren: 7 751 Euro,
- 20 Jahren: 20 377 Euro,
- 30 Jahren: 40 943 Euro,
- 40 Jahren: 74 442 Euro.

Nehmen wir an, du investierst jeden Monat 200 Euro in einen weltweit gestreuten ETF mit einer durchschnittlichen realen Jahresrendite von 5 Prozent. Dann hättest du nach

- 10 Jahren: 31 004 Euro,
- 20 Jahren: 81 508 Euro,
- 30 Jahren: 163 772 Euro,
- 40 Jahren: 297 771 Euro.

Nehmen wir an du, investierst jeden Monat 500 Euro in einen weltweit gestreuten ETF mit einer durchschnittlichen realen Jahresrendite von 5 Prozent. Dann hättest du nach

- 10 Jahren: 77 511 Euro,
- 20 Jahren: 203 769 Euro,
- 30 Jahren: 409 429 Euro,
- 40 Jahren: 744 429 Euro.

Nehmen wir an du, investierst jeden Monat 700 Euro in einen weltweit gestreuten ETF mit einer durchschnittlichen realen Jahresrendite von 5 Prozent. Dann hättest du nach

- 10 Jahren: 108 516 Euro,
- 20 Jahren: 285 277 Euro,
- 30 Jahren: 573 201 Euro,
- 40 Jahren: 1 042 200 Euro.

Du siehst, selbst mit kleinen Beträgen, wie 50 Euro pro Monat, lässt sich über viele Jahre ein ansehnlicher Betrag ansparen. Und je mehr du investierst und je mehr Zeit du mitbringst, desto schneller erreichst du größere Summen. Schon bei einer monatlichen Sparrate von 700 Euro kannst du nach 40 Jahren die Millionenmarke überschreiten. Der Zinseszinseffekt entfaltet über lange Zeiträume eine enorme Kraft – je länger du investierst, desto stärker wächst dein Vermögen.

Bedenke jedoch, dass es sich hier um Annahmen der durchschnittlichen realen Rendite von 5 Prozent pro Jahr handelt. Garantien für Gewinne gibt es an der Börse nicht, und die Märkte können in einzelnen Jahren starke Schwankungen aufweisen. Deshalb ist es wichtig, einen langfristigen Anlagehorizont zu haben und die Nerven zu behalten, wenn es zu Marktschwankungen kommt.

Kann ich durch Trading schneller reich werden?

Zu Hause vor dem PC sitzen, die Aktienkurse verfolgen und täglich mit mehreren Trades sein Geld vermehren – möglichst schnell und mit möglichst wenig Aufwand. Slogans wie »10 Prozent Rendite in nur 4 Wochen!« oder »Geld vermehren mit nur wenigen Klicks!« locken viele Menschen an, die das Trading lernen wollen. Viele glauben, dies sei der einzige Weg, um an der Börse Geld zu verdienen.

Trading, also das kurzfristige Kaufen und Verkaufen von Wertpapieren, um von kurzfristigen Kursbewegungen zu profitieren, scheint für viele eine schnelle Möglichkeit zum Reichtum zu sein. Die Theorie dahinter ist folgende: Zu einem niedrigen Kurs kaufen und möglichst schnell mit Gewinn wieder verkaufen. Doch die Realität sieht anders aus. Trading ist zeitintensiv, riskant und in den meisten Fällen nicht erfolgreich. Die Mehrheit der Daytrader verliert langfristig mehr Geld, als sie gewinnt, wie zahlreiche Studien immer wieder belegen. Eine brasilianische Studie von 2019[15], die 19 646 Daytrader über zwei Jahre untersuchte, ergab, dass nur 3 Prozent der Trader einen Gewinn erzielten – und selbst diese waren oft gering. 97 Prozent der Daytrader erlitten Verluste oder konnten bestenfalls keinen nennenswerten Gewinn verzeichnen. Eine Studie von Brad M. Barber kam 2014[16] zu dem Ergebnis, dass 85 Prozent der Daytrader auf Jahresbasis Verluste einführen. Nur bei weniger als 1 Prozent der Trader konnte die Studie verlässliche Gewinne feststellen. Die Erkenntnisse der Studien sind eindeutig: Daytrading ist spekulativ und für die meisten Menschen unprofitabel. Statt schneller Gewinne führen hohe Transaktionskosten, emotionale Reaktionen und die Komplexität des Marktes in den meisten Fällen zu Verlusten.

In den sozialen Medien und von sogenannten Trading-Gurus wird oft nur von den Erfolgen berichtet. Verluste werden verschwiegen – ein typischer **Survivorship Bias** (Überlebendenirrtum). Das ist eine kognitive Verzerrung, bei der Menschen sich nur auf die erfolgreichen oder »überlebenden« Beispiele fokussieren, während sie die gescheiterten Beispiele außer Acht lassen. Das führt zu einer verzerrten Wahrnehmung und falschen Schlussfolgerungen darüber, wie erfolgreich eine Methode, Strategie oder Vorgehensweise wirklich ist. Die Realität des Daytrading wird also oft falsch dargestellt. Niemand teilt

Bilder von seinen letzten großen Verlusten – und so bleibt das Gesamtbild unvollständig.

Deswegen hier besser die Finger von lassen. Generell solltest du bei Versprechungen von Reichtum vorsichtig sein. Wenn dir jemand zweistellige Gewinne innerhalb kurzer Zeit verspricht, ist das sehr wahrscheinlich nicht glaubhaft. Wenn es zu schön klingt, um wahr zu sein, dann ist es das sehr wahrscheinlich auch. Lass dich also nicht von den falschen Versprechen und »Schneller Reichtum garantiert«-Illusionen leiten, sondern von deinem klaren Kopf und Verstand.

JETZT ABHAKEN

- [ ] Du weißt, was ein ETF ist und wie er funktioniert.
- [ ] Du kennst den Unterschied zwischen passiv gemanagten ETFs und aktiv gemanagten Fonds.
- [ ] Du kennst die Risiken von ETFs und weißt, dass du alle Risiken bis auf das Marktrisiko eliminieren kannst.
- [ ] Du weißt, dass ETFs auf verschiedene Märkte, Branchen und Regionen ausgerichtet sein können und wie du durch Diversifikation dein Risiko minimierst.
- [ ] Du weißt, dass du bei der Auswahl eines ETFs auf das Fondsvolumen, das Alter und die Kosten achten solltest. Kriterien wie die Ertragsverwendung oder Replikationsmethode hängen von deinen persönlichen Vorlieben ab.
- [ ] Du verstehst, wie die TER und die Tracking-Differenz die tatsächlichen Kosten eines ETFs beeinflussen.
- [ ] Du weißt, wie sich der Name eines ETFs zusammensetzt.
- [ ] Du hast dir einen ETF ausgesucht und ihn beim Faktencheck überprüft. Dazu hast du dir auch das Factsheet und das KIID angeschaut.
- [ ] Du hast dich von den Musterportfolios inspirieren lassen und dein persönliches Depot zusammengestellt.
- [ ] Du hast gelernt, worauf du bei der Depotauswahl achten solltest, hast dich für einen Depotanbieter entschieden und dir dort ein Depot eröffnet.

- [x] Du hast dich entschieden, ob du per Einmalanlage oder per Sparplan investieren oder beides kombinieren möchtest.
- [x] Du weißt, dass auf realisierte Aktiengewinne die Abgeltungssteuer anfällt.
- [x] Du hast den Freistellungsauftrag eingerichtet, um den Sparerpauschbetrag zu nutzen.
- [x] Du hast dir ein Datum festgelegt, wann du dein jährliches Rebalancing durchführen möchtest.
- [x] Du verstehst, dass der perfekte Zeitpunkt zum Investieren nicht existiert – der beste Moment, um anzufangen, ist immer jetzt.
- [x] Du weißt, dass die Verlustaversion dazu führt, dass Verluste emotional stärker wahrgenommen werden als Gewinne.
- [x] Du kennst die Vorteile von antizyklischem Investieren – während eines Crashs nachzukaufen, wenn die Kurse niedrig sind, kann langfristig zu höheren Gewinnen führen.
- [x] Du weißt, dass der Overconfidence Bias dazu führt, dass Investoren ihre Fähigkeiten überschätzen. Das führt oft zu unnötig riskanten Entscheidungen und dem Versuch, aktiv den Markt schlagen zu wollen.
- [x] Du weißt, dass es sinnvoll ist, bereits kleine Beträge zu investieren, da jeder investierte Euro ein Baustein für deine finanzielle Zukunft ist.
- [x] Du verstehst, dass es kontraproduktiv sein kann, allzu häufig ins Depot zu schauen, und es langfristig zu schlechteren Entscheidungen führt.

Fünf Dinge, die ich gerne früher gewusst hätte

Ein wesentlicher Teil des Umgangs mit Geld ist psychologischer Natur – und dieser Teil wird oft übersehen. Geld beeinflusst unser Verhalten, unser Denken und oft auch unsere Emotionen mehr, als uns bewusst ist. Du erinnerst dich: Dein Money-Mindset ist deine individuelle Einstellung zu Geld. Es beeinflusst, wie du über Geld denkst und dementsprechend handelst. Es geht also nicht nur darum, ETFs richtig auszuwählen oder das Depot optimal aufzubauen, sondern vielmehr um die Psychologie hinter unseren finanziellen Entscheidungen.

Geld ist nicht einfach nur eine Zahl auf dem Konto. Es kann Gefühle von Sicherheit oder Angst auslösen, und es beeinflusst, wie wir Risiken aufgrund der Angst vor Fehlern (nicht) wahrnehmen. Manchmal veranlasst es uns zu unüberlegtem Handeln – sei es aus Furcht vor Verlusten oder in der Hoffnung auf schnellen Gewinn. Unser Umgang mit Geld spiegelt oft auch wider, wie wir generell mit Entscheidungen und Risiken umgehen. Es ist eng mit unseren Emotionen verknüpft und beeinflusst, wie wir Chancen wahrnehmen, ob wir uns trauen, mutige Entscheidungen zu treffen, oder lieber auf Nummer sicher gehen. Oft lassen wir uns dabei unbewusst von äußeren Einflüssen, wie Nachrichten oder der Meinung anderer, lenken.

Bevor du dieses Buch zuschlägst, möchte ich dir daher noch ein paar Gedanken mit auf den Weg geben, die für mich im Laufe der Zeit immer wertvoller geworden sind. Es gibt fünf Dinge über Geld, die ich gerne schon früher gewusst hätte. Sie hätten mir nicht nur viel Stress und Unsicherheit erspart, sondern auch so manche Fehlentscheidung verhindert – wobei ich mittlerweile sagen muss: Diese Fehlentscheidungen waren rückblickend gar nicht so schlimm, wie ich anfangs dachte. Oft sind es gerade die Fehler, aus denen wir am meisten lernen. Und genau darum geht es: Was wir aus dem lernen, was wir nicht optimal gelöst haben, und wie wir diese Erfahrungen für zukünftig bessere Entscheidungen nutzen können.

Der Schlüssel liegt in der Einfachheit

Der Schlüssel zum Erfolg liegt in der Reduktion der Komplexität und der Konzentration auf das Wesentliche. Oft scheinen Themen wie Investieren, Versicherungen, Steuererklärung oder auch die erste Wohnung zunächst überwältigend. Vielleicht hast du gedacht, dass diese Bereiche unglaublich kompliziert und schwer verständlich sind. Aber wie du hoffentlich schon bemerkt hast: Es ist gar nicht so schwer.

Viele Menschen glauben, sie müssten Experten sein, um ihre Finanzen zu verstehen. Dabei reicht es oft, sich Schritt für Schritt mit den Themen auseinanderzusetzen. Es geht nicht darum, alles auf einmal zu verstehen. Es ist in Wirklichkeit nur eine Abfolge von einfachen Schritten, die du dir nach und nach aneignen kannst. Fang klein an und konzentriere dich auf die Grundprinzipien. Du könntest damit anfangen, dich jeden Tag ein kleines bisschen mit deinen Finanzen zu beschäftigen. Sei es, deinen Kontostand zu checken, deine monatlichen Fixkosten zu notieren, andere auf Geldthemen anzusprechen oder dir im Internet zu einem bestimmten Thema mehr Wissen anzueignen. Sobald du die Grundprinzipien verstanden hast, wirst du merken, dass auch die komplexeren Themen mit der Zeit zugänglicher werden. Wie beim Investieren in ETFs: Es mag zunächst nach einem riesigen Berg Informationen klingen, doch sobald du das Konzept einmal verstanden hast, wirst du erkennen, dass es immer wieder das gleiche Prinzip ist, das du anwenden musst.

Der wichtigste Punkt, den du aus all dem mitnehmen solltest: Wenn ich das schaffe, dann kannst du das auch! Niemand wird als Finanzexperte geboren, und jeder kann lernen, seine Finanzen in den Griff zu bekommen. Es geht nicht darum, alles sofort zu verstehen, sondern den Mut zu haben, den ersten Schritt zu machen und sich stetig weiterzubilden. Denk immer daran: Andere kochen auch nur mit Wasser. Dieser Spruch hat mir persönlich oft die Angst genommen, dass andere etwas besser können. Denn heutzutage gibt es fast nichts, was wir uns nicht aneignen können – sei es durch Bücher, Onlinekurse oder eine einfache Google-Suche. Alles, was du brauchst, ist der Wille, es zu wollen und dranzubleiben.

Finanzielle Bildung ist ein ständiger Prozess

Das beste Investment, das du jemals tätigen kannst, ist das in dich selbst. Finanzielle Bildung ist der Schlüssel zu finanziellem Erfolg. Investiere deswegen so viel in dich selbst, wie du nur kannst, denn du bist bei Weitem dein wichtigster Vermögenswert. Dabei geht es nicht nur darum, ein grundlegendes Verständnis für Finanzen zu entwickeln, sondern auch, dieses Wissen kontinuierlich zu erweitern und zu vertiefen. Finanzielle Bildung endet nicht nach den Grundlagen. Wenn du anfängst, regelmäßiges Lernen in deinen Alltag zu integrieren, wirst du feststellen, dass es nach einer gewissen Zeit zur Routine wird. Das kann so einfach sein wie das Lesen eines Artikels am Morgen, das Hören eines Finanz-Podcasts auf dem Weg zur Arbeit oder das Folgen eines Finanzkanals, um stets auf dem Laufenden zu bleiben. An dieser Stelle mein kleiner Appell an dich, weiter in dein Humankapital zu investieren: Du könntest beispielsweise mindestens ein weiteres Buch zu dem Thema lesen. Dafür kannst du dich auch auf meiner Website https://caminvesta.de/buchtipps/ inspirieren lassen, denn dort veröffentliche ich regelmäßig Rezensionen zu gelesenen Büchern. Weiterführende Tipps und Tricks rund um den Vermögensaufbau und Investitionen in ETFs, aktuelle Änderungen und persönliche Einblicke teile ich auch regelmäßig in meinem kostenlosen Newsletter – den »caminvesta Insights« (abonnieren unter https://info.caminvesta.de/newsletter).

Wenn du deine finanzielle Bildung kontinuierlich erweiterst, wirst du informierte Entscheidungen treffen können, die dir nicht nur heute, sondern auch in der Zukunft zugute kommen. Du musst diesen Weg nicht allein gehen. Werde Teil der caminvesta-Community – zum Beispiel auf Instagram – und lass uns gemeinsam diesen Weg gehen! Ich freue mich darauf, mich mit dir auszutauschen, von deinen Erfahrungen zu hören und deine Fragen zu beantworten. Gemeinsam können wir uns gegenseitig motivieren, unterstützen und inspirieren. Schreib mir sehr gerne eine Nachricht und erzähle mir von deinem Weg – ich freue mich darauf, von dir zu hören!

Fehler sind dazu da, um aus ihnen zu lernen, nicht um sie zu bereuen

Oft neigen wir dazu, uns Fehler immer wieder vorzuhalten. Gedanken wie: »Hätte ich das nur anders gemacht!« oder »Was wäre passiert, wenn ich eine andere Entscheidung getroffen hätte?« kennen die meisten. Fehler sind unvermeidlich – auch bei den Finanzen. Aber: Ob es eine Investition ist, die nicht so läuft wie erhofft, eine verpasste Gelegenheit oder eine finanzielle Entscheidung, die sich im Nachhinein als unklug herausstellt, warum sollte ich mir den Kopf über etwas zerbrechen, das ich schon längst entschieden habe? Wieso sollte mich eine bereits getroffene Entscheidung weiterhin belasten? Wieso mich ärgern, dass ich nicht beim Höhepunkt verkauft habe, aber die Kurse jetzt gefallen sind, wenn es doch bereits zu spät ist? Wieso bereuen, dass ich nicht früher investiert habe? Diese »Hätte, hätte«-Gedanken sind völlig unproduktiv.

Später ist man immer schlauer und Fehler gehören dazu. Immerhin sammelst du wertvolle Erfahrungen. Entweder akzeptierst du die Entscheidung und machst das Beste daraus, oder du versuchst, sie zu korrigieren. Alles andere bringt dich nicht weiter. Es ergibt wenig Sinn, über etwas nachzudenken, das du nicht mehr ändern kannst. Stattdessen solltest du deinen Fokus auf das Veränderbare richten. Diese Einstellung spart dir nicht nur unnötigen Stress, sondern hilft dir, deine Energie für das zu nutzen, was wirklich einen Unterschied machen kann. Richte die Energie also lieber darauf, was du aus diesen Fehlern lernen kannst. Viel wertvoller als der Fehler selbst ist die Lektion, die du daraus ziehst, denn so vermeidest du dessen Wiederholung. Letztlich sind es die Fehler, die uns helfen, besser zu werden, zu wachsen und in Zukunft klügere Entscheidungen zu treffen.

Ich sehe es so: Ich bin rückblickend immer froh, Fehler gemacht und falsche Entscheidungen getroffen zu habe, da sie mich zu dem Menschen gemacht haben, der ich heute bin, mit den Erfahrungen, die ich gemacht habe, und den Charakterzügen, die sich auch durch Fehlentscheidungen geformt haben. Ein Fehler ist nur dann ein echtes Problem, wenn man nichts daraus lernt und den Fehler immer wieder begeht. Vielleicht hast du zu viel Geld in eine einzige Aktie gesteckt, ohne zu diversifizieren, oder hast aus Angst vor Verlusten zu früh verkauft? Solche Erfahrungen zeigen dir nicht nur deine Schwächen, sondern helfen dir auch, in der Zukunft bessere, informiertere Entscheidungen zu treffen.

Das Schlimmste ist, wenn man ewig zögert und gar keine Entscheidung trifft. Jeder kennt diejenigen, die stundenlang die Speisekarte im Restaurant anschauen und trotzdem nicht wissen, was sie bestellen sollen. Diese Menschen haben Angst, einen Fehler zu machen und es später zu bereuen. Aber was ist an einem Fehler so schlimm? Es könnte maximal das Essen vielleicht nicht schmecken. Aber ehrlich: Es gibt weitaus Schlimmeres im Leben. Das gilt auch für deine Finanzen. Entscheidungen sind der erste Schritt, um voranzukommen. Es geht nicht um die immer perfekte Entscheidung – das ist ohnehin unmöglich. Es zählt der Mut, den Schritt zu wagen. Und selbst wenn es nicht die beste Entscheidung war, hast du etwas Wertvolles gelernt, das dir beim nächsten Mal hilft. Fehler sind da, um daraus zu lernen – nicht, um sie zu bereuen. Wenn ich einen Fehler gemacht habe, frage ich mich nicht, wieso gerade mir sowas passiert ist. Ich frage mich lieber: Was hat mich das gelehrt?

Zeit ist wertvoller als Geld

Wir neigen oft dazu, den Wert von Geld zu über- und den von Zeit zu unterschätzen. Doch Zeit ist unser kostbarstes Gut. Während du Geld verdienen, sparen oder investieren kannst, ist Zeit unwiederbringlich. Einmal verstrichene Stunden, Tage oder Jahre kannst du nicht zurückholen – und das macht sie so viel wertvoller als Geld.

Es ist leicht, in den Alltagstrott zu geraten, verschwenderisch mit der eigenen Zeit umzugehen oder sich darauf zu konzentrieren, immer mehr zu verdienen. Doch am Ende des Tages bleibt oft wenig von der kostbarsten Ressource: Zeit für dich selbst, für die Menschen, die dir wichtig sind, oder für die Dinge, die dich wirklich erfüllen. Wir glauben oft, dass mehr Geld uns mehr Freiheit bringen wird – und in gewisser Weise stimmt das auch. Aber wahre Freiheit entsteht erst, wenn du nicht nur das Geld, sondern auch die Zeit hast, um es sinnvoll zu nutzen. Was nützt dir viel Geld, wenn du jeden Tag arbeiten musst und deine Arbeit nicht auch mal abgeben kannst? Du kannst so viel Geld haben, wie du willst, aber wenn du keine Zeit hast, es zu genießen, bleibt sein Wert begrenzt. Zeit, um deine Leidenschaften zu verfolgen, Beziehungen zu pflegen, zu reisen oder einfach mal zur Ruhe zu kommen, ist unersetzlich. Es ist fast schon traurig, dass viele nach immer mehr finanziellen Erfolgen streben und dabei die wirklich wertvollen Momente im Leben verpassen.

Mir hat in dieser Hinsicht ein Buch die Augen geöffnet: Bronnie Wares *5 Dinge, die Sterbende am meisten bereuen*. Die Autorin hat jahrelang als Sterbepflegerin gearbeitet und Menschen bis zu ihrem Tod begleitet. Sie hat diese Dinge zusammengefasst, die Sterbende kurz vor ihrem Tod am meisten bereuten. Dass sie sich keine Freude gegönnt und es sich erlaubt hatten, glücklicher zu sein. Sie bereuten, dass sie nicht den Mut gehabt hatten, sich selbst treu zu bleiben, sondern stattdessen so lebten, wie andere es von ihnen erwarteten. Viele tun ihr gesamtes Leben das, was von ihnen erwartet wird: gute Noten in der Schule schreiben, eine Ausbildung oder ein Studium absolvieren, danach Karriere machen, womöglich heiraten und eine Familie gründen. Doch viele Menschen leben nicht das Leben, das sie sich selbst wünschen, sondern das, was andere von ihnen erwarten. Sie bereuen also, dass sie bei der Gestaltung ihres Lebens nicht sich selbst treu geblieben sind und auf ihre eigenen Gefühle gehört zu haben. Am Ende des Lebens wird jedoch nicht zählen, wie viele Erwartungen wir erfüllt haben, sondern wie viel Glück wir den Menschen, die wir lieben, beschert haben. Viele Sterbende bereuen auch, so viel gearbeitet statt den Kontakt zu ihren Freunden gehalten zu haben. Oft arbeiten wir für das Geld, dank dem wir das eigentliche Leben in der Freizeit leben können. Getrieben von der Angst, nicht genug Geld zu verdienen oder nicht genug zu tun. Arbeit ist gut und sie sollte Spaß machen. Es ist aber eben nicht gut, wenn die Arbeit alles ist und der Ausgleich fehlt.

Diese Punkte zeigen deutlich, dass Menschen am Ende ihres Lebens oft bereuen, nicht genug Zeit für das verwendet zu haben, was ihnen wirklich wichtig ist. Also nutze deine Lebenszeit bewusst und finde heraus, was dich wirklich glücklich macht. Frage dich: Was bringen mir all die materiellen Sachen? Macht Konsum mich wirklich glücklich? Oder sind es nicht eher die Dinge wie Liebe, Gesundheit, Familie oder Freiheit? Wie möchte ich meine Zeit verbringen? Mit wem? Und wofür möchte ich sie einsetzen? Geld kann dir sicherlich Türen öffnen und Möglichkeiten bieten, aber ohne die Zeit, diese Möglichkeiten auszuschöpfen, bleibt sein Nutzen begrenzt. Diesbezüglich finde ich John Streleckys Idee sehr schön: Wie wäre es, wenn jeder Tag unseres Lebens katalogisiert würde? Und wenn am Ende unseres Lebens ein Museum eingerichtet würde, in dem genau das zu sehen wäre? Wie wäre es, wenn wir nach unserem Tod Führer in einem Museum wären, in dem unser Leben ausgestellt wäre? Ein Museum mit unseren Gefühlen, den Menschen, mit denen wir zu tun haben, und den Dingen, mit denen wir unsere Zeit verbringen? Wenn wir 80 Prozent unserer Zeit mit einem Job verbrächten, der uns nicht gefällt, dann wären auch 80 Prozent des Museums damit gefüllt. Wie möchtest du dich an dein Leben erinnern? Möchtest du gute oder schlechte Museumstage sammeln? Den Inhalt deines Museums bestimmst du jeden Tag aufs Neue. Es sind die kleinen Entscheidungen, die darüber entscheiden, ob dein Leben erfüllt ist oder von verpassten Chancen geprägt wird. Nutze die Zeit, um das zu tun, was dich glücklich macht – und sorge dafür, dass dein Museum ein Ort voller Freude, Liebe und bedeutender Momente wird. Wir sollten möglichst jeden Tag unseres Lebens zu einem guten Museumstag machen.

Geld ist ein Werkzeug, kein Ziel

Geld wird oft als Maßstab für Erfolg oder Zufriedenheit gesehen. Man verfällt daher leicht in den Glauben, dass die Anhäufung von Geld und Materiellem das ultimative Ziel im Leben sei. Erinnerst du dich an das

Gefühl, als du das erste Mal in dein neues Auto eingestiegen bist, deine neue Wohnung betreten oder du dein neues Handy in der Hand gehalten hast? Damals hat es sich großartig angefühlt. Doch wie lange hielt dieses Gefühl an? Mit der Zeit gewöhnen wir uns daran – das Auto wird zum Fortbewegungsmittel, die Wohnung zum gewohnten Umfeld und das Handy ist plötzlich veraltet. Das Neue wird zum Normalen, das Gefühl von Freude und Zufriedenheit verblasst, und man sehnt sich wieder nach etwas Neuem – ein besseres Auto, eine größere Wohnung, ein neues Handy. Der Drang, immer mehr zu wollen, setzt ein. Es ist erstaunlich, wie schnell wir uns an einen höheren Lebensstandard gewöhnen. Doch kaufen wir uns das neue Auto wirklich nur, um selbst glücklich zu sein, oder auch, um anderen zu zeigen, wie gut es uns geht? Überdecken wir damit vielleicht eine innere Unzufriedenheit, die wir mit Konsumentscheidungen kurzfristig stillen wollen? Manchmal schaffen wir uns Dinge an, um uns selbst oder anderen zu beweisen, dass wir es »geschafft« haben – manchmal bis hin zur Verschuldung, etwa dem Kredit fürs Auto, das wir uns eigentlich nicht leisten könnten. All das führt uns in einen Kreislauf, in dem wir immer mehr wollen, um uns selbst oder anderen zu beweisen, dass wir »es geschafft haben«.

Brauchen wir all das aber wirklich? Oft bekommen wir diesen Kreislauf nicht durchbrochen: Wir arbeiten mehr, um uns den Konsum leisten zu können, und müssen dann noch mehr arbeiten, um die laufenden Kosten zu decken. Wir geraten in das berühmte Hamsterrad, in dem wir uns immer weiter drehen, aber selten an einen Punkt kommen, an dem wir wirklich zufrieden sind. Geld löst nicht all unsere Probleme und erfüllt nicht all unsere Bedürfnisse und Wünsche, auch wenn materieller Wohlstand zweifellos Komfort bieten kann, ist er nicht der Schlüssel zu wahrem Glück.

Viele Menschen, die heute finanzielle Freiheit genießen, haben das durch kluge Entscheidungen erreicht – nicht durch reinen Reichtum. Sie haben verstanden, dass es nicht darum geht, immer mehr zu haben, sondern dass die Freiheit wichtig ist, das eigene Leben nach den eigenen Vorstellungen zu gestalten. Das Streben nach immer mehr Geld in der Hoffnung, dadurch glücklicher zu werden, führt hier nicht zum Ziel. Wir alle haben unsere eigene Definition von Glück: Da mag materieller Wohlstand ein wesentlicher Bestandteil des Glücks sein oder

Beziehungen, Gesundheit, persönliche Erfüllung. Geld allein ist selten der Schlüssel zu wahrem Glück. Denk einmal darüber nach: Was macht dich wirklich glücklich? Zeit mit Familie und Freunden, persönliche Erfolge, Erlebnisse, die kein Geld der Welt kaufen kann? Und genau hier liegt der Schlüssel: Glück und Zufriedenheit hängen oft nicht von materiellem Wohlstand ab, sondern von der Selbstbestimmung. Die Möglichkeit, zu tun, was man will, wann man es will, mit wem man will und so lange man will. Um diese Freiheit zu erreichen, brauchen wir neben Liebe, Gesundheit und Erfüllung auch finanzielle Mittel. Geld ist ein Werkzeug, das es uns ermöglicht, Entscheidungen zu treffen und das Leben nach unseren Vorstellungen zu gestalten. Aber Geld allein reicht nicht. Es kann uns zwar viele Türen öffnen, aber es löst nicht all unsere Probleme. Wenn du dich von dem Gedanken löst, dass Geld das Ziel ist, kannst du es viel besser als Werkzeug einsetzen, um das zu erreichen, was dir wirklich wichtig ist – sei es Zeit mit der Familie, Reisen, Selbstverwirklichung oder das Verfolgen deiner Leidenschaften. Sobald du erkennst, dass Geld dir die Freiheit geben soll, das Leben nach deinen Vorstellungen zu gestalten, wird auch der Umgang damit viel leichter. Du kannst klare Prioritäten setzen und kluge Finanzentscheidungen treffen. Du konsumierst bewusster und investierst dein Geld in Dinge, die dir langfristig Zufriedenheit und Lebensqualität bringen. Statt immer nach dem nächsten Gehalts- oder Kontostand zu streben, wirst du anfangen, dein Leben nach dem auszurichten, was dich glücklich macht – und das ist oft viel mehr als Geld allein.

Geld an sich hat keinen emotionalen Wert. Erst wenn du es für deine Träume und Werte einsetzt, entfaltet es seinen wahren Nutzen. Wahre Freiheit entsteht erst dann, wenn du deine finanziellen Ressourcen in Einklang mit deinen persönlichen Zielen und Werten bringst. Finanzielle Freiheit bedeutet, zu wissen, wie du dieses Geld nutzt, um dein Leben bewusst zu gestalten. Letztendlich geht es darum, die Kontrolle über dein Geld zu behalten, anstatt sich von ihm kontrollieren zu lassen. Ohne Einschränkungen oder finanzielle Sorgen. Je besser du dieses Werkzeug beherrschst, desto freier wirst du sein. Mit diesen Worten möchte ich dieses Kapitel beenden. Die Werkzeuge besitzt du nun – jetzt liegt es an dir, das Gelernte in die Tat umzusetzen.

Schlusswort

Erinnerst du dich noch an mein erstes Mal Finanzen? An den dicken Ordner voller Dokumente und Depotauszüge, die für mich damals wie eine unverständliche Fremdsprache wirkten? Was als verwirrendes Geschenk begann, wurde zum Startschuss meiner Reise in die Welt der Finanzen. Heute blicke ich auf diesen Moment zurück und sehe, wie entscheidend dieser erste Schritt war – auch wenn ich damals noch keine Ahnung hatte, wohin die Reise mich führen würde. Mittlerweile habe ich verstanden, dass es eine zu finanzieller Selbstbestimmung war – die wir alle für uns aktiv gestalten können.

Indem du ein tieferes Verständnis für den Umgang mit Geld entwickelst und aktiv am Vermögensaufbau arbeitest, schaffst du dir Möglichkeiten, dein Leben nach deinen Vorstellungen zu gestalten. Es geht um die richtigen Entscheidungen, um das Lenken deines Lebens in die gewünschte Richtung. Finanzielle Bildung ist ein Werkzeug, mit dem du dir deine Träume verwirklichen und deine Ziele erreichen kannst. Sie bedeutet die Freiheit, deinen Lebensstil zu wählen, die Flexibilität, deine Zeit nach deinen Wünschen zu gestalten, und die Sicherheit, für die Zukunft deiner Familie zu sorgen. Indem du dich aktiv mit deinen Finanzen auseinandersetzt, legst du den Grundstein für ein erfülltes und selbstbestimmtes Leben. Viele Menschen, die heute ein Leben in finanzieller Freiheit führen, haben sich diesen Zustand aktiv erarbeitet.

Nun, am Ende dieses Buches, stehst du an einem ähnlichen Punkt. Vielleicht fühlst du dich immer noch unsicher, vielleicht hast du noch Fragen oder Zweifel. Aber eines kann ich dir versprechen: Du bist bereit. Du hast nun das Wissen und die Werkzeuge, um deine finanzielle

Zukunft in die eigenen Hände zu nehmen. Der Unterschied zu meinem ersten Mal Finanzen ist, dass du diesen Weg mit dem Wissen und den Erfahrungen gehen kannst, die ich mir damals gewünscht hätte. Was du jetzt noch brauchst, ist der Mut für die ersten Schritte und das Vertrauen, dass du auf dem richtigen Weg bist. Jetzt liegt es an dir. Die Entscheidung, wie du dein Leben führen möchtest, kann dir niemand abnehmen. Hab den Mut, dein Glück aktiv zu formen. Jeder Schritt, den du zur Verbesserung deiner finanziellen Situation unternimmst, ist ein Schritt hin zu mehr persönlicher Freiheit.

Ich freue mich darauf, zu sehen, wie du deinen eigenen Weg in die finanzielle Freiheit gehst. *Dein erstes Mal Finanzen* ist nur der Anfang – und ich bin überzeugt davon, dass du alles erreichen kannst, was du dir vornimmst.

Deine Camilla

Möchtest du noch mehr erfahren?

Alle weiterführenden Informationen und die in diesem Buch erwähnten Links findest du gesammelt unter folgendem Link: https://info.caminvesta.de/buch

Noch einfacher geht es, wenn du den QR-Code mit deinem Handy scannst!

Und zum Download der Zusatzmaterialien unter campus.de/deinerstesmalfinanzen brauchst du folgendes Passwort: EinfachVermögenaufbauen

Anmerkungen

1 Klarna, »Klarna Studie zeigt: 64 % der Deutschen sprechen mindestens einmal im Monat über Geld«, 10. August 2023, https://www.klarna.com/international/regulatory-news/klarna-studie-zeigt-64-der-deutschen-sprechen-mindestens-einmal-im-monat-uber-geld/, zugegriffen: 25. November 2024.

2 Verivox, »Verivox Studie zeigt: Vor allem junge Konsumenten finanzieren mit Klarna und Co.«, August 2023, https://www.verivox.de/kredit/nachrichten/buy-now-pay-later-zwei-von-drei-kunden-finanzieren-kleinbetraege-bis-500-euro-1120501/, zugegriffen: 12. Dezember 2024.

3 Knott, Thilo, »Buy Now Pay Later: Mahnungen auf Ratenkredite nehmen zu«, SCHUFA, 21. März 2023, https://www.schufa.de/themenportal/mahnungen-ratenkredite-nehmen/index.jsp, zugegriffen: 26. November 2024.

4 Lexware, »Gehaltsabrechnungen korrekt erstellen: Wichtige Infos und Tipps«, zuletzt aktualisiert: 15. April 2024, https://www.lexware.de/wissen/mitarbeiter-gehalt/gehaltsabrechnung/, zugegriffen: 3. Dezember 2024.

5 Statistisches Bundesamt, Veranlagungsjahr 2020; Destatis, »Steuererklärung: Durchschnittliche Rückerstattung lag bei 1 063 Euro«, o. D., https://www.destatis.de/DE/Themen/Staat/Steuern/Lohnsteuer-Einkommensteuer/im-fokus-steuererklaerung.html#:~:text=Davon%20erhielten%2012%2C6%20Millionen,geringer%20als%20100%20Euro%20aus, zugegriffen: 3. Dezember 2024.

6 Deutsche Rentenversicherung Bund. https://www.deutsche-rentenversicherung.de/SharedDocs/Bilder/DE/Pressebilder/sonstige_pressebilder/renteninfo_inhalt_artikel.html.

7 Odean/Barber 2000 (https://faculty.haas.berkeley.edu/odean/papers%20current%20versions/individual_investor_performance_final.pdf); Odean/Barber 2011 (https://papers.ssrn.com/sol3/papers.cfm?abstract_id=1872211)

8 Berk/Green 2004 (https://www.journals.uchicago.edu/doi/abs/10.1086/424739); Fama/French 2010 (https://www.researchgate.net/publication/227505955_Luck_Versus_Skill_in_the_Cross_Section_of_Mutual_Fund_Returns)

9 S&P Global, »Results by Region«, aktualisiert: 30. Januar 2024, https://www.spglobal.com/spdji/en/research-insights/spiva/, zugegriffen: 6. Dezember 2024.
10 BlackRock, »iShares MSCI ACWI UCITS ETF, U.S. Dollar (thesaurierend), iShares V plc«, 31. Oktober 2024, https://www.ishares.com/de/privatanleger/de/literature/fact-sheet/ssac-ishares-msci-acwi-ucits-etf-fund-factsheet-de-de.pdf, zugegriffen: 8. Dezember 2024.
11 Atz, Liu, Bruno et al. 2021 (https://papers.ssrn.com/sol3/papers.cfm?abstract_id=3919652)
12 Dunning-Kruger-Effekt (1999) (https://pubmed.ncbi.nlm.nih.gov/10626367/), Svenson (1981) (https://www.sciencedirect.com/science/article/abs/pii/0001691881900056), McCormick, Walkey & Green (1986) (https://www.sciencedirect.com/science/article/abs/pii/0001457586900047)
13 Morningstar: »Lump Sum vs. Dollar Cost Averaging: A Quantitative View«, Vanguard Research: »Dollar-Cost Averaging Just Means Taking Risk Later«
14 Thaler & Benartzi (1995) https://www.researchgate.net/publication/24091487_Myopic_Loss_Aversion_and_the_Equity_Premium_Puzzle
Gneezy & Potters (1997) https://academic.oup.com/qje/article-abstract/112/2/631/1870944?redirectedFrom=fulltext
15 Chague, Fernando, et al., »Day Trading for a Living?« 11. Juni 2020, https://papers.ssrn.com/sol3/papers.cfm?abstract_id=3423101, zugegriffen: 8. Dezember 2024.
16 Barber, Brad M., et al. »The Cross-Section of Speculator Skill Evidence from Day Trading«, Mai 2011, http://faculty.haas.berkeley.edu/odean/papers/Day%20Traders/Day%20Trading%20Skill%20110523.pdf, zugegriffen: 8. Dezember 2024.

Über die Autorin

© anjajahn.com

Camilla Sohn ist die Gründerin von caminvesta, einer Plattform für Finanzbildung mit der Mission, komplexe Finanzthemen verständlich und zugänglich zu machen. In Kursen, als Vortragsrednerin und auf Social Media inspiriert sie über 200 000 Menschen dazu, sich mit ihren Finanzen zu beschäftigen und fundierte, eigenständige Entscheidungen zu treffen.

Seit mehr als 10 Jahren investiert sie an der Börse und ist überzeugt: Niemand versteht die eigenen finanziellen Ziele und Bedürfnisse so gut wie die jeweilige Person selbst – und genau deshalb ist jeder seines eigenen Geldes bester Manager. Camilla Sohns Ziel: zu zeigen, dass finanzielle Unabhängigkeit für jeden erreichbar ist – mit dem nötigen Wissen, dem richtigen Money-Mindset und Strategien, die auf wissenschaftlichen Erkenntnissen basieren.